清史镜鉴

——部级领导干部清史读本

第一辑

国家清史编纂委员会
国家清史纂修领导小组办公室 编

国家图书馆出版社

图书在版编目（CIP）数据

清史镜鉴：部级领导干部清史读本·第一辑／国家
清史编纂委员会，国家清史纂修领导小组办公室编.
—北京：国家图书馆出版社，2008.8（2022.6 重印）
ISBN 978－7－5013－3765－1

Ⅰ.①清…　Ⅱ.①国…　②文…　Ⅲ.①中国历史－研
究－清代－干部教育－学习参考资料　Ⅳ.①K249.07

中国版本图书馆 CIP 数据核字（2008）第 119513 号

书　　名	清史镜鉴——部级领导干部清史读本·第一辑	
著　　者	国 家 清 史 编 纂 委 员 会 国家清史纂修领导小组办公室	编
责任编辑	郭又陵　孙　彦	

出版发行　国家图书馆出版社（北京市西城区文津街 7 号　100034）
　　　　　（原书目文献出版社　北京图书馆出版社）
　　　　　010－66114536　63802249　nlcpress@nlc.cn（邮购）

网　　址　http://www.nlcpress.com

排　　版　北京文雨信来科技发展中心

印　　装　北京武英文博科技有限公司

版次印次　2008 年 8 月第 1 版　2022 年 6 月第 3 次印刷

开　　本　850×1168　1/16

印　　张　24.75

字　　数　460 千字

书　　号　ISBN 978－7－5013－3765－1

定　　价　68.00 元

序

清朝是我国历史上最后一个封建王朝，统治中国长达 268 年之久，其前期在发展经济文化、巩固国家统一、加强民族团结等方面甚有功绩。中叶以后，内外矛盾尖锐，外敌入侵，国内动荡，政治日益败坏，其失误和教训，实足发人深省。清亡距今不足百年，离我们时间最近，对我们的现实生活影响较大。"今天的中国是历史的中国的一个发展"，要根据中国国情，建设中国特色社会主义，就要学习和研究历史，特别是离我们今天很近的清史。

新中国成立后，为了弘扬文化、传承国脉，党和国家领导人十分重视清史纂修，曾成立相关机构进行筹备，但由于种种原因，修史之事，几起几落，一直未能启动。2002 年 8 月，中央领导作出纂修清史的重大决定，相继成立了清史纂修领导小组、清史编纂委员会，清史纂修工程，于焉肇始。

清史纂修不仅具有重大的学术价值，还和现实生活有着密切的关系，它不是网罗奇闻逸事，不是观赏陈迹古董，不是"发思古之幽情"，而是和时代脉搏的跳动息息相关。中国封建社会发展缓慢，延续了两千多年，到了清代，它具有什么特点？它的经济、政治、文化发展到了怎样的高度？清代众多的历史人物应该怎样评价？清代很多扑朔迷离的事件真相如何？为什么古代中国一直处于世界的先进行列，而到了清代却愈来愈落后？在统一多民族国家和整个中华民族发展史上，清朝统治的 268 年究竟处于什么地位？应该对其如何评价？如果没有外国的侵略，中国将会沿着什么方向发展，发展的前途可能会是怎么样？这些都是此次清史纂修所要研究和揭示的重大问题。

清史编纂工作自 2002 年启动以来，在党中央、国务院的关心下，经过海内外专家们的鼎力合作和辛勤努力，目前已有大批阶段性研究成果相继产生。在有计划、按步骤推进清史纂修的同时，为了更加全面、广泛、客观地反映纂修中取得的重要成果，及时将其应用于我国新时期新阶段社会主义现代化建设，充分发挥清史纂修在资政、存史、育人等方面的重要作用，经清史纂修领导小组副组长、文化部副部长周和平同志提议，在清史纂修领导小组办公室诸同志的努力下，于 2006 年 7 月开始编发《清史参考》。刊物集学史和资政于一体，兼顾资料性和时政性，择要刊登在清史纂修中形成的部分科研成果。内容大致涉及典章制度、名人史事、轶闻掌故、档案文献、学术争鸣、资料考证等，力求如实反映三百年清朝历史的真实面貌，给读者以较丰富、较切实之清史知识。

历史是已经逝去了的人和事的记录，是各个国家和民族的文化创造。人有反思往事的感情，有寻根问先的愿望，有从自身的经验教训中学习的天赋。人类在不断前进，但每一代人都是在前人的基础上进行创新，不断前进的。这就形成了文化的传承和历史的延续，形成了历史、现实、未来之间相通的无穷无尽的长链。现实深深植根于历史之中并通向遥远的未来。历史研究可以帮助人们在过去的远景中认识自己，并为未来的创新指点方向。历史学虽然不能像应用科学那样快速而直接地取得实用效益，但它的功能是长期的、巨大的。人类如果忘记了自己的历史，将会在现实和未来中迷失方向。历史学是传承文明、陶冶心灵、提高素质、建设社会主义精神文明所必需，也是了解社会、掌握国情、管理和建设国家、进行战略决策所必需。

《清史参考》创刊后赢得了较好的社会反响。办刊两年来，共有50余位专家在《清史参考》刊发文章。《清史参考》的作者，大多为清史纂修工作的项目承担者，也有一些是清史编纂委员会的骨干专家，都学有所长，是各自研究领域的佼佼者。所载文章不仅有很强的学术性，还多富深刻的现实意义，具有一定的参考价值，且篇幅短小、风格朴实、文字流畅、可读性强。应该说，对于现阶段社会上流行的种种"戏说"清史的文艺作品，能够起到一定的校正作用，用真实的历史史实来教育青年，教育大众。这本身也是历史学家们理应担负的一种社会责任。

近日，欣闻国家清史纂修领导小组办公室计划将《清史参考》结集出版，以扩大清史纂修的社会影响，使刊物资政、存史、育人之价值泽及社会、服务学界、繁荣文化，心喜之余，略缀数语，以为序言。

戴 逸

2008 年 7 月 28 日

目　　录

军事

人物

清代中叶以来中国国力的变化

戴　逸

2005 年我国 GDP 同比增长 9.9%，总量达 18.2 万亿元（折合美元 2.2 万亿元），跻身于世界第四位，闻之不胜欣喜。近代以来，中国受列强侵略，期盼国家富强，中国人民历尽艰辛奋斗，而今建设成绩辉煌，民族复兴有望。

GDP 是反映国力的最重要因素之一，回顾历史上我国 GDP 之变化，即能见到国运之盛衰兴替。GDP 的统计是近代以后的事，自然不能有很精确的数字，但据此也能了解各国历史发展的一般趋势。

为了考察 18 世纪以来中国国力的兴衰，这里选用了五个年代作为考察点，即 1750 年、1830 年、1900 年、1945 年、2005 年。每个年代之间相距 45 年至 80 年不等。

1750 年（清乾隆十五年）　当时中国统一，经济繁荣，国力强大，史称"康乾盛世"。这一年中国 GDP 占世界份额 32%，居世界首位，其次是印度（包括今巴基斯坦）占 24%，欧洲五国英法德俄意共占 17%，五国的 GDP 只有中国的一半稍多。

当时的世界，是中国、印度、欧洲鼎足三分之势。但应该看到：英国、法国的 GDP 总量虽少，但两国人口仅 3500 万，人均 GDP 高于中国。它们的政治、经济、文化、科技，均衡发展，互相促进，已经突破了封建社会的临界点。中国的 GDP 虽高，但人口多，人均 GDP 少。它还是封建专制国家，很少与外国交往，而且固守旧传统，轻视科技与工商业，不具备持续发展的条件，由于这一点，英国、法国在经济上即将起飞，超过中国。

1830 年（清道光十年） 这是鸦片战争爆发前十年。从 18 世纪以来，世界历史发生了巨大变化，英国经历了产业革命，法国于 1789 年爆发了大革命，美国经过独立战争，建立了新国家。这三件大事极大地改变了历史的走向，而中国的"康乾盛世"已成明日黄花。从 GDP 看，中国下降 3 个百分点，占世界的 29%，仍是首位；印度已沦为殖民地，GDP 急剧下降 7 个百分点，占 17%；而西欧五国的 GDP 上升 12 个百分点，占 29%，与中国持平。其中英国的 GDP 达 9.5%，但当年英国只有 1800 万人，而中国已达 4 亿人，我们的人均 GDP 已远远低于英国。

1830 年以后的世界和中国，处在剧烈的动荡中，德国、意大利相继统一，美国致力于西部开发。而中国在经历五次帝国主义侵华战争后，一步步沦为半殖民地半封建国家，进入了极为悲惨黑暗的时代。

1900 年（清光绪二十六年） 这是义和团运动和八国联军侵华的年代。该年中国 GDP 只占世界的 6%，印度只占 1.7%，从光辉的顶峰跌落谷底，两国 GDP 只占世界 7.7%，可说是惊人的史无前例的沉沦，两国的 GDP 甚小而人口最多，因此是当时世界上最穷最弱的国家。英法德俄意已占 54.5%（英 18.5%、法 6.8%、德 17.9%、俄 8.8%、意 2.5%），美国更是后来居上，占 23.6%，还有日本经过明治维新后 30 多年的努力，GDP 攀升到 2.4%，这七个国家占世界生产总值的 80.5%。它们称霸全球，横行于世界各地，当年的八国联军，就有这七大强国在内。

1945 年（中华民国三十四年） 这是世界反法西斯战争和中

国抗日战争胜利的一年。世界经历了两次大战，生命财产的损失不计其数。中国历尽欺凌和屈辱，开始了民族觉醒，进入革命时代。辛亥革命推翻了清朝政府，结束了漫长的封建专制统治，接着发生了五四运动、中国共产党诞生、国民革命、土地革命等，迎来了14年的中国人民抗日战争。1945年，中国人民终于迎来了近代以来在反抗外来侵略的斗争中的第一次胜利。1949年建立了中华人民共和国。两次世界大战留下了满目疮痍，除了美国之外，并没有真正的战胜国，德国和日本是战败国，国内一片废墟，而中国、前苏联、英国、法国遭受的破坏亦甚。1945年，美国的GDP达世界的56%，而中国的GDP只占世界的4%。直到1950年，即战后经济重建五年之后，美国的GDP达3810亿美元，而英法德日意和前苏联的GDP总和只有3500亿美元，尚不及美国之多。

2005年 第二次世界大战后，世界从战争中复苏，经历了两个阵营的冷战时代和政治多元化时代，原来的殖民地纷纷成为独立国家，但美国仍一路领先，日本和德国则在战败后努力重建，GDP排名第二和第三。改革开放以来，中国经过20多年的努力，在GDP排名中已名列第四。美国2005年GDP达12万亿美元以上，日本达4.8万亿美元以上。中国2005年GDP 2.2万亿美元（人民币18.2万亿元），美国是中国五倍半，日本是中国两倍多。

通过以上对250多年来世界大国GDP变化的反思，可以看出，一个国家国力的变化与这个国家的国土大小、人口多少，还有资源、政治体制、社会秩序、人民素质、科技水平、社会风气以及国家发展的指导思想、制度政策、政府能力等都有关系，最重要的是能否抓住机遇，采取正确的国家发展战略。

作者简介

戴逸，1926年生，江苏常熟人。中国人民大学教授，国家清史编纂委员会主任。主要著作有：《中国近代史稿》、《1689年的中俄尼布楚条约》、《简明清史》、《清代人物传稿》（下）、《中国历史大辞典·清史》（上）、《中国大百科全书·中国历史卷·清史》、《乾隆帝及其时代》、《18世纪的中国与世界》、《清通鉴》、《履霜集》、《繁露集》、《语冰集》。

"振兴中华"口号的由来

李文海

"振兴中华"这个口号,在历史上最早是在什么时候、什么情况下提出来的呢?

"振兴中华"口号的最初提出,是在 19 世纪末叶的晚清时期,即从甲午战争到义和团运动期间(1894—1900)。在这五六年间,几个不同的政治派别,先后发出了"振兴中华"的响亮呼喊。

中国从鸦片战争以后,在外国资本主义的侵略下一步步沦为半殖民地半封建的国家。甲午战争后,帝国主义加紧了侵略步伐,争相在中国划分势力范围,进行瓜分中国的罪恶活动。亡国灭种的威胁迫在眉睫,民族危机空前严重。这种形势激起了中国人民的深切忧虑和极大愤怒。"四万万人齐下泪,天涯何处是神州?"[①] 人们在悲愤中思索和探求着免致神州陆沉的救国之路。

"振兴中华"的口号就是在这样一种历史背景下提出来的。

1894 年 11 月(光绪二十年十月)和 1895 年 2 月(光绪二十一年一月),孙中山先后在檀香山和香港建立了第一个资产阶级革命团体"兴中会"。这个组织的《章程》指出:"方今强邻环列,虎视鹰瞵,久垂涎于中华五金之富、物产之饶。蚕食鲸吞,已效尤于接踵;瓜分豆剖,实堪虑于目前。"为了挽救祖国的危亡，他们大声疾呼，"亟拯斯民于水火，切扶大厦之将倾"，并且郑重宣告："本会之设，专为联络中外有志华人，讲求富强之学，以振兴中华、维持国体起见。"[②] 正是孙中山先生第一次鲜明地发出了"振兴中华"的号召。

不久以后，康有为、梁启超等人发动了变法维新运动。这个运动的直接目标是改良封建政治，而根本动因则是出发于救亡图存。在运动中维新派反复宣传祖国命运和前途的危急："俄北瞰，英西睒，法南瞵，日东眈，处四强邻之中而为中国，岌岌哉！"[③] 于是，他们也提出了中国如何"自振"的问题。康有为说："天地为愁，我将何容？昧昧我思之，惟有合群以救之，惟有激耻以振之。"[④] 梁启超也说，如"中国终不自振，终不自保，则其所谓沦胥糜烂者，终不能免"；因此，一切有志之士，都应把握"中国可以自振可以自保之机"[⑤]。这里所说的"激耻以振之""自振"等等，显然与"振兴中华"是同一含义。

戊戌维新运动刚失败，反帝爱国的义和团运动就如狂飙一般在中国大地上兴起了。在这场斗争中，义和团同样提出了"振兴中国"的口号。有一个材料说："（义和团）初以捉拿洋教，振兴中国为名。"[⑥] 在义和团的一些传单、揭帖、告白中，一方面指斥帝国主义"祸乱中华"的罪恶，一方面表示要"扶保中华，逐去外洋"的决心。尽管在这些文件中带有某些迷信色彩和笼统排外主义倾向，但在这层薄薄的外衣下包裹着的爱国主义实体却仍然是显而易见的。

在同一个历史时期里，不同的政治派别似乎是不谋而合地提出大体相同的口号，这当然不是偶然的巧合。这表明，在当时，为"振兴中华"而奋斗，已经成为时代之要求，人心之所向，因此，这个口号的出现也就成为历史的必然了。一切爱国的、要求祖国独立和民族自由的人们，都强烈地感到"振兴中华"的必要性和神圣性。事实上，许多志士仁人，也正是在"振兴中华"的崇高信念的驱使下，纷纷投身到政治改革、抗击侵略和革命斗争中去的。"振兴中华"曾是那一个历史时期促使人们争取民族独立和社会进步的强大推动力。

今天，情况已经发生了根本变化。但是，近代史上这种为"振兴中华"而贡献自己一切的献身精神，仍然是值得我们继承和发扬的。

注　释

① 谭嗣同：《有感》，见《谭嗣同全集》（增订本），中华书局1981年版。
② 《孙中山全集》第一卷，中华书局1981年版，第19、22页。
③ 康有为：《强学会叙》，陈永正编：《康有为诗文选》，广东人民出版社1983年版，第469页。
④ 康有为：《保国会序》，《知新报》第八十五册，光绪二十五年（1899）三月二十一日出版。
⑤ 梁启超：《南学会叙》，《时务报》第五十一册，光绪二十四年（1898）正月二十一日出版。
⑥ 《山东近代史资料》第3分册。

作者简介

李文海，1932年出生，江苏无锡人。中国人民大学原校长，现为中国人民大学清史研究所教授。1955年9月毕业于中国人民大学，后留校任教，长期从事中国近代史的教学与研究工作。社会兼职：中国史学会会长，中国延安精神研究会副会长等。出版有《世纪之交的晚清社会》《历史并不遥远》《近代中国灾荒纪年》等专著。

清朝的任官回避制度

郭松义

封建国家政权在任命官员时，为了避免亲友邻里的请托徇情，制定出一定的限制条例以防患于未然，这就是回避制度。清朝的任官回避制度中，最重要的是地区回避和亲属回避，此外还有师生回避和拣选回避，其中又以地区回避牵涉面最广。

地区回避是指官员的籍贯与就任地区不得相同或接邻。由于京官和地方官的情况有所不同，故反映在回避的具体规定上也有差别。

在京官员的回避是指出任户刑二部司官和道监察御史的籍贯，不得与所管省份相同。例如，浙江籍人不得充任户刑二部浙江司和都察院浙江道监察御史等。其原因除了它们都属要害部门外，还由于这三个衙门均以省名设司、设道，并各按所称省名辖理或监督所在省份的钱粮、刑名等事。

外地官员的回避，规定自督抚至州县官，本省人不得在本省任职，有的虽非本省人，但因原籍与任地相距在 500 里以内，也得照例回避。由于外官任职情况比较复杂，所以在具体施行时，还常有调整。比如按照原先的定例，地方官回避只限于省道府州县厅的正印官，佐贰杂职不在其内。雍正十三年（1735）回避面有所扩大，规定"各省佐贰杂职驻扎地方在原籍五百里以内者，亦令回避"①。又如盐场官员，向例"因无地方之责，并不回避本省"。乾隆五十二年（1787），以"盐斤既关系民食，且所属晒丁、灶户钱粮、词讼，俱系该员经理，究恐有徇私瞻顾等弊"，决定也要"回避本省"②。再如管理治河的河道官员，初时亦无地区回避之说，乾隆三十二年议定：凡河工同知以下各员，有官居本省而距家在 300 里以内者，俱应加以回避。五十五年，又扩大到 500 里。

清朝政府规定的地区回避，开始并不包括满洲等八旗官员。这一则是因为八旗官员除少数驻防者，多集中于京畿地区，回避问题并不突出；再则在顺治、康熙之际，八旗人员多出任显要，很少有担任基层职务的。雍正四年规定："汉军人员，京官不补刑部司官，在外回避顺天、直隶各官。"③但这只指道府以下官，至于督抚布按，仍照旧不在回避之列。乾隆十五年把对汉军旗人的限制扩大到满洲旗人，确定若有补授直隶州县官员，凡在 500 里以内者，悉行回避。

在地区回避中，有的人因迁居他省，属于长期寄籍者。对于这些人，乾隆七年规定，无论原籍、寄籍，"均令回避"。比如浙江人寄籍于顺天府，那么浙江、直隶均列为地区回避。另外还有一种人存在原籍和祖籍问题，或者商人经商具有商籍身份，对此，原则上亦确认这些人都应回避，即原籍、祖籍、商籍统统回避。稍有例外的是对盐场河工官员，可放宽不回避祖籍。至于寄籍回避，光绪时进一步规定：凡现任官员，在其任所属民中，如有五服以内亲族寄籍，而又"系属聚族而居，业已成村者，应令回避，以别府之缺酌量对调"④。就是说，只要在辖下有近亲聚居，即需回避。

亲属回避是指有直接血缘关系和姻亲关系的人员，避免在同一衙门、或有上下级关系的衙门、或互为监察的单位担任职务。

回避的原则是，同辈由官小的回避官大的；若系同一品级，则由后任回避先任。不同的辈分，除京官出任部院堂官，例由官小者回避外，若系相同官衔，或品秩稍有大小，则由辈分小的回避辈分大的。至于地方官中，遇到直系亲属为上司或下属的，通常令官小者回避。有的虽非直系但因关系密切，也要加以回避。

以上定例，在实际施行时，根据宗族血缘关系的远近，还常有不同的处置。比如对外姻亲中的母之父及兄弟，妻之父及兄弟，己之婿、嫡甥，均属至亲，回避之例较严。至于母兄弟之子，姨母之子，关系较远，虽同任外官，"可无庸避"。

在亲属回避中，任官职司的重要，也与回避的轻重大有关系。康熙十年（1671）规定，"外官有关系刑名钱谷，考核纠参者，不分远近，系族中均令官小者回避"⑤。在这里，回避所及，不只是直系亲属，而扩大到一般同族之人，因为刑名钱谷，牵涉利害较广，聚族一处，情谊关切，故得倍加防范。同样的道理，户部十四司、刑部十七司分省者，司官之宗族，照外官例加以回避。另外像嘉庆十七年（1812）议准："现充盐商人员，不准选户部司员"；"祖孙父子及嫡亲伯叔兄弟，有现充盐商者，亦令其回避户部"⑥。原因是户部总司各省盐务，盐政牵涉到国家赋课，因而需要从严控制。

由于亲属回避在某些方面比地区回避更难划分界限，界定过苛，难免自缚手足。到道光以后，不得不在某些方面稍加放松。如将血亲范围限于祖孙父子伯叔兄弟之内，其同宗同支而不同祖父的远房兄弟，可不在回避之列。又规定道府以下官员，如只是同宗同族关系，可准许在同省隔属道府任职。

师生回避指授业师生和乡会试中的座主和门生之间，在授官时应有所回避。因为师生之谊情同父子，其中又确有人利用师生同年关系，联络声气，以致徇私结党，互相排陷，所以不得不加防范。

关于师生回避的范围，清廷曾于雍正七年作出明确的规定：凡乡会试，"若取中之人为督抚司道，而考官适在下属，应令官小者回避；如考官外任督抚，其属官内有系伊取中者，咨部存案，遇举劾时，于本内声明；考官外任司道，其属官内有系伊取中者，申报督抚存案，如有举劾，于督抚本内亦将该员与司道谊系师生之处，一并声明，以凭查核"[⑦]。至于府州以下官有"谊关师生"而为上司下属的，或者是督抚司道的下属佐贰官中有师生名分的，因关系直接，或牵涉刑名钱谷之案，故依定例，一律令官小者回避。此外像学政与各府州县的教职官，也谊属师生，嘉庆元年规定，凡教职俸满甄别保题及大计卓异保荐等项，学政不得在会衔题报中列名。

拣选回避之例出现的时间较晚。嘉庆时，清廷发现有的拣选大臣在拣选官员时，竟将本人至亲挑入，以造成既成事实。为此，皇帝觉得需要制定法规予以限制。经吏部等官员集议奏准，规定凡与拣选人员和钦派大臣有宗亲或姻亲关系的，一般照京员回避之例，令官小者回避。遇到特殊情况，像拣选满洲、蒙古和汉军的某些职位，可采取事先呈明或请旨多派大臣，以便于需要回避之官自行回避等方式，加以解决。

清朝政府为了保证回避制度的执行，规定候选官员向吏部投供验到时，都得随缴履历亲供和同乡京官印结，如实填写原籍、祖籍、寄籍等情况，以及祖孙三代身份等等。如有需要回避姻亲者，应在有关注册文结内一并声明，有的则在掣签分发到省后，向督抚提出补调。官员领凭赴任后，所在督抚还得进行审核，"确查所指之省有无先行流寓、寄籍、置买田产，与本身父子胞兄弟、胞伯叔侄开设典铺及各项经商贸易，及在各衙门协办刑钱等事，取具同乡官印结，声明是否顶替"，然后咨报吏部，"以凭核办"⑧。违反回避规例，比如应该具呈声明而没有如实说明，或"故意捏饰，希图规避"等等，要受到革职、降一级到三级调用以及罚俸等处分。主管官员若有"徇私瞻顾"，或"讳饰隐匿""扶同捏报"者，也要受到革职、降调和降级留任等处分。

　　总的来说，清代的回避制度在总结以往朝代经验的基础上，规定得比较严密细致，执行亦较认真。但在专制主义极权的时代，皇帝拥有最高的权力，同样的规制，只要皇帝下旨，便可作为特例另行处理，甚至加以推翻。比如在地区回避中，有任官不得于籍贯500里内就职的条规，可同时吏部却有"汉军凡奉特旨补授人员，不行回避"的补充说明。还有像"满洲道员以下等官，如系奉特旨补授者，亦照汉军之例毋庸回避"⑨。这就明白地赋予皇帝有便宜之权。

　　回避制度对抑制官员请托徇情起到了一定的防微杜渐作用，但同时也产生了一些副作用。特别是地方州县官，因为异地做官初来乍到，不熟悉当地民情风俗，甚至存在语言障碍而无法任事，不得不委权于幕客吏役，从而造成吏胥弄权的局面，也给社会带来了一定危害。

注　释

① ③　光绪《大清会典事例》卷四七，页二。

②　光绪《大清会典事例》卷四七，页四。

④　光绪《大清会典事例》卷四七，页六。

⑤　光绪《大清会典事例》卷四七，页七。

⑥　光绪《大清会典事例》卷四七，页一二。

⑦　光绪《大清会典事例》卷四七，页一七。

⑧　《顺天府档案》，转引自韦庆远：《论清代人事回避制度》，《历史档案》1989年第2期。

⑨　光绪《大清会典事例》卷四七，页三。

作者简介

郭松义，1935 年生，浙江上虞人。中国社会科学院历史研究所研究员。主要著作有《伦理与生活——清代婚姻关系》《中国屯垦史》等 20 余部。

从清朝状元看古代科举制度

宋元强

自隋至清，科举考试制度在中国存在了 1300 年。近人在审视这项制度时，多指责它对贫家子弟的排斥，揶揄八股时文耗士子精力于浮文，讥讽登科仕进之人不识兵刑钱谷为何事。对于从这套制度中艰难竞奔、脱颖而出的状元，往往持鄙夷的态度，认为他们有虚名而无实学。笔者考察了清代百余名廷试首冠之士，透过对他们家世、学历、政绩、才识的分析，我们可以对这项在世界上都曾很有影响的取士选官制度有一些更具体的认识。

家世出身与竞争机制

清代的会、殿试，始于顺治三年（1646）丙戌科，止于光绪三十年（1904）甲辰科，共举行 112 次。由于顺治九年壬辰科和顺治十二年乙未科为满、汉分榜，每科有两名状元，故 112 科中，共取一甲进士 114 名。

清代科举报考，例有一定限制。籍贯无误，家世清白，非出身倡、优、隶、皂之家，及未居父母之丧者，方准应试。除此之外，上自仕宦之家，下至寒微之士，均可报考。当然，求学读书需要一定的经济条件，家境过于贫寒，自然无力攻读应试，但这并非政府规定的报考条件。由于是公平竞争,许多寒微之士就是通过勤学苦读,取得了功名。

中国封建社会主要由两大等级构成。帝王、贵族、官僚拥有世袭、封爵、仕籍等一般平民多不能拥有的特权,属于"官等级"。各种生产者、未入仕的读书人,即所谓士农工商,属于"民等级"。笔者稽诸史料,查考出了清代57名状元的家世出身,依据他们父辈以来的社会地位,可分为三种类型,其情况是:第一类,仕宦家庭出身。凡父辈有举人以上功名曾充任知县以上官职者,属于此类。在封建社会里,他们属于官等级。这类家庭出身者有29人,占51%。其中大臣(包括内阁大学士、军机大臣、部院大臣、总督、巡抚)的子弟,不足10人。第二类,士人家庭出身。凡父辈虽为读书人,但无功名及官职者,属于此类。其中有的家境十分贫困,称为寒士之家。这类出身者有20人,占35%。第三类,其他家庭出身,如商人、农民等。他们的家境贫富不一。这类出身者有8人,占14%。这第二、第三类家庭出身的人,属于民等级。换言之,在57名状元里出身于"民等级"的占49%。

在科举时代,元魁鼎甲极难获中,士人莫不以独占鳌头为殊荣。仕宦人家子弟在物质与文化方面拥有种种有利条件,在角逐中无疑处于优势地位。即使如此,普通士人与其他家庭出身的人,由于才智卓绝和勤勉超人,在清代状元中也占了相当的比例。如秦大士、王杰、姚文田、萧锦忠、洪钧、张謇、刘春霖等,都是出身寒门而卓然举首的典型。王杰早年丧父,靠抄写收入养母,艰苦备尝;洪钧少时家贫,曾令习贾;刘春霖出身贫农,日间务农,晚上苦读,深夜饥肠辘辘,曾私取邻居晾晒的酱曲充饥。这些事实,充分表现了科举制度的一个基本特征:不拘门第、均等竞争、公开考试、优胜劣汰。

科举制自实行时起,便伴有一些弊端。洎乎清代,法久弊多。但清廷为了甄拔寒俊、遴选真才，采取了严禁营私舞弊、严格科场纪律、裁抑大臣子弟、屡兴科场之狱等诸多措施。清初，达官世族子弟中式者独多，引起了最高统治者的注意，除临时加以裁抑外，还制定官、民分卷法，分额取中。并有科场回避条例，防范日严。唐宋时期，科场案少且处罚轻，不过革职、降秩而已。清代迭兴科场案，对违法者往往处以极刑，且殃及亲属。如顺治丁酉乡试一案，斩考官7人，流放100余人。惟其如此，才基本上维护了科举选士的公正原则。所以，魏源称科举制度最大的特点是"公"。梁启超说："科举，法之最善者也""科举为升平世之政"。

夺魁年龄与八股制义

清代历科状元廷试首冠时的年龄是多少？在目前能查到的66人的情况中，岁数最小的是于敏中和戴衢亨，均为24岁；最大的是王式丹，59岁。在26岁至45岁之间抢元者最多，占86.3%，平均夺魁年龄是35岁。有人统计过，古今中外千余名科学家作出重大贡献的"最佳年龄区"是25岁至45岁，首次贡献的最佳成名年龄在33岁左右。这与清代状元的情况有惊人的相似之处！我们也统计了60余名状元的寿命，其中最短的是邹忠倚，年龄32岁；最长的是张之万，年龄87岁，平均寿命是63.3岁。换言之，这些状元一生中要把半数以上的时光用于接受启蒙教育、研讨历史典籍、增进书法技巧和掌握应试程式等方面，代价是相当可观的。

造成这种现象的原因，一方面是由于中国古代士子在掌握文化典籍方面，有特殊的难处。汉字结构复杂、数量繁多，需要通晓文字、训诂、音韵学。中国文化典籍浩繁，门类卷帙可观，迫使一个人青少年时代的精力皆专注于此。故凡涉及中华古典文化的学问，研习者负担皆重。另一方面，毋庸置疑，也和八股制艺虚耗士子大量精力有关。清代读书人往往从十二三岁就开始学习八股文，因为它是科举考试中最重要的文体。这种文体是将经义、策论、诗赋融合在一起，在六七百字的一篇文章内，既考察应试者对儒经的熟悉程度，又考察其文字表达能力。由于每篇试文分为八股，每股的文句形式与内容均有特定的要求，就便于考官迅速判断应试人水平的高低。所以，八股文是科举时代一种比较成熟的标准化试卷模式。但是，世界上没有无弊之法，八股文行之愈久弊端愈多。这种程式，掌握起来费时费力，入仕后又全然无用。更有舍弃根本之学，心术变坏者。故许多有识之士，对它进行过猛烈抨击。顾炎武说："八股之害，等于焚书。"清代状元及万千举子都曾为这种科场应对文字而呕心沥血，着实令人扼腕叹息！

政事德行与儒家教育

儒士阶层内部有不同的流品，一些人得势以后，衣冠禽兽，虐政害民，史称这类是"伪儒""小人儒"。但总的来说，由于儒家长期"尊德行、道问学"的教育，修齐治平、经邦济世的观念对他们有很深的影响，相当一批人能体察民情、重视名节、博学多识、干练通达，将这些人源源不断地补充到各级政府机构中去，并使之不断流动，当然有裨于政治的清明和社会的稳定。因此，历代统治者都把"得士者昌"作为重要信条。

考察历史上殿试夺魁者的情况，可以得到这个问题的部分证明，状元三年必有一人，但其人必须有功业文章，事迹方得流传。笔者统计了 15 种史籍，有近半数清代状元的传记可以查到，说明他们在当时有一定的影响。清制，殿试传胪以后，一甲一名进士例授修撰之职，官居六品，这是每个状元的殊荣，以后多数可升至四、五品。升为三品以上大员，参与中枢机要的，为数亦不算少。据统计，清代殿撰官至内阁大学士，即所谓"状元宰相"者，前后有 14 人；简充军机大臣者，有 7 人；任总督、巡抚者，有 9 人。这当中，如徐元文、于敏中、毕沅、王杰、潘世恩、张之万、翁同龢、孙家鼐、洪钧等人，都是清代名臣，为史家所熟知。而张謇、骆成骧、王寿彭、刘春霖等人，则是在中国近代史上起过重要作用的人物。还有如彭定求、钱维城、金榜、吴其濬、陈沆、陆润庠等人，在经史著述、诗词书画方面，有很高的成就。

民国初年，有位经历过科举考试的齐如山先生撰写了《中国的科名》一书，他毫不留情地讥评了科举考试的种种弊端与丑闻陋习，但在书的结论中却郑重地说："科举考试，是一种很好的制度。不过有极大的一种短处，就是行之数百年而未能改动，永远以八股取士。所以同、光以后，西洋科学传至中国，有许多有识之士，才知道这种考试法是没有用的，便反对起来。其实错的是考试的内容，不是考试的方式。"确实，以空疏无用的八股制义取士，理应抛入历史的垃圾箱，但用公平考试的方法甄拔士人，则应该说是历史的必择之路。

作者简介

宋元强，男，1937 年生，北京人。中国社会科学院中国社会科学杂志社编审，国家清史编纂委员会典志组专家。主要著作与编著有：《清朝的状元》、《状元史话》、《中国资本主义萌芽》（上、下）等。

清朝严厉打击科场舞弊案例

李国荣

自从科举制度产生的那天开始，科场舞弊的幽灵便一天也没有离开过贡院的号舍。到了清朝，科场作弊的隐秘手法与猖獗程度都达到了科考史上最严重的程度，屈指数来，作弊手法竟有十几种，诸如徇私请托、夤缘贿买、暗通关节、夹带入闱、场内传递、枪替倩代、冒籍应试、冒名顶考、隐匿捏报、割换试卷、窜写代改、泄漏考题、乱号抄袭、罢考哄闹等等，真可谓五花八门。清朝官府对科场作弊的打击，比起以往各朝，也是力度最大惩处最严厉的。这里，让我们透过清官档案，来看看清朝是如何打击科场作弊的。

顺治朝：贿卖关节——考官李振邺等7人处斩

关节作弊，是科举时代隐蔽性最强的一种舞弊手段。这种作弊手法，始自两宋，盛于明清。北宋真宗景德年间，朝廷制定了两项在古代科举史上具有重要意义的考场规则：一是糊名，二是誊录。糊名，是将试卷上考生的姓名、籍贯等项用纸糊盖起来，使批阅试卷的考官不知道手头的卷子是何人所作；誊录，则是在考生交卷后，另由考场专雇的誊录人员将考卷重抄一遍，然后再交考官评阅，这样，就连考生的笔迹，考官也无法认出了。可是，就在有了弥封糊名和誉录易书这两项防弊措施之后，又有了新的作弊"对策"，即订关节递条子。所谓关节，就是考生与考官串通作弊，约好在试卷内诗文某处用什么字作为记号，其中多数是用"夫""也""矣"这一类虚词作暗示，大多用在某文开头、某段结尾。作弊者暗订关节的绝招，使得弥封、誉录的防范作用大打折扣。

在清朝十几起科场大案中，关节作弊案占了很大的比例，而且关节作弊者一般都是处以死罪。顺治十四年（1657）顺天乡试，大理寺左评事李振邺奉命充任同考官。入场前，李振邺拟订了几十个关节条子，叫上在京城偷养的小妾和一个叫张汉的考生，四处兜售，临到入闱时，总共卖出了 25 份关节条子。进入考场，李振邺把所有关节用蓝笔写在一张纸上，让跟随入场的家仆灵秀去查找这些卷子。案发后，李振邺等 5 名贿卖关节的考官和 2 名严重作弊的考生被斩，家产全部查抄，各家老幼共 108 人流放关外边地尚阳堡。

雍正朝：叫卖秀才——河南学政俞鸿图人头落地

清代的学政，执掌一省文教大权，三年一换，属钦差大臣。学政的一项重要职责是，主持省内岁、科考试，即在到省的第一年巡视各府、州、县学校，轮回举行岁试，第二年再到各地主持科试，通过岁、科两试，从童生中考选生员——也就是平常所说的秀才。国家能否通过科举选到真才，士子能否迈上科考的第一台阶，学政选拔秀才的考试是最为基础也是至为关键的一步。可是，在贪婪腐败的官风下，各省学政往往把一手掌管的秀才考试当成纳贿发财的良机，舞弊之风盛行。清代档案中就说，各省学臣中"校士公明，一文不取"的很难找出几个，而因循营私者则十有八九。河南学政俞鸿图就是这样丧身的。

雍正十年（1732），朝廷简派时任翰林院侍讲学士的俞鸿图为河南学政。俞鸿图来到河南后，自视独掌豫省科考文教大权，把学政衙门变成了实实在在的肥缺。俞鸿图前往各处巡回考试，就像地主收租一样，走到哪里，钱财收到哪里，谁送银子，谁就能当秀才。

据清官档案载，雍正十一年四五月间，俞鸿图来到许州主持秀才考试。他与充任提调官的临颍县知县贾泽汉等人密谋，以贾泽汉当时在许州开的一个油店为窝点，通过亲戚、朋友、师生、同乡等各种关系，到处揽生意，四处叫卖秀才。俞鸿图在许州总共卖出去多少秀才？经河东总督王士俊严密追查，先是查出买秀才的考生23名，后又有主动投案自首的考生24名。这样，在许州经俞鸿图之手卖出的秀才总共有47名。据河东总督王士俊的奏折说，几位串通贿卖的"合伙人"当初这样议定：每卖一个秀才，收银子360两到400两，送给俞鸿图每名300两，剩下的银两由其他人瓜分。若按这一分赃比例进行粗略估算，俞鸿图本人收取受贿银两当在14000两左右。对河南学政俞鸿图贿卖秀才一案，经过半年多的审讯，雍正最终下令：立即处斩！

隆朝：雇人替考——考生枪手一律斩杀

枪替，是清代科举考试中经常出现的。所谓枪替，就是指请人冒名入场代写试卷。那些受雇替考的人，就叫枪手。枪替现象，在考取秀才的初级考试童试中普遍存在，在考选举人的乡试中也时有发生。为制止此弊，顺治年间规定，童生参加县试，必须5位考生互结联保，并由本县一名廪生作担保人；参加府试，除了同考的 5 人互结外，要有 2 名廪生认保。考场上若是发生枪替之弊，一经发现查出，互结的 5 名考生要一同连坐，保结的廪生也要黜革。到雍正十三年，又进一步规定："枪手代倩，为学政之大弊。嗣后凡有代笔之枪手，照诓骗举监生员人等财物指称买求中式例，枷号三月，发烟瘴地方充军。其雇代倩代笔之人，照举监生员夹浼营干买求中式例，发烟瘴地方充军。知情保结之廪生，照知情不首例，杖一百。"

至乾隆年间，对枪替情弊的处罚就更重了。且看这样一桩案件：乾隆四十八年（1783）七月，广西土田州知州岑宜栋的长子岑照赴广西省城参加乡试，入场前，他先到永安州知州叶道和的寓所拜访了两次，恳请这位知州找个有些才学又可以信赖的人代考。叶道和让一位在他的州衙内充当了多年幕友的曹文藻，充作考场内的书办，混入场内，替岑照答写了全部三场试卷，事前许诺考中后有谢银 300 两。岑照果然高中解元。案发后，乾隆作出这样的处理决定：考生岑照、永安知州叶道和，立即处斩；枪手曹文藻等人，绞监候秋后处决；岑照的父亲土田知州岑宜栋，罚银 5 万两。

咸丰朝：听人说情——一品大员柏葰丧命黄泉

咸丰朝的柏葰，是朝廷的一品大员。柏葰于咸丰六年（1856）升任军机大臣，并且兼职内阁大学士。他于咸丰八年充任顺天乡试主考官，就在这次科考中，柏葰因为听别人说情，而最终身败名裂。

咸丰八年顺天举行举人考试，有刑部主事罗鸿绎应考。入闱前，罗鸿绎找到肇庆府同乡兵部主事李鹤龄，拟定三场考试所用关节：第一篇，文末用"也夫"二字；第二篇，文末用"而已矣"三字；第三篇，文末用"岂不惜哉"四字；诗的末尾，用"帝泽"二字。这样，共定了4处关节，全用在各篇结尾的地方。李鹤龄拿着为罗鸿绎拟订的关节，找到即将入闱充任同考官的同年翰林院编修浦安，请他在场内照应。浦安凭这几处关节，找到编号是"中皿恭字十二号"的卷子，在同考官"荐阅"一栏内写下批语"气盛言宜，孟艺尤佳"8个字，推荐到主考官手中。身为军机大臣、内阁大学士的主考官柏葰在审阅浦安试卷时，认为该卷才气平平，初步拟定列入备取的副榜，后来连副榜也不上了。浦安得知后，急忙请柏葰带入场内的家仆靳祥出面说情，最终柏葰以第238名举人将罗鸿绎录取。事后，通过关节中举的罗鸿绎拿出500两银子，分别酬谢柏葰、浦安、李鹤龄、靳祥等人。就是这一纸关节，主考官一品大员柏葰竟人头落地，同考官浦安、考生罗鸿绎以及代拟关节的李鹤龄也一同处斩。

从档案文献来看，清代对科场作弊的打击力度远远超过以前各朝。这主要表现在两个方面：一是惩处至为严厉。隋唐宋明各朝对科场作弊的士子只不过处以停考，或流放边地，考官顶多是降级革职，在清代则往往是杀头之罪，而且是斩立决，这点尤其是在清朝前期执行得十分坚决。二是惩处制度化。以往各朝大多对科场作弊的个案处理，灵活性较大，到了清代就形成了具体的《钦定科场条例》，内容十分详细。当然，到了清朝后期，科场衰败，考纪废弛，对科考作弊的惩处也松了许多。

作者简介

李国荣，1961年生，辽宁建平人。中山大学历史系毕业，现任中国第一历史档案馆编研部主任、研究馆员。主要著作有：《帝王与炼丹》、《佛光下的帝王》、《科场与舞弊》、《实说雍正》（合著）、《清宫档案揭秘》（主编）、《清代广州十三行纪略》（主编）等。

清代严禁太监干政

唐益年

太监制度是封建社会的一个丑恶而畸形的产物，它是由封建社会的宫廷制度派生出来，而又只能依附寄生于封建宫廷的一个怪胎。在史书上，太监也叫寺人、阉人、宦官、中官、内官、内侍等等，称太监则是封建社会晚期明、清两个朝代的事情了。

在中国封建王朝历史上的任何一个朝代中，当皇权相对稳固的时候，在皇宫服役的太监一般都被局限于管理和服侍皇帝及后妃日常生活的基本职能内，几乎完全被排斥于国家的政治生活之外。但是相反，一旦社会政治、经济等诸方面出现不稳定因素，统治集团内部各派政治势力发生激烈对抗，进而对皇权利益产生威胁的时候，皇帝为了维护"家天下"统治的长治久安，往往会动用太监这股非政治的私人奴仆势力，作为皇权的代表投入到巩固君主专制的统治过程之中。实际上，这是皇权与其他强权势力较量的最后一张王牌。

太监参与国家的政治活动，并不代表社会进步，恰恰相反，这往往标志着一个政治黑暗时期的开始。中国封建社会中所出现的太监参政专权的事例，多发生在每一封建王朝的中后期。这时候的社会政治、经济矛盾不断激化，局势动荡，而封建皇帝或软弱无能、或荒淫腐化。他们或无意亲操政柄，或无力驾驭朝政，但又绝不愿意将皇权交与他人，这就为太监掌握朝政创造了相应的条件。

中国历史上自秦朝以来，包括汉唐王朝的中后期及至明朝中后期都出现过严重的太监参政专权的情况。而这种情况的出现往往又给社会政治、经济以及人民的生活带来巨大的灾难。

所以，历史上凡是贤明君主，都注意防止太监干政。明王朝覆亡之际，清摄政王多尔衮率清军击败李自成农民起义军进入北京，大批前明太监作鸟兽散，但残留在宫廷中的太监仍有较大的势力。顺治二年（1645），发生了一件事。这些太监在朝会的时候，仍然按照明末的惯例，抢在文武诸官之前参拜皇帝，这是新政权所万万不能容忍的。于是，多尔衮在前明降清的官僚集团的坚决支持下，把太监赶出了朝会这个重大政治活动，狠狠打击了太监的气焰。从顺治皇帝开始，经康熙、雍正到乾隆，这几朝皇帝都非常警惕太监结党营私及干政之弊，并认识到必须严格内廷法制，严禁太监窃权干政。顺治皇帝福临曾颁布上谕，规定太监品级"不过四品"，并且太监"非经差遣，不许擅出皇城"，"职司之外，不许干涉一事"，"不许招引外人，不许交接外官"，"不许假弟侄等人名色置买田产，因而把持官府，扰害民人"，等等，违者将被处以死刑。福临还仿照明太祖朱元璋，在宫中树立铁牌，规定"朕今裁定内官衙门及员数、执掌，法制甚明。以后但有犯法干政，窃权纳贿，嘱托内外衙门，交接满汉官员，越分擅奏外事，上言官吏贤否者，即行凌迟处死"。但是，顺治皇帝和明太祖朱元璋一样，为了限制贵族权臣势力的膨胀发展，很快就背离了祖宗家法及自己亲手制定的条例，而开始扶植、依赖太监势力，用于巩固自己的专制集权。从顺治十一年到顺治十八年，福临废弃了清朝所固有的总管内务府，而以内监十三衙门取代之。可以说，清官太监在这短短的六七年时间里，曾经获得过一段参与朝政的"辉煌时代"。但这也是仅有的一段辉煌时期，随着顺治皇帝福临的过早夭折，清宫太监参与朝政的机会也就彻底丧失了。

康熙皇帝玄烨继位后，一切又都回到了祖宗制定的家法基础上，太监重新回到了宫廷之中，重新恢复了皇帝及其家族的私人奴仆的身份。玄烨对太监的态度是极其鲜明的，他曾多次斥责太监，说他们"最为下贱"，是"虫蚁一般之人"，"良善者少"。在他执政的 61 年中，别有特色的清宫太监管理机构及其管理制度初步建立起来。雍正皇帝胤禛在位期间，则进一步完善了太监机构，同时特别注重打击太监交接外官、干预政务的活动。

乾隆皇帝弘历，则集祖、父辈之大成，从总结历史上历朝兴亡的经验教训入手，完善了清宫太监的管理制度，奠定了有清一朝太监无缘干预朝政的基础。乾隆七年（1742），弘历下令编纂《钦定宫中现行则例》及《国朝宫史》一书，并颁发了一道明发上谕，阐述自己修书的宗旨。他在上谕中指出，明之亡国，并非亡于宦官。使宦官得志揽权、肆毒海内主要是皇帝自身的过失。他认为，明代中叶以后，皇帝长期不接见群臣，听任宦官"寻谀纵逸，愈溺愈深"，"遂使是非由其爱憎，刑威恣其燔炙，兵事任其操纵，利权归其掌握。倒持太阿，授之以柄"。同时，他夸耀本朝百余年来，"从无一人能窃弄威福者，固由于法制之整肃，而实由于君德之清明"。

乾隆皇帝在上谕中特别强调"祖宗立纲陈纪，垂之典者则若此。朕之防微杜渐、谨其操柄者，又若此。不有成书，奚以行远？朕意欲辑本朝宫史一篇……我后世子孙，世世遵循。尚其知所则效，知所警戒，聪听列圣之明训，永永勿斁"。弘历期望他的子孙后代，能从他总结的经验教训中得到鉴诫，能遵循他制定并完善的宫廷典制，并由此使其家族天下千秋万代得以延续下去。在长达 60 余年的统治生涯中，弘历始终遵循这一原则，严格太监的管理。乾隆三十九年，清宫内曾发生奏事处太监高云从泄漏职官任免档案的案件。案发后，弘历异常震怒，凡牵涉此案的大学士于敏中、军机大臣舒赫德、尚书蔡新、总管内务府大臣英廉等高官都受到了严厉申斥，其中左都御史观保，侍郎蒋赐棨、吴坛还受到了革职处分。随后又查出高云从交接外官，嘱托外官安排其亲戚案，当即将案犯粤海关监督李文照、参将王普等革职解京严审。同时，两案并发，其主犯奏事处太监高云从立即被处斩。

可以说，由于清朝统治者严格遵循了严禁太监干政的制度，因此在其 200 多年的执政历史中，基本没有出现太监干预朝政的现象。但是，史学界还有一种比较流行的传统看法，认为在清朝晚期慈禧太后垂帘听政时期，她大权独揽，实行独裁统治，并且重用包括太监在内的亲信，诸如十分有名的太监安德海、李莲英等人，打击异己，这就使宫廷制度发生相应的变化，太监不许干政的祖宗家法也由此而废弛。这种传统说法并不准确。当时的实际情况是，虽然宫内管理制度废弛，太监中也确有结党营私之辈，公然敲诈勒索、贪污纳贿的现象比比皆是，慈禧太后对此也是睁一只眼、闭一只眼，听之任之。但是说到安德海、李莲英之辈干预朝政，则多为传闻揣测之言，并无实据。关于太监安德海，是在同治八年（1869）八月，由于"捏称钦差织办龙衣"的罪名，并违反了"非经差遣，不许擅出皇城"的祖宗家法，在山东泰安被山东巡抚丁宝桢拿获并奉两宫皇太后懿旨就地正法了。由于安德海是慈禧太后身边的宠监，因此这个案子在民间曾留下许多绘声绘色的传说。根据清宫档案记载，安德海被杀时年仅 26 岁，是储秀宫六品蓝翎首领太监。在一段时间里，安德海确实以他的年轻伶俐，很得慈禧太后喜爱，但因此就得出他能够干预朝政的结论，就显得过于牵强了。

至于李莲英，是历经咸丰、同治、光绪、宣统四朝，并且在慈禧太后身边当差达 40 余年，深得慈禧太后宠信的太监之一。由于李莲英生性圆滑、善解人意，又是在安德海被杀后逐步得到慈禧太后的喜爱和宠信的，因此他总结并汲取了安德海被杀的教训，很好地把握了太监不干政的底线，在长达 40 余年的伴君生涯中，充分地扮演了一个忠顺而善解人意的奴才的角色，成为慈禧太后晚年时期一个非常可心的"伙伴"。作为慈禧太后的宠臣和奴才，同时又置身在错综复杂的政治漩涡中，李莲英在光绪朝曾先后三次因慈禧太后而被朝臣抨击，而他既没有权力选择，更没有资格申辩。由于朝臣的抨击基本上都是道听途说，没有真凭实据，最终他们不仅无功而返，而且分别受到了慈禧太后的申斥和惩处。由于受到了慈禧太后的有力保护，李莲英基本上都躲过了责难。另一方面，也表明李莲英行事谨慎，没有给外人留下把柄、给慈禧太后带来任何麻烦。所谓李莲英"干政"的说法不过是空穴来风而已。

作者简介

唐益年，1947 年生，浙江嘉兴人。中国第一历史档案馆研究馆员。主要著作及编著有《清宫太监》《香港历史问题档案图录》《中国第一历史档案馆馆藏清代官员履历全编》《英使马嘎尔尼访华档案文件汇编》《清代外务部中奥关系档案史料选编》等 10 余种。

清代的秋审制度

李 岚

秋审制度的渊源与主要内容

秋审是一种有着深厚传统的、带有中国特色的死刑缓刑复核制度，是清代最重要的司法程序之一。它深刻体现了中国古代儒家的"恤刑慎杀"思想，使传统的"德主刑辅"的法律思想得到了充分体现，在中国法制史上具有特殊的历史意义。

清代秋审制度直接承袭明代的朝审，而明代朝审又渊源于两汉以来的录囚。录囚就是审录复核在押人犯，以使轻罪释放，重罪减免，冤狱平反，这是儒家"恤刑"思想在司法制度上的反映。从汉到明，历代都曾举行录囚，清代的秋审更是把自古以来的录囚发展到最完备的形式。

清代的死刑案件根据情节轻重分为立决和监候两类。立决就是立即执行（重罪立即处决的有凌迟、斩立决、绞立决），监候则缓决（罪行较轻，或案情可疑的判为斩监候、绞监候），等待当年秋审后再决定是否执行死刑。死刑须由刑部、都察院、大理寺组成"三法司"最后审决，刑部负责审判，都察院负责监察，大理寺负责复核。三法司以刑部为主，分工合作，共同执法，凡死刑案件都要"专案"具题呈报皇帝审批。

秋审案件的范围是判处斩、绞监候，留待秋后处决的案件。其主要内容是每年一度由三法司对斩、绞监候案犯，在全国范围内进行一次复核，一般于八月举行。秋审的主要程序有四：1. 初审：对各省奏报的秋审题本，先由刑部审录，摘叙案件原由，写出具体结论。2. 会审与题报：由大学士、九卿、詹事、科道等在京三品以上官员齐集天安门前、金水桥西进行会审，然后由刑部领衔分情实、缓决、可矜、留养承祀四本向皇帝题报。3. 皇帝批示：奉旨缓决、可矜、留养承祀案犯的秋审程序即告结束，奉旨情实者，仍要复奏。4. 复奏和勾决：死刑执行前向皇帝复奏，是谓遵行"三宥三刺"古制，以示特别慎重。复奏本上，由皇帝用朱笔在应立决案犯名上打钩，称为"勾决"，一旦勾到，即行处决。在全部秋审程序中，唯有勾决仪式由皇帝亲自主持，以示"生杀予夺之权操之自上"[①]，即皇帝掌握着死刑的最终复核权，掌握国家的最高司法权。

秋审最主要的工作就是把在押监候死囚分为情、缓、矜、留等几大类，决定哪些罪囚的死刑应执行，哪些可以减等或免除。清初秋审还有"可疑"一项，即"罪名已定而情节可疑者"。雍正后正式确定为实、缓、矜、留四项，"情实"：情真罪当，可执行死刑；"缓决"：罪行较轻，继续监候，留待下年秋审再行复核；"可矜"：罪行属实，但情有可原者，可减等免死发落；"留养承祀"：斩绞重囚法无可贷者，因独子而父母老疾无人奉养，可特恩免死。在实际审判中，矜、留两类情况较少。

秋审制度的社会意义

秋审的主要意义之一就在于区别情实与缓决，即将死刑案件中对统治阶级和社会制度危害较轻的，可杀可不杀的那一部分案犯甄别出来，以昭"法外之仁"。这样既可保持死刑的威慑力量，防止滥刑擅杀，又可收到"恤刑"的效果，维护了封建法制的统一。雍正在一次谈到秋审时说："朕惟明刑所以弼教，君德期于好生，从来帝王于用刑之际，法虽一定，而心本宽仁。"[②] 就是说"以宽仁之心去行严格之法"，在这种思想指导下，凡情有一线可原者即入缓决。至于停勾、减等、免死，甚至留养承祀等"法开一面之网"都是为了使执法得中、持平。

秋审被称作"秋谳大典"，是清代最重要的司法制度之一，从顺治元年刑部左侍郎党崇雅第一次正式提出秋审的建议，终清一代，秋审制度在不断的实施过程中，立法不断严密，制度日益完备。直至清末律政改革，光绪三十二年（1906）三法司制度废除，秋审制度才随着近代法律制度的诞生而彻底废除。

清代的秋审制度使死刑的审理与复核纳入了前所未有的严格的法律程序中，保证了皇帝为首的国家专制权力对死刑的控制，使国家牢牢掌握最高刑罚的权力。在幅员辽阔的清朝统治范围内，秋审制度最大可能地做到了司法的统一，限制了地方各自为政和擅杀滥杀。

秋审制度与司法腐败

秋审制度体现了清代司法审判制度的完备性，保证了案件按法定程序的审理，在一定程度上限制了君主的任情生杀、官吏的违法乱纪。清代皇帝对死刑案件的审断较少发生历史上曾经有过的君主随意杀人现象，与其说是专制权力受到制约，不如说清代高度发展的专制权力已经制度化，虽然有时这些制度的执行也不免流于形式甚至出现司法腐败。

　　道光二十九年（1849），张集馨作四川按察使，他说："秋审并不难办，固须条规例案娴熟，尤在定案时预为秋审地步。……四川秋审部费，向例给以六百金，部书于五六月间专人将秋审实缓底折送署，收取部费，司（臬司）中不与交通，皆在省佐杂，有部办出身者网罗其事，彼即于中取利。"③

　　这个事例说明，至少在道光年间，刑部与各省在秋审前已暗中勾通，刑部将预先审定的实缓底折送交各省，各省据此信息向皇帝题报本年实缓名单，就不会因错误较多而受到皇帝申饬，但为此要付出"部费"600 两白银，秋审之流于形式和司法腐败由此可见一斑。清代的秋审制度实行到后期，更是积弊如山，难以发挥其应有的作用了。

　　"天下之事，不难于立法，而难于法之必行，不难于听言，而难于言之必效。"④ 这是明代著名宰相张居正在万历元年（1573）提出"官吏考成法"的奏疏中曾经说过的一段名言，有法不依，执法不严，再好的制度也会成为一纸空文，秋审只不过是其中的一项制度罢了。

注　释

① 乾隆语，见《大清会典事例》卷八四七。
② 见《大清会典事例》卷八四六。
③ 《道咸宦海见闻录》，第 115 页。
④ 《张文忠公集》奏疏三。

作者简介

　　李岚，1972 年出生，安徽庐江人。2004 年 6 月中国人民大学清史研究所中国近代史专业博士毕业，现为国家清史纂修领导小组办公室工作人员。发表过《孙中山的救荒思想》《(申报) 中晚清救荒资料述略》等文章。

"御门听政"

——康熙朝中枢决策"朝会"

王思治

康熙帝玄烨，14 岁亲政伊始，便"御乾清门听政，嗣后日以为常"①，非遇重大事件，或皇帝病患，终康熙之世，始终不辍，御门听政成为常朝制度。

御门听政，因皇帝行踪与季节寒暑的变化，或在乾清门东暖阁、懋勤殿东暖阁，或在畅春园澹宁居、南苑东宫前殿；若出巡外地，则每晚与扈从官员处理本章。

御门听政时，各部院官员面奏政事，内阁大学士、学士以折本请旨，康熙则不时征询诸臣意见，实际上成为皇帝御门处理政务的会议，故又称"朝会"，是康熙朝中枢决策的主要形式。兹试举清政府统一台湾后，决定派兵驻守台湾及行政建置的决策过程以明之。

康熙二十三年（1684）正月二十一日，辰时，康熙帝"御乾清门听政"，大学士、学士以折本请旨，奏称："福建提督施琅请于台湾设总兵官一员，兵八千；澎湖设副将一员，兵二千，镇守其地。"业经议政王、贝勒、大臣、九卿、詹事、科、道会议准行。于是康熙问大学士等曰："尔等之意若何？"李霨、王照奏曰："据施琅奏内称，台湾有地数千里，人民十万，则其地甚要，弃之必为外国所踞，奸宄窜匿其中，亦未可料，臣等以为守之便。"康熙说，"台湾弃取关系甚大"，"弃而不守，尤为不可"②。命再确议具奏，决定在台湾设一府三县，派兵驻守，隶属于福建省。后于光绪十一年（1885），台湾设巡抚，建省。可见，台湾统一后的行政建置及设兵驻守，是先经议政王大臣及九卿科道会议，最后在御门听政时，康熙在征询大学士等的意见后，拍板决定。

对关系国计民生而又难于决断的重大问题，御门听政时，康熙则召集相关官员于御前详议。如治理黄河，康熙说："河道乃漕运民生所系之大事。"时黄河经常泛滥，"河道实属难知"，治理十分不易，且治河重臣所见歧异。康熙二十七年三月初八日，御门听政时，康熙召集大学士、学士、九卿、詹事、科、道及两江总督董讷、河道总督靳辅、巡抚于成龙、原任尚书佛伦、熊一潇，原任给事中达奇讷、赵吉士等有关大员，共同会议治河方案，详加讨论。康熙说："此等大事，议须至公，方有当于理耳。"诸臣应："互相辩难，以得事理之宜。"负责治河的主官靳辅、于成龙二人意见相左，彼此恶语相加。董讷说："至尊之前，如此争辩，便失奏对之体。"③康熙虽然也认为两人"互相诋诟"，殊失大臣之体，但二人均系干练大员，故不表明态度，否则九卿等必将望风承旨，如此，便不能议论至公，求得最佳治河方案。于此可见，御门听政时，康熙处理大政之慎重，且不因言罪人。

御门听政又称"视朝"，一般在早晨举行，故又称"早朝"。康熙每日"未明求衣，辨色视朝"，天不亮就起床，曙光初露就视理朝政，"惟恐有怠政务，孜孜不遑"。据大学士明珠说，康熙是自古以来唯一一位每日视朝的皇帝。自秦始皇至康熙，称帝而有年号者，凡211人，唯独康熙每日御门听政。由于听政时间太早，启奏官员需三四鼓趋朝，严冬深夜，寒风凛冽，其辛苦可知，年老者甚至因而乞休，如黄机、魏象枢皆年逾七旬，"不堪逐日趋走，故具疏乞休"④。康熙说："朕御朝太早，各官于三四鼓趋赶朝会，殊为劳瘁。"因而决定自康熙二十一年九月二十一日起，"每日御朝听政，春夏以辰初刻，秋冬以辰正刻为期，启奏各官，从容入奏"。

康熙还通过御门听政对各部院官员进行考核，察其奏对情况，于政事或勤或惰，便可一目了然。他说，御门听政时，"朕亦可鉴其贤否"⑤。康熙二十五年五月规定，无启奏请旨的各衙门官员，"亦着每日黎明前齐集午门，俟启奏各官事毕同散"。都察院及科道官员，职司纠参，不是每日都有事启奏，亦"俱着每日黎明齐集午门"。满汉部院官员"有怠惰规避者，即行题参"⑥。康熙此举虽意在督促官员勤于政务，但无事启奏者齐集午门，不免太重形式，康熙亦觉于事无补，实行四个月后，同年九月，命无事启奏官员，仍一月三次上朝。

康熙每日起大早听政，群臣中有恐皇帝过于劳累者，不断有人"奏请御门听政以五日或二三日为期，其意盖欲君臣之间，政事余暇，稍得休息"。康熙断然不允，认为如此必荒疏朝政。他说："朕自躬亲庶政，宵旰弗遑，念致治之道，务在精勤，励始图终，勿宜有间。"⑦致治之道在于一心"精勤"，故不宜间断，若将每日御门听政改为"三日、五日以为奏事常期，非朕始终励精之意也！但因御门太早，可以稍迟时刻，如此，大臣俾得从容入奏"，而"非图便安"。

视朝听政，关乎国计民生，议论时，康熙多征询有关官员或熟悉情况者的意见，然后做出决断。他说"部院诸事，朕向与诸臣商酌之"。在商酌时，尽管对某一政事的处理，康熙已有定见，但如发现不妥，则加改正，对诸臣所言择善而从。他说："朕从来不惮改过,惟善是从。即如乾清门听政时,虽朕意已定之事,但视何人之言为是,朕即择而行之,此尔等(指大学士)所共知也。"⑧

为了鼓励官员申说己见,康熙强调:"凡公事皆宜尽言。言之而当固善,即言之不当,亦何妨。"⑨以消除臣下的顾虑。对缄默不言,或依违从众者,则严加训斥,说这种人"未见议论一事,如此则用一无用之物耳,于国家何益"⑩?对在集议时不言,退后饶舌者,更是深恶痛绝,斥之曰:"今大庭广众之前,所见而不言,退则啧有烦言,此真非人类矣!"⑪对望风承旨者,只知迎合"圣意"者,更是大不以为然。他说:"一切政事国计民生所关,最为重大,必处置极当,乃获实效。朕每详览奏章,内有所疑,或折五六本、七八本咨询尔等(大学士)者,务得至当耳。今尔等不各以所见直陈,一切附会迎合朕意,则于事何所益哉!"⑫康熙阅览奏章,反复思量,励精图治,凡有所疑,则"或折五六本、七八本",即所谓"折本"。"折本"是已由内阁票拟的题奏本章;"票拟"即代皇帝草拟的初步处理意见。如若皇帝认为不妥或不同意者,折角为标志,发回内阁,待积存 10 件以上,御门听政时,由大学士、学士捧进,请旨后另拟,谓之"进折"。此时,康熙多咨询大学士的意见,希望不要附会迎合"圣意",敢于直陈己见,以期"处置极当"。由于鼓励各官知无不言,因而不少大臣敢于坚持己见,如大学士杜立德"廷争之状,即如与朕抗衡一般"。"李霨、卫周祚若有所言,亦不让步。张玉书、熊赐履凡有上谕,一字未妥,必行改正,不肯草率放过"⑬。康熙鼓励臣工大胆直言,无损于"乾纲独断",相反,却使他在处理政务做出决断时,能听到各种意见,然后,"朕心躬自断制"。这就是他所常说的"精勤政务"。

由于御门听政"皆系国政",康熙不允许臣下说"颂圣"之类的套话、空话。康熙二十年二月，郎中苏立泰奉命前往河道总督王光裕处看河后返京。御门听政时苏立泰回奏，一开头就说："光裕奏称：臣本微员，蒙皇上殊恩，特擢受兹重任。"康熙立即加以制止，指出："此系套语，不必陈述，尔即将看过河工具奏。"⑭康熙时年28岁，正当好胜之年，但青年皇帝之于政务却不务虚名。康熙四十六年，康熙帝已是54岁。是年春，第六次南巡视河，至清河县查看，问河道总督张鹏翮，奏请开溜淮套的原因。张鹏翮奏曰："皇上爱民如子，不惜百万帑金，拯救群生，黎民称颂圣恩。"由于他尽讲"颂圣"空话，康熙立即加以制止，说："尔所言皆无用闲文。朕所问者乃河工事务。文章与政事不同。若作文字，牵引故典，便于敷衍成篇。若论政事，必实在可行，然后可言，非虚文所能饰也。今满汉大小诸臣齐集，尔可将此河当开否一一奏明，何必牵引闲文。"⑮从青年到老年，康熙为政不务虚名，正如他自己所说，是"以实心行实政"⑯，"凡于用人行政，事无巨细，罔不殚心筹划，早夜孜孜，有如一日"⑰。

注 释

① 《清圣祖实录》卷二十三，第5页。

② 《康熙起居注》第2册，第1127页。

③ 《康熙起居注》第3册，第1741—1743页。

④ 《康熙起居注》第2册，第898页。

⑤⑥ 《康熙起居注》第2册，第850页。

⑦⑰ 《康熙起居注》第2册，第1180页。

⑧ 《康熙起居注》第2册，第1025—1026页。

⑨⑩⑪ 《康熙起居注》第2册，第1572页。

⑫ 《康熙起居注》第2册，第1025页。

⑬ 《康熙起居注》第3册，第2235页。

⑭ 《康熙起居注》第1册，第80页。

⑮ 《清圣祖实录》卷二二八，第10—11页。

⑯ 《清圣祖实录》卷二七五，第11页。

作者简介

王思治，1929年生，四川省自贡市人。中国人民大学教授。主要著作有：《清史论稿》《清代通史·康熙卷》《康熙大帝》《康熙事典》《避暑山庄与外八庙》《清代人物传稿》上编1、3、5、8卷等。

"康乾盛世"的闪光点

李国荣

　　"康乾盛世"是人们津津乐道的一个话题。长期以来，以这一特定历史时期为背景的影视文学作品更是目不暇接。的确，这是清代268年历史中最辉煌的时期，也是整个中国古代历史上最后的一个盛世。人们为什么把康乾时代的中国称为盛世？或者说，所谓的康乾盛世都有哪些值得称道的事呢？这里试作简要的梳理披陈。

一、奠定今天中国的版图

　　如果要把康乾盛世的历史功绩摆一摆的话，那么，最重要的一条就是，它奠定了今天中国的版图。

　　康乾时期，也就是从17世纪中叶至18世纪中叶这百余年间，是清朝实现国家统一的重要时期。在东南，康熙元年（1662），郑成功从荷兰人手中收复台湾；康熙二十二年，清政府最终和平统一台湾。在东北，面对俄国的入侵，康熙二十四年，清军取得雅克萨战争的胜利；康熙二十八年，中俄签订了《尼布楚条约》，国外势力对清朝的疆土威胁基本解除。在北方，康熙二十七年，喀尔喀蒙古部落归附；康熙二十九年，通过多伦会盟，康熙宣布清政府对漠北蒙古（即今外蒙古）实行直接管辖，完成对整个蒙古高原的统一。在西藏，康熙后期就开始派官员驻藏；乾隆十六年（1751），建立在达赖喇嘛和驻藏大臣领导下的噶厦政府，确定在藏长期驻兵定制，西藏实现政教合一的统治。在西北，康熙、雍正时期，几次出兵准噶尔，阻止"蒙古帝国"的建立；乾隆二十年至二十四年（1755—1759），清军历时五载，平定准噶尔部和回部，统一天山南北。在南部海疆，乾隆三十二年绘制的《大清万年一统天下全图》等多幅地图，已明确地把南海诸岛列入我国疆土。历经康、雍、乾三帝之手，我国辽阔的领土疆域最终稳定下来。

大一统是中国古代政治家追求的最高理想，也是中华民族的情结。清朝的康乾时期，国家实现了稳定的大一统局面，这固然是在中国几千年历朝历代国家疆域的基础上发展起来的，但它的历史功绩却又是超越千古的。一方面，康乾时期的中央政府对边疆地区真正实现了长期的、稳定的、有效的政治管理和军事控制，天南地北的边疆地区实实在在地成为中国领土不可分割的一部分；另一方面，内地的汉族与边疆地区的少数民族，以经济文化为纽带联系在一起，成为唇齿相依、血肉相连的一个整体。中国作为一个现代意义的多民族的统一国家，在康乾盛世已经形成。正是由于康乾盛世奠定了坚实的统一国家的基础，中国才没有在鸦片战争后、西方列强入侵时变得分崩离析。

二、人口突破三个亿

谈到人口，今天的人们一般想到的更多的是它不利的一面，即人口过多会制约社会的发展。但是，在古代中国，人口数量的多少，却一直被视为国家是否兴旺富庶的最重要的标志。因为那时生产力水平相对低下，人口便成为社会最重要的财富资源。正因这样，大小战争要争夺人口，安邦治国要增长人口。

中国古代第一次全国性的人口统计数字是 6000 万人，那是西汉末期的平帝元始二年（公元 2 年）。从那时起，历经 1200 年，到南宋绍熙年间，人口实现第一次翻番，达到 1 亿人。清朝初年的人口不足 1.5 亿，仅仅经过 100 多年，到乾隆五十五年，全国人口又翻了一番，而且突破了 3 个亿，使中国人口总数出现了空前的高峰值。由此可见，在康乾盛世，由于国泰民安，人口增长速度之快，是历朝历代所未有的。反过来说，在 17、18 世纪的百余年间，人口持续快速的增长，无疑是将盛世推向巅峰的主要因素之一。从另一个角度上讲，中国今天的人口基数以及在整个世界人口格局中所占的地位，也是康乾时代所奠定的。

三、经济大国独领先

说到康乾盛世的经济，以下列出的这些数字，是最能说明问题的。

先说全国耕地面积，康乾时期达到历史新高。康熙、雍正、乾隆三位皇帝都强调以农为本，十分重视农业，始终致力于增加农业种植面积。到 18 世纪末，全国耕地面积已经突破了 10 亿亩，远远超过了明朝末年的水平，这是中国历史上从来没有过的。

再说户部所存白银，也就是国家财政储备，在康乾时期相当雄厚。康雍乾时期，国家财政规模不断扩大，每年的财政收入一般都保持在 4000 万两白银左右。而国库也就是户部的银库，储备的白银则常年保持在 6000 万两以上，就是说国库存银是全国每年财政总收入的一倍半，这在中国财政史上是空前的。财力富厚是盛世的标志，也是维持盛世强有力的物质基础。

从全球的角度来看，康乾时代的中国，是当时世界上最大的出口制造业国家。17、18世纪，世界经济全球化的进程已经越来越快，那时中国的制造业在整个世界经济中具有特殊的地位，闻名东西方的中国绸缎、生丝、瓷器、茶叶等产品，不仅销往南洋、日本、中亚等传统国家地区，而且还远销欧美和俄国。一直到乾隆辞世的18世纪末，中国在世界制造业的总产量中仍超过整个欧洲5个百分点，大约相当于英国的8倍，俄国的6倍，日本的9倍。而美国此时刚刚建国，根本就没法同中国比。

四、文化工程宝典多

盛世修书，这点在康乾盛世表现得淋漓尽致。回顾历史，只有幸逢盛世，才有条件启动带有总结性、开创性的修书修史等大型文化工程。康乾时期标志性的大型文化工程接二连三，硕果累累。

让我们看看康乾时期光耀历史的文化遗产最主要的都有哪些。其一，颇受史家称誉的《明史》。康、雍、乾三位皇帝都十分重视总结历史经验，尤其是明朝盛衰兴亡的历史经验。康熙说过，《明实录》他自己就看了两遍。长达332卷的《明史》，顺治二年（1645）即动议修纂，康熙十八年始开局，至乾隆四年最终完成，前后历时90余年。其二，历经康熙、雍正两朝修成的《古今图书集成》。这是中国现存完整的最大的一部类书，共有一万卷。其三，也是最为重要的，在乾隆年间纂修完成的中国古代第一大丛书《四库全书》。这部书几乎囊括了清乾隆以前的中国古代最重要的文献典籍，总数达8万多卷，收入各类书籍3500多种。这部规模空前的巨型丛书，前后历时几十年，总共缮写七部，分别珍藏在紫禁城内的文渊阁、盛京的文溯阁、圆明园的文源阁、避暑山庄的文津阁，以及江浙地区的扬州文汇阁、镇江文宗阁和杭州文澜阁。历经兵火浩劫，《四库全书》现仅有三部半留存于世。

康乾时代的中国，在当时世界上具有很高的地位和美好的形象。

17、18世纪的中国，是西方人心目中无限神往的国度，西方的思想家们更是对这个东方神秘之国赞不绝口。法国18世纪的思想家伏尔泰认为，当时的中国是世界上治理得最好的国家，"全国一家是根本大法"。法国另一个思想家魁奈则说："幅员辽阔的中华帝国的政治制度和道德制度，建立在科学和自然法的基础上，这种制度是对自然法的发扬。"西方思想家和学者对康乾盛世的这些赞誉之词，固然添加了许多理想化的色彩，却也折射出那时的中国在世界的投影是比较美好的。

然而，面对急剧变化纷纷兴起的资产阶级革命和产业革命的世界局势，康、雍、乾这三位大清皇帝仍满足于在封建制的旧轨道上蹒跚。于是，盛世的背后，正是中国落伍于世界的开始。18世纪末的英国使臣马嘎尔尼，通过访华窥破了貌似强大的中华帝国的虚弱本质，他十分形象地说："清帝国好比是一艘破烂不堪的头等战舰。"还在乾隆晚年，国势就已下滑，隐患重重，尽管朝廷千方百计地加以粉饰，但百年盛世还是走到了尽头。

清末制定的中国第一部版权法

闵 杰

1910 年 12 月 18 日，清政府颁布了《著作权律》，这是中国有史以来的第一部版权法。它依据的是世界通行的《保护文学艺术作品伯尔尼公约》，即今人耳熟能详的"伯尔尼公约"。无论过去或现在，它都是最权威的国际版权公约。"伯尔尼公约"缔结于 1886 年，1896 年经缔约国重大修改后为世界各国所遵循，也正是在此前后，中国开始接触这个国际公约，经过十几年的努力，产生了自己的版权法。

晚清制定版权法是为防止盗版翻印，而盗版翻印则与印刷术的进步和图书市场的形成有关。现今所知中国最早的私印翻刻活动始于宋代。在古代中国，印刷术不发达，翻刻现象虽然时有发生，但并不严重。鸦片战争后西方石印技术传入，为中国出版界开一新纪元。由于新技术的使用，印刷变得简便易行，私刻翻印因之屡禁不止；但直到戊戌维新之前，中国人对书籍韵需求毕竟有限，图书市场规模不大，翻印盗版还没有成为一个为社会所关注的问题。戊戌维新对中国出版界的最大贡献是，它开启了中国人对于西学的孜孜追求，自此百余年绵绵不绝；同时，推动了科举制度的改革乃至废除，学堂取代了书院，课本成为中国社会的一大需求，中国出版业出现了前所未有的繁荣；而利之所在，必有逐臭之徒，私刻盗版也如影随形猖獗起来，令出版界头痛不已。

最早拿起版权这个武器打击私刻的是西方在华的出版机构。1894 年，英美传教士设在上海的"同文书会"改名"广学会"。"广学会"成立不久，特别自 1896 年起，不断按照国际保护版权的规定，向中国官方提出保护其出版物版权的要求；禀请通常由广学会所在地的行政长官上海道台受理，并得到他的支持。中国地方官既然答应了外国人的要求，就很难否决中国人的同样要求。1896 年底，上海道台应维新派机关报时务报社的要求，发表了一则保护其出版物的告示，这是目前所见较早的按照西方惯例保护版权的官方规定。告示是这样写的：

> 近日坊间书贾习气，每将他人新刻之书翻印……查泰西定例，凡刊印自行译撰书籍，不许他人翻印。近年上海西人所设广学会、益智会，均经禀请存案，凡会中刊印各书，均不得率行翻印，援例禀请存案严禁（翻印）……据禀前情事同一律，除批示并分饬县委查禁外，合行出示晓谕，为此示仰书贾坊铺人等知悉，嗣后时务报馆如有印出各项要书，尔等不得擅行翻印出售渔利，致干究罚，其各凛遵毋违。
> 特示。

告示不长，但要点讲得很清楚：版权在外国是通行的规则，中国官方也当援例而行，对提出申请者，无论外国人、中国人一视同仁，实行保护。在 19 世纪末，这种地方官的行政命令是中国版权保护的主要形式，且主要施行于上海等通商口岸地区。

1898 年 7 月 5 日，光绪帝根据维新派的请求，特颁谕旨，宣布："各省士民若有新书……准其专利售卖。"以中央政令的形式，保护著作者和出版界的权益。由于发生政变，这道关于版权的谕令随同"百日维新"的其他政令一同被废除，但表明中国自下而上直至最高统治者版权保护意识的初萌。

1898 年 9 月慈禧太后发动戊戌政变，此后两年间，中国陷入了万马齐暗的政治黑暗时期，出版界百花凋零，盗版也几乎匿迹。盗版在某种意义上是出版业繁荣的曲折反映，没有出版也就绝了盗版。延至 1900 年底，清政府无法再实行愚昧统治，不得不宣布实行"新政"，勉强承认了戊戌变法的合理性。在经过了一段怀疑和观望之后，1902 年中国思想界重新活跃，出版业再度繁荣，出现了空前规模的翻译外国人文和社会科学著作的热潮，同时革新教育，学校林立，新编中小学教科书大量印行，译著和教科书成为炙手可热的商品，盗版风气也愈演愈烈。保护出版界的繁荣固然离不开政策的宽容，而要维持出版繁荣，就必须严厉打击盗版；《大清律例》中没有关于版权的条文，打击盗版的法理依据，只能是世界通行的"伯尔尼公约"。1902 年，《外交报》——这份旨在打开窗户让中国人了解世界的报刊，以连续三期的版面，全文刊登了"伯尔尼公约"及其相关文件，包括：1886 年 9 月 9 日在瑞士伯尔尼通过的最初文件、以后的补充条款以及 1896 年 5 月 4 日在巴黎通过的修订条款，总计三个文件。《外交报》在刊登时使用的译名是《创设万国同盟保护文学及美术著作条约》《创设万国同盟保护文学及美术著作续增条款》《创设万国同盟保护文学及美术著作改正条约》，这是中国人对"伯尔尼公约"的第一次全面译介。

1903 年 5 月，上海文明书局创办人廉泉（惠卿）、著名翻译家严复分别上书管学大臣张百熙，要求中央政府出面过问版权问题，保护编著者和出版商的利益。廉泉的上书主要针对文明书局的出版物一再被盗版而发。上海文明书局 1902 年 7 月创办后，以编译教科书和学术著作为两大业务，是当时中国译介西方书籍和编印教科书的重镇，社会上不法书商对其出版物的私刻盗版屡禁不止。故廉泉以"出版专卖之权为五洲之公例"为曲，恳请"由管学大臣明定版权，许以专利，并咨行天下大小学堂、各省官私局所概不得私行翻印"。5月27日，张百熙批答廉泉呈文，赞同他的提议并饬令各省严禁翻刻文明书局出版物，这是清朝中央政府第一次给予一家民间出版社以版权专利。不久，严复也上书张百熙，他以一个著名翻译家和通晓西方制度学者的双重身份，从理论上将制定版权法的必要性发挥得淋漓尽致。他阐释了版权对于繁荣学术和出版事业的益处，廓清了人们对实行这种制度的种种误解。以严复对西学的通晓及其在译界的地位，他的这篇上书，可视为20世纪初中国出版事业新高潮初起之时，译著者向官方要求版权保护的宣言书。这两份上书，引起了清政府和社会的关注，促成了版权法的制定。

自1904年起，清政府开始制定版权法。同年1月，专管商务及专利法事务的新设中央衙门商部组织人力翻译各国版权法令，为制定版权法做准备。1905年5月商部拟出版权律初稿，送学务处审核。不久，清政府成立学部，专管教育和文化事业，版权法的制定工作移交学部。学部接手这项工作后，认为商部所拟条例"尚须大加磋议"，派专人进行修订。1907年民政部成立，版权法的制定又移交民政部。如此几经转手，至1910年底才最后订定。这既说明清政府机构中缺乏通晓外国版权法的专门人才，对版权法的制定持慎重态度却又力量不足，也反映出官场办事拖沓的一贯作风。

1910年10月2日，民政部将历时6年几易其稿的《著作权律》交资政院议决。资政院是清政府仿照英国、日本等国的君主立宪制度设立的中央议政机关，职能相当于议会，自1910年成立后，重要法律均须交资政院议决。同年12月，经过资政院逐条议决通过，宣统皇帝批准，中国历史上的第一部版权法正式产生，定名为《著作权律》，共5章55条。

清《著作权律》以"伯尔尼公约"为蓝本，参照了各国的现行法律，经过多年修订而成，虽成文于百年前，却是比较完善的。它的主要特点是：（1）概念明确，清楚阐释了何谓著作权及其适用范围及年限（著者死后延续30年）。（2）界限清楚，申明收集他人著作编成文集为正当手段，不属于剽窃。（3）惩罚较严厉，规定对出版盗版著作进行惩罚的同时，对销售者科以同罪。

《著作权律》的颁布，使译著界和出版界多年的保护版权的要求第一次通过国家立法的形式取得了普遍的效力。它不仅是中国的第一部版权法，也为以后版权法的制定奠定了基础。1915年颁布的中华民国的首部版权法《著作权法》，共45条，除了个别条文略有增删合并外，基本上依照了大清《著作权律》。

作者简介

闵杰，1949年生，黑龙江省齐齐哈尔人。中国社会科学院近代史研究所研究员。著有《近代中国社会文化变迁录》第2卷。论文《戊戌学会考》，获中国史学会第一届优秀论文奖，《论清末彩票》获中国社会科学院科研成果三等奖。

清代漕运

江太新

　　漕，原指以水道运粮。秦汉以来，历朝政府所需粮食主要靠水路运输，故称漕运。有人说，漕运是指漕粮运输，这种说法不能说不对，但不够全面。因为漕运不是孤立的，所涉及的内容十分广泛，包括：粮食的征收、兑运和交仓，漕运官制和船制，运丁和屯田，漕粮运道的修治，运河河政等。漕粮的运输仅仅是其中一项，无法概括它的全部内容。为了全面地、准确地反映它的内涵，似可作这样的表述：漕运是指中国古代政府将征收来的粮食中的一部分，通过水路（水路不通之地辅以陆路）运往京师或其他指定地点所形成的一整套组织和管理制度。这种制度又称之为漕转（转漕）。

　　清代漕运沿明代旧制，向运河及江河沿岸八省征收。每年计征漕粮正米 400 万石，其中江南省（今江苏、安徽）1794400 石、浙江省 63 万石、江西省 57 万石、湖广省（今湖南、湖北）25 万石、山东省 375000 石、河南省 38 万石；另征耗米 2352137 石，其中江南省 1057685 石、浙江省 468600 石、江西省 375400 石、湖广省 19 万石、山东省 131052 石、河南省 129400 石。两项合计 6352137 石。内除折耗、蠲免、改折及截拨等项外，历年运抵京通各仓粮食有 300 多万石。另于江苏苏州、松江、常州三府和太仓州，浙江嘉兴、湖州二府，征收白粮 20 万石，供清室宫廷专用。

清政府除向粮户征收正米和耗米外，还征收各种名目繁多的附加税，如芦席税、楞木松板税，运丁出行期间的各种津贴粮、津贴费等。如将各项负担加在一起，粮户完纳正漕一石，需付出三四石粮食。因此，漕粮成了农民一种苛重的负担。

粮户交纳漕粮，开始时沿明代之制，由粮户向运输漕粮运丁直接交兑。到征粮季节，运丁驾船到征粮州县水次（码头）停候，粮户携米向运丁交粮。粮户交纳时，运丁依仗官府，挑剔米色，额外勒索，粮户忍痛多交米石，或另给银钱。顺治九年（1652），官府为防止上述弊端，改为"官收官兑"。粮少州县，各州县设置粮仓；粮多州县，在乡村设仓，如江南苏州、松江、常州、镇江等府，漕粮较多，按照乡村设置仓库，粮户交粮到指定仓库，以免拥挤守候。湖北、山东二省和江宁府属，粮多之处按村置仓，粮少之处直送县仓。浙江、江西、湖南、河南四省，粮户一律运米到州县仓库交纳。征收漕粮之前，由州县预先向粮户颁发易知由单，通告开仓日期，粮户纳完粮后掣给串票，作为完粮凭证。粮户完粮以白粳为原则，米粒须干圆洁净。待运船到州县水次，由州县官负责交兑，解除了运丁直接向粮户的勒索。

清政府为防止漕务弊端，采取了许多措施：（1）收粮力求迅速，以减少漕官、漕书和胥役等勾结作弊的机会；（2）加重州县官征收漕粮的责任，收粮时州县官需亲自查验，以防止漕书胥役营私舞弊；（3）简化征收手续，防止浮收；（4）注意斛量，令各省收兑漕粮，由粮户自行执挡，以防斗级多收斛面；（5）地亩应征粮额明确化；（6）为防止豪右拖欠，对有抗欠绅衿按律治罪；（7）改善征收漕项银手续，乾隆二年（1737），取消经承秤收制度，由纳户将银两自封投柜，届期一体监拆。雍正、乾隆两朝，在整顿漕政方面收到一定功效，到乾隆中期以后，伴随吏治腐败，漕政逐渐败坏。

帮船派兑水次，有两种：一种是固定的，某帮船专到某水次兑运某州县漕粮，从不变动；一种是轮兑，某帮船今年兑运甲地漕粮，明年改兑乙地，将帮船和州县各分为六限轮流，周而复始，六年一轮。但这也有缺点，有时帮船离水次过远，迁延时日；另帮船所属卫所不归兑粮府县管辖，对运军的约束督催不便。顺治十二年，改各省漕粮先就本地卫所帮船派兑，船只不足时，再由相邻州县卫所派船兑运。

派定兑运州县后，由粮道派定各卫所运船兑运前后次序，以防凌越挤兑。兑交漕粮还有许多规定，如办理通关手续，严定漕船抵达水次期限，征收米质规定，防止州县作弊、旗丁额外勒索规定，取样米规定，办理离开水次规定，白粮征收及解兑规定等。

漕船组织以帮计，每帮船只多少不等，一般为30多只到60多只，但也有少数帮船多达90多只，少者仅10余至20余只。帮船一般以运本地区漕粮为主，各帮船运粮地或以抽签为定，或以轮流为定。至清后期共计有118帮。每帮船配运丁10至12人，轮流出运，每次由1人领运，其余人出银帮贴济运。运丁运粮政府给予一定补贴：（1）行月粮；（2）可携带一定数量免税商货；（3）分派屯田耕种等，作为运粮报酬。

漕船北上，经过长江，横渡黄河，在淮安以南还有几个大湖泊，如遭遇风暴，或水流湍急之时，都有覆没的危险。朝廷为预防意外，一方面严定漕船吃水限制，以防因超载而发生事故；另一方面设立望楼，加强对天气观察，指挥漕船行止。此外，加强救护设施，如设救生船只等。

漕粮运抵通州后，某省某帮船只所运漕粮兑交某仓库，在仓场主持下当众抽签而定（嘉庆十四年改为各省帮船未过天津以前即预先掣定所交仓库，以防止运丁和吏役勾结舞弊）。然后，分两处卸交，正兑漕粮在石坝卸粮，改兑漕粮在土坝卸粮，经检验后，由政府雇募经纪把粮运往京通各仓收贮。运丁运漕粮到通州起卸交仓时，须向坐粮厅诸仓交纳部分银两作为交粮手续费，叫"茶果银"；按所运米额津贴转运漕粮的经纪和车户的叫"个儿钱"。这种额外勒索，以后得到政府认可，遂成定制。

贮存漕粮的仓廒，通州有中、西2仓，共250廒，专贮存王公百官俸廪米石；京师有禄米等13仓，共956廒，专贮供给驻扎在京师的三营八旗兵的粮食、文武四品以下官俸禄米、官军马豆。各仓贮粮都有定数。嘉庆以后，由于漕运额日减，各仓廒进存米额也日少。

漕船数量各个时期不同，康熙以前全国漕船共14505只，雍正以后逐渐减少。雍正四年（1726）有船6406只，乾隆十八年（1753）有6969只，嘉庆十七年（1812）有6384只，道光九年（1829）有6326只，咸丰元年（1851）只剩下6296只。漕船由专厂制造，或由卫所设厂打造。漕船大致可分为江广船、江浙船、浅船三种。各种漕船尺寸大小有严格规定。漕船的更新以十年为期，更新比例每年为十分之一。运满十年的船只叫满号船，不准继续出运，有特殊情况，可多出运一年。造船经费除政府拨款外，主要靠屯田收入。新船从第二次出运开始，政府另给修艌（niàn）银（用桐油和石灰填补船缝的费用），修艌费按各船出运次数分拨。

嘉道以后，由于运道时常受阻，清政府着手进行漕运改革。道光六年，江浙漕粮试行海运，随后河道疏通，海运戛然而止。道光二十八年，河道再次受阻，江浙漕粮再次改为海运。此后，这两省漕粮海运成常制。太平天国革命后，太平军攻占长江流域，运道受阻，湖北、湖南、江西、安徽、河南诸省漕粮无法兑运，改折收银两，不再征实。太平天国失败后，清政府想恢复征实，但遭各省督抚反对，于是，折收银两成常制。光绪二十七年（1901）诏令废除江苏、浙江、山东三省漕运，实行改折（即折收银两）。但为了保障京师粮食需求，实际上只有山东实行改折，江浙两省漕粮，除减征部分外，其余部分一直坚持海运，直至宣统三年（1911）才停止。河运停止，关键在于运道淤塞。随着光绪二十七年停漕令颁布，二十八年，清政府正式下令将屯田改为民田。

为保证漕粮顺畅、安全到达京通，政府每年要拨大量专款维护运河，疏浚运道，修筑堤坝，治理河渠，修理闸坝，引泉助运等。

漕运是一项庞大的系统工程，清政府为做好这项工作，建立了一整套高效的管理体制。中央由户部云南清吏司直接管辖，下设漕运总督、坐粮厅、河道总督，各省设有粮道，各州县也设有专门机构。就各级官吏职权区分，大致可分六类：监督巡查官、征收监兑官、押运官、领运官、催攒官、漕仓监收官，各司其职。为保证各级官吏尽职尽责，政府还制定了宽严相结合的奖罚条例。这种做法在乾隆朝中期以前，收到很好的效果。随着乾隆朝后期吏治腐败，漕运弊端不断发生，以致积重难返。

作者简介

江太新，1940 年生，福建永定人。中国社会科学院经济研究所研究员。主要著作有：《清代漕运》（合著）、《中国地主制经济论》（合著）、《中国经济通史·清代经济卷》（合著）等。

清代的"黄宗羲定律"效应

郭松义

前些年，有的学者针对黄宗羲有关唐至宋明税制改革的议论，提出了一个"黄宗羲定律"。所谓"黄宗羲定律"，指的是历史上赋役改革，都是基于不损害统治者既得利益前提下，在征收方式上所作的某些调整，即"并税式"改革。因为它简化了旧税的繁杂名目，减少运作中的中间环节，所以开始时还是有作用的，但日子一久，各种加派杂税又会出来，于是又得再搞并税。如此反复，每次改革，都意味着税额加重和百姓负担的加大，黄宗羲哀叹说："嗟乎！税额之积累至此，民之得有其生也亦无几矣。"[①]

黄宗羲是明末清初人，他所总结的是明代以前的事。清朝自肇建之初，统治者便表示要接受明亡教训，其中就有不搞赋税加派一条。以后经康熙、雍正、乾隆诸皇帝，都有类似言论。那么，人们说到的"黄宗羲定律"在清代是否还起作用呢？且看事实。

顺治元年（1644），当小皇帝福临在北京登极不久，七月，摄政王多尔衮就颁谕，痛陈明末三饷（指辽饷、剿饷、练饷，为明清战事、镇压农民起义和编练地方武装而收取的赋税）加派为弊政，并宣布自本年起，正赋之外一切加派尽行蠲（juān，除去）免。可令人遗憾的是，如此嘉惠于百姓的承诺，还未来得及实施，很快就食言了。顺治三年四月诏称：正赋"自顺治四年正月初一日起，俱照前朝万历四十八年则例征收，天启、崇祯时加派，尽行蠲免"。这就是说，停征的只是三饷中的剿饷和练饷，可剿饷早于崇祯十三年（1640）明廷已下诏停征了[②]。可见，数额最大、也是危害百姓最烈的万历时加派的辽饷仍沿袭不变。随后户部遵旨修造《赋役全书》，辽饷被改称九厘银，正式归入正赋，成为其有机组成部分。据明万历间辽饷即九厘银应征总数5200062两，清顺治十八年全国田赋额除米麦豆等本色外，征银21576006两，除去九厘银为16375944两，九厘银约占田赋征银数的24%[③]。当然这只是大概的计算，但把数额如此巨大、原属临时性的摊派，归并成为正赋的一部分，怎能说不是加赋呢？

如果说顺治年间把九厘银归入正赋，与清初正值大规模用兵、政府财政困难有关，那么后面两件事都发生在每年都有大量财政积余的雍乾时期。

一是推行"摊丁入地"。这无疑是一项值得大书特书的重大赋役改革，因为它一举取消了千百年来一直相沿的人丁税。不过这里所说的取消，不是指把原征税额抹除了，而是将其归并到田赋中去，就是用增加田赋的方法加以解决，因为人丁常常会流动，田地却是固定的。这样国家并不少收一两银子，而税额却更有保障。总计当时全国的人丁税银3291229两、米豆38944石，同时的田赋银26362541两、粮4731400石，摊丁入地后，等于使田赋负担银增加11.1%，粮增加0.82%[④]。按照丁银本由力役而来的原则，将力役改征银子，便含有政府代为雇役的意思。"摊丁入地"后，凡是没有田地的百姓都应免除官府追呼之苦。有的记载确实也是这么说的，如"民不知役……百工执艺闻鼛（gāo，用于役事的大鼓）鼓至者，皆计佣受值"；"虽或逃丁，以鬻贩邀厚利，而官莫得而役焉"⑤。但实际情况却大打折扣，譬如直隶（今河北省）地当京师冲途，官员兵弁来往众多，丁差最为繁杂，即使在摊税后，力役仍有按牛驴派者，有按村庄派者，有按牌甲户口计征，间亦有按地亩匀课者，一切与前毫无改变。更有甚者，有人竟建议仿摊丁之例，每地一亩，摊征差银一分，以收减差之效，殊不知那等于是在搞再摊派。其实直隶的事例具有相当普遍性，南方有的县，诸凡"修葺城垣、公署、刑狱，砖瓦灰石派民供亿，而上司过境，勒派民夫多至千数百名，枵腹（xiāo fù，空腹）守候，其苦异常"⑥。如果上述行为多少属于地方政府所为，那么乾隆二十一年（1756）的那道诏谕则完全代表朝廷的意见了。诏谕针对有人要求免除差徭，驳斥说："我朝百年以来，薄海编氓，从无公旬徭役，所有守夜、开沟、栽树、修堰等事，乃民间自为保护、相友相助之谊，如江西、湖广等省沿江堤堰，民间自为修防甚多，何得谓之差徭。"⑦既然统治者把需要花费大工大料的修筑江湖防涝堤堰都否认为指派差徭，那么像修葺城垣、公署，接送官员之类，当然更可用民间乐派来加以搪塞了。及至清末，随着吏治更趋败坏和政府财政危机的加剧，这种差外加差、以加赋补差的事，已被视为理所当然、无顾忌可言了，"摊丁入地"的成果已被盗食殆尽。

二是实施耗羡归公。这实际上是与增加官员经济收入的养廉银制度密切相关，并由此牵涉到赋税规制。耗羡又叫耗银和耗粮，原因是各税户在向州县衙门纳赋时都用碎银，可上缴藩库必须熔铸成锭，这不免有所损耗；粮食也是一样，仓储、运输都有损失，这都要落在大家头上，故规定于正额外，再加征些许，叫做耗羡。耗羡的另一个作用是弥补地方官员和衙署开销亏空。清朝对各级官员实行的低俸制，加上顺康之际，朝廷为了应付庞大的军费开支，把地方衙门的公务开支都裁扣上缴了，所以从皇帝起就默许官员收取适量耗羡以充公私日用。不过由于它本属额外课取，加多加少并无定制，所以各地方既有每收正赋一两，另征耗银三四钱、四五钱至七八钱者，也有"十两之税，加十两之耗"，甚至有"数倍于正额"的。如此加耗，虽然喂饱了大小官吏，可百姓却遭了殃，而且也于朝廷进项无补。雍正二年（1724）七月朝廷颁谕，决定在全国推行耗羡归公和对地方官员实施养廉银制度，具体做法是：先根据各省情况把耗羡与正赋的比例确定下来，大致是10%—20%，少数也有稍高的，然后在耗羡总额中提出一定数额"恩赏"官员，叫做养廉银，其余暂存地方以填补亏空或兴办公共事业，如救灾、添置兵马器械之用。这样既补贴了官员俸饷的不足，又保证各级衙门的日常公私开销，还能抑制私取滥派，立意是好的。为了防止耗羡的正赋化，雍正帝还专门作出批示："若将耗羡银两俱比照正项钱粮具题报销，相沿日久，或有不肖官员指耗为正项，而耗羡之外又事苛求，必致贻累小民，此风断不可长。"⑧限额征耗，且取用有定规，相对于以往毕竟是一种约束。但就在雍正推行耗银归公的同时，便发现山东自巡抚至司道等官，于养廉银外"私受陋规如故"，而且"用一派十，官役分肥"⑨。其他各省也各有花样。有鉴于此，到雍正去世乾隆帝继位，朝廷便借口收取耗羡未定有章程，渐滋冒滥，正式要求地方于每岁归款后，造册咨送户部核销。这等于在管理上把耗羡银纳于正项赋课之中。由于耗羡随同正项钱粮送部核销，定例日密。地方衙门每有动支，无论多寡，必先报部，不准则不敢擅动，而且稍有不合规例，便会遭到驳斥，责令赔垫。于是"上司赔则取偿于属员，而馈送之路开；属员赔则取偿于百姓，而重戥征收因公科敛之端起。然则耗成正项，耗外加耗之弊虽峻防之，其流有所不能止也"⑩。至嘉庆、道光年间，此类"羡外加羡，耗外加耗"的情况已毫无掩饰、完全公开化了。根据手头可查的资料，光绪间全国地丁银 29781693 两，并征耗银 3490577 两，计 33272270 两[11]，朝廷等于在不加赋的名义下又增加了约 14% 的库银，而小民则仍需承受征耗无度之苦。

这样，我们看到，从顺治初年到乾隆年间，清代田赋额所经历的变化为：明万历初年田赋数加 24% 的九厘银，再加 11.9% 的丁银数，再加 14% 的耗羡银。在百余年里，百姓的田赋负担较之明代已增加了将近原额的一半，说明"黄宗羲定律"效应仍然在起作用。通过清代所显示的增税规律，我们还看到朝廷、地方官府和下层百姓（主要是农民）三方的关系。一方面朝廷需不时地通过规范税制来抑制地方官府的无度苛派，可一旦收权，便很难再把业经归入府库的税银返还于下，这就造成地方官府兴办公务的难度，何况官员们也愿意借再摊派上下其手，使额外摊派总无止息。在这三者的博弈中，最无奈的是小民百姓，因为他们完全处于受宰割的地位。虽然变革可能给他们带来一丝希望，但最终的结果却是只增不减的无底负担。只要三方博弈的格局不改变，那么"黄宗羲定律"效应也就不会消失。

注　释

① 《明夷待访录》，中华书局 1981 年版，第 26 页。

② 左懋第：《萝石山房文钞》卷一，崇祯《太仓州志》卷八。

③ 梁方仲：《中国历代户口、田地、田赋统计》，上海人民出版社 1980 年版，第 379、380 页。

④ 参见拙著《论"摊丁入地"》，载《清史论丛》第 3 辑，中华书局 1982 年版。

⑤ 嘉庆《宜章县志》卷八；邱蒙穗：《丁役议》，《皇朝经世文编》卷三〇。

⑥ 光绪《容县志》卷二八。

⑦ 《清高宗实录》卷五〇六，页九。

⑧ 《清世宗实录》卷四三，页二六。

⑨ 《清世宗实录》卷七，页二七；田文镜：《总制宣化录》卷六，《严禁东省之私派横敛以苏民困事》。

⑩ 孙嘉淦：《办理耗羡疏》，《皇朝经世文编》卷二七。

⑪ 《中国历代户口、田地、田赋统计》第419页。

清代盐业经济中的垄断问题

张小也

盐在中国历史上是一个被长期垄断的经营对象，汉代与唐代都曾把垄断盐利作为增加财政收入的重要手段。但是，授予盐商以绝对的垄断经营权，是明清时期才有的事。

垄断机制与暴利

明清时期的盐法被称为"纲商引岸"制度。盐商运销食盐，须先向盐运司交纳盐课，领取盐引，然后到指定的产盐区向灶户买盐，再贩往指定的行盐区销售。然而盐引并不能随便领取，商人必须以引窝为据，证明自己拥有运销食盐的特权。为了得到引窝，商人又必须事先"认窝"，也就是交纳巨额银两取得官府授予的垄断经营权。"纲商引岸"制度使盐商基本上垄断了全国的食盐销售，因此他们可以任意压低买价，抬高卖价，获取巨额利润。除垄断经营权之外，朝廷还给盐商以很多其他优惠条件。如允许他们"加价"（提高官定售盐价格）、"加耗"（增加每引的斤数）以及"借帑"（即从国库里借钱营运）。有了这样的保证，盐商可以说是坐收暴利。

但是，由于传统经济与政治等方面的原因，盐商倾向于用赚来的钱购买土地或者捐纳官职，而不是扩大再生产。此外他们会把大量的钱投入奢侈的生活消费中，其中尤以居住在扬州的两淮盐商为甚。扬州是两淮盐运司衙门所在地，盐商多聚集于此。据《清稗类钞》记载，黄均太是当时两淮八大商总之首。他吃一碗蛋炒饭需要耗银50两。之所以这么贵，是因为这碗蛋炒饭要保证每粒米都是完整的，且必须粒粒分开，每粒米都要泡透蛋汁，炒出来外面金黄，内心雪白。与这碗饭相配的是百鱼汤，汤里包括鲫鱼舌、鲢鱼脑、鲤鱼白、斑鱼肝、黄鱼膘、鲨鱼翅、鳖鱼裙、鳝鱼血、鳊鱼划水、乌鱼片等等，极尽精致之能事。更令人咋舌的是，据说他吃的鸡蛋并非一般的鸡下的，而是吃了人参、苍术等药物的鸡下的，所以味道特别好。清人李斗的《扬州画舫录》一书是扬州盐商奢靡之风的全面记录，吃喝玩乐就不必说了，据说盐商会想出各种各样的花招来消遣。例如，为了比谁更有钱，大家纷纷在金箔上刻上自己的名字，跑到镇江金山的宝塔上把金箔往外扔，看谁的金箔第一个飘到扬州。盐商过着非常悠闲的生活，他们修建楼台馆榭、养戏班开戏院、琢磨精致的菜肴、逛妓院、调脂弄粉。盐商的生活方式深刻地影响了扬州的社会风气，当时市面上游逛着大量闲人，他们无所事事，整日流连在茶馆和澡堂之间。

盐商与官府的合谋与矛盾

明清时期的盐法所采取的"纲商引岸"制，背后有种种复杂的原因，但是最直接的原因在于国家没有太多的力量直接控制社会经济，所以倾向于采取"包"的形式，抓住实力雄厚之人，责成他们承包到底。也就是说，盐商虽然手握垄断经营权，可以牟取暴利，但是朝廷和官府并不是白给他们这些好处，而是利用他们增加财政收入，他们的负担也很沉重。按照道光年间的两江总督兼两淮盐政陶澍的说法：清朝初年，两淮盐区（行销的地方包括今天的河南、江苏、江西、安徽、湖北、湖南六省）的正纲盐课银原有90余万两，加上其他杂款，也只有180余万两。但是到了乾隆年间，这个数字已经达到400余万两银，是原额的好几倍。而到了嘉庆二十年（1815）之后，两淮盐区每年需要交纳的款项竟然达到800余万两之多。

朝廷为了加强对盐课的征收，设置了各种机构和官员，他们往往把盐商视为圈里的猪羊任意宰割，明勒暗扣，无止无休。因此，盐商的负担还不止于行盐纳课，而且还要承受官员的额外盘剥。雍正时期，皇帝厉行改革，把很多陋规都进行透明化处理，确定下来，免得官员浮收。两淮盐区规定盐商要以"公务"的名义送给盐政每年8万两白银，以"薪水"的名义送给盐运司每年4万两白银。数量如此优厚，目的就是减少官员的贪污腐败行为。但是，在盐的收购、运输与销售各个环节，官吏们仍会伸出贪婪的手，雁过拔毛。当时有人指出，在所有需要与官府打交道的事情里，没有比盐商办盐更艰难繁重的了。合计下来，商人暗里支出用来打点官吏的费用几乎相当于成本的一半。如巡盐御史一职，初时只有六品，却是人人艳羡的肥差，而且一般只能由相当于皇帝家奴的内务府官员担任。康熙朝时，内务府官员李煦长期担任两淮盐政，离任时他还恋恋不舍，一再上奏皇帝，请求再留一任。

需要指出的是，皇帝虽然屡次下旨严禁官员贪污腐败，但是实际上他们自己加给盐商的摊派是最大的。乾隆皇帝先后六次南巡，他口头上虽然说"一切出自内府，无烦有司供亿"，但是主要花费的都是长芦、两淮盐商的钱。盐商们争先恐后，各出奇招，以博皇帝的欢心，用度无算。乾隆年间爆发的两淮盐引案，亏空达 1000 多万两，其中就包括"备办南巡出差银"。不仅如此，康乾以来，朝廷每次遇到重大军需、庆典、赈务、工程，需要花钱的时候，盐商们都得踊跃捐输，多则数百万，少则数十万。乾嘉年间，各地盐商报效捐输军需就达白银 3000 万两之多，其中两淮盐商为支持朝廷镇压川楚白莲教起义，从嘉庆四年（1799）到八年之间连续六次捐输，共计白银 550 万两。

垄断经济与走私

"纲商引岸"制度对于百姓的食盐需求是十分不利的，以至于盐政问题成为清代最大的积弊之一。

首先，在"纲商引岸"制度下，商人各有销区，他人不得阑入。但是有些销区离盐产地很远，交通不便，行程艰险，商人运盐到岸需要耗费巨资，所以他们经常包课而不运盐，百姓便有食淡之虞。其次，盐商因在特定地区占有引窝，于是有条件任意抬高价格以剥削食盐的消费者，其价格往往高于产地价格十几倍甚至几十倍，使百姓苦累无穷。第三，由于垄断的运销方式，百姓无可选择，必须食用该地区盐商所运盐斤，所以盐商常常无视民间疾苦，以次充好，他们在盐内掺和沙土，百姓买到之后还需淘洗另熬，才能食用。

"纲商引岸"制度是一个高度垄断的制度，而商品经济的发展要求有自由流动的市场，二者之间的冲突必然引发私盐活动。私盐纯粹受市场控制，对消费者而言没有强买强卖的问题，质量相对好，价格相对低，购买十分方便，经营方式也比较灵活，可以赊欠，可以用实物交换，比起官盐来有诸多便利，因此颇受百姓的欢迎。

但是，贩卖私盐毕竟是违法活动，它严重破坏了社会秩序。

在清代，贩卖私盐的人被称为私枭，一个"枭"字突出反映了他们的凶狠强悍。他们往往是有组织的，成群结伙可达数十至数百人之多；他们配备武器，使用刀矛甚至火枪，其势力是一般犯罪团伙所无法相比的。在私枭猖獗的地方，官兵多半只能睁一只眼闭一只眼，无可奈何。私枭很容易发展成为黑恶势力，近代的黑社会组织青帮即脱胎于清代的私枭清帮。

清中期以后，盐商报效捐的压力渐渐增大，又要品尝"借帑还息"的苦果，加上官吏勒索，自己生活豪奢，很多人都陷入外强中干、入不敷出的境地。为了克服危机，他们只有不断抬高盐价一条路，以至于民间出现了百姓被迫淡食的局面，民怨沸腾。而私盐则趁机大行其道，几乎占据了官盐一半的市场。

面对官盐严重滞销的局面和私盐活动的猖獗，朝廷决心对盐法进行改革。道光十二年（1832），朝廷议准两江总督陶澍将两淮盐务改归两江总督兼管，以统一事权。陶澍大刀阔斧地将淮北引盐改为票盐，也就是在那些交通不便、引商不肯前往的地方，允许资本较小的商人经营，他们不必认窝，只要缴纳盐课就给据官票，让他们凭票贩盐。他的这一举措很快收到了实效，既方便了百姓，也增加了朝廷收入。道光三十年，两江总督陆建瀛又将此法推行于淮南。以后，票盐法渐渐向福建、两浙、长芦等盐区推进。纲法改为票法，从根本上取消了盐商对盐业的垄断，深刻地触犯了盐商的既得利益，引起他们的强烈不满。尽管如此，新制度逐渐取代旧制度，垄断被打破已成定局。

作者简介

张小也，1970年生，吉林白城人。中国政法大学副教授。主要从事法律社会史研究。著作有：《清代私盐问题研究》等。

康熙发现和推广的御稻种

闻性真

300 多年前 7 月（农历六月）的某一天，清朝入关后的第二代皇帝康熙（玄烨），在巡视他在宫内丰泽园所种的稻田时，偶然发现一株鹤立鸡群的稻子，它"高出众稻之上"，而且颗粒已经成熟。本来这片稻田种的是玉田稻种，要到农历九月才能成熟。现在，竟然有一棵稻子提前 60 余天，在六月就早熟了。这使康熙喜出望外。他把它采摘下来，作为种子加以收藏，准备来年春天试种，看它是否还能早熟。到第二年试种，果然又于六月早熟。"从此生生不已，岁取千百"，经过年复一年的积累，终于由少变多，培育成一个早熟的新稻种。史载这种能提前早熟的新稻米色微红，气香味腴。因为产在宫内，又是康熙皇帝亲自发现和培育出来的，所以称为"御稻种"或"御稻米"。

康熙发现新稻种固然有一定的偶然性，但又不是纯属偶然，而是有一定的因果联系。御稻种当初在丰泽园里，只是一株不为人注意的天然杂交稻。这棵天然杂交稻，就像一匹凡夫不识的千里马一样，只有遇见伯乐才改变了命运，显示出自己的特殊价值。康熙就是这棵天然杂交稻的"伯乐"。他"自幼喜观稼穑，所得各方五谷之种，必种之，以观其收获"。凡是收成好的优良品种，都"诚欲广布于民生，或有裨益"。他当政后，在中南海丰泽园旁治田数畦，环以溪水，建造一个"阡陌井然在目，桔槔之声盈耳"的环境。还在田旁种桑养蚕，并在附近建了"知稼轩""秋云亭"，作为观摩体验农桑作业的地方。他创建的这个农事氛围，对其日后在农业上的贡献，果然起了重要作用。可见，康熙发现和培育出新稻种，绝不是纯属偶然。

对于自己发现和培育的新稻种，康熙没有急于宣传和推广，而是先在宫内种植，供宫廷内部食用。大约试种了10年左右，到康熙三十一年（1692）四月，他才在丰泽园澄怀堂的一次会上，宣布了他发现和培育新稻种的事。当尚书库勒纳、马齐等人进入澄怀堂后，康熙问他们："顷尔等进来时，曾见朕所种稻耶？"大家说："曾见过，稻苗已长尺许矣。此时如此茂盛，实未有也。"康熙说："朕初种稻时，见有于六月时即成熟者，命取收藏做种，历年播种，亦即至六月成熟，故此时若此茂盛。若寻常成熟之稻，未有能如此者。"从康熙的话里可以看出，在三十一年四月之前，他没有正式宣布过发现和培育御稻种的事，如果外界早已知道，他就不会对臣下说这番话了。可见，康熙对发现和培育新稻种一事，态度是严肃的，没有好大喜功、自我吹嘘之意。

康熙对库勒纳、马齐等人宣布了御稻种的新闻之后，消息应该是不胫而走。但由于当时御稻种仅供宫廷之用，相当时期内无人敢于请求试种。到康熙三十九年后，才有直隶巡抚李光地、天津总兵蓝理向康熙申请，要在天津推广种植，但没有立即得到康熙的批准。四十二年清政府兴建热河行宫，御稻种首先被移植到承德避暑山庄。承德地处长城以北，已是北纬40度以上，其霜期比北京来得早，白露之后一般稻子不能成熟。所以，历史上无成功种稻先例。但御稻种是在白露前成熟，因而试种成功，从而改写了长城以北不能种稻的历史。据康熙回忆："口外种稻，至白露后数天不能成熟。惟此种可以白露前收割。故山庄稻田所收，每岁避暑用之尚有盈余。"

既然长城以北都可以种水稻，所以到四十三年，康熙批准了直隶巡抚赵宏燮和天津总兵蓝理分别在北京玉泉山和天津郊区种稻的请求。

经过三十几年的试种，到康熙五十四年，康熙决心向南方推广。他认为，南方气候温暖，稻谷成熟必早于北方，"当夏秋之交，麦禾不接，得此早稻，利民非小。若更一岁两种，则亩有倍石之收，将来盖藏渐可充实矣"。可见康熙是想在农业上发展连作双季稻，利用御稻种的早熟，农民收割后可以紧接着再种一季。这是他在发展农业上的一个重大战略构想。

为了在南方推广御稻双季连作，他首先选定在苏州和江宁（今南京）地区试种，因此把这项重要任务交给了自己在那里的心腹耳目苏州织造李煦等人。李煦接到任务后立即行动，可第一次试种成绩不佳，使康熙大为扫兴。康熙在李煦的奏折上批示说："四月初十种迟了。京里的六月二十已得进矣！"由于第一季种迟了，推迟了收获期，因而影响到第二季插秧也晚了，故二季稻"苗虽长成，结实甚少，所收稻谷每亩不满一石"。为了帮助李煦试种和推广御稻种，康熙还特派水稻专家、农民李英贵到苏州去现场指导，指示李煦"尔细问李英贵种稻之法，并早晚节气，自然南方收两季。若不留心，鹘突乱来，终无实效"。第二年，李煦遵照康熙的指示，在李英贵的指导下，提前在谷雨日（三月二十八）插了一季秧。这一次由于提前插秧，因而一季早熟，二季赶插得时，两季的收获均较去年明显提高。与苏州本地稻相比，御稻种也有明显的优势。苏州稻的成长期需要一百四五十天，御稻种只需要 70 天左右。由于御稻可以连作两季，每亩产量可以比苏州稻增加五成。当时，除苏州外，江西、浙江、安徽的官吏和两淮商人也认为有利可图，因而也纷纷向李煦请要种子。

推广御稻种的另一积极分子是曹雪芹的父亲曹頫。曹頫时任江宁织造，与李煦是亲戚，也是康熙在南方的耳目。故李煦试种御稻，曹家也不甘落后。从曹頫的报告可以看出，曹家第一次试种成绩比李煦要好。但也因为一季稻种晚了，致使二季稻"虽亦发秀，但不能成实"。后来他从母舅李煦那里看到康熙的批示，才知道"二次不实之由，乃因种迟之故"。有了这次经验教训，第二年一季稻收获与二季稻插秧均赶在六月内完成，故收成较好。曹頫又根据康熙指示，把御稻种子"散给乡间百姓，谕以播种之法"，每亩也收了三石七八斗不等。小说《红楼梦》中提到的"御田胭脂米"和"红稻米粥"，很可能指的就是康熙推广的御稻种。据曹頫以后的报告说，江南农民对御稻"无不欢忻踊跃，传为异宝。凡有田产之家，俱闻风求种"。康熙看了很是兴奋，特指示他"此种须广布江南，以便民生才好。不可花费吃用"！从这一批示看，康熙几十年培育御稻种，绝不是单纯为了宫廷御用，而是要把它在中华大地上推广，解决国计民生中最重要的吃饭问题。

康熙在南方推广御稻种七年之后，于六十一年十一月与世长辞了。他的死，对御稻种的推广无疑是巨大的损失。康熙死后，曹、李两家在雍正时代被抄家籍没，御稻种的推广也无疑受到重大影响。李煦种早熟红稻米的 180 亩上赏稻田，到雍正二年（1724）七月，就被以"无须耕种"为由，交地方官"估价变卖"。其所存 1600 石 8 斗"早熟红稻"（即御稻米），雍正也指示按时价变卖，连种子都不留。

当然，康熙之死和曹、李的被抄家，并没有使御稻种在江南立即消失。大约在康熙推广御稻种 150 多年后，清人李彦章在

《江南催耕课稻编》中说："近有早稻名曰'百日种'，一岁两收。考诸志书，知为我朝康熙五十五年亲颁之稻种。如果早栽得法，固无虑收获过时。若能刈而复栽，更大可倍收获利。"李氏当时正在吴中居官，可见康熙死后一百几十年中，南方仍有人在种植御稻。到民国初年，高润生《尔雅谷名考》说到御稻种时，仍认为"近世最优良之稻种，无过于此。且观此可知选种之益，收效最大，故备录之"。可见民国年间御稻种仍未彻底绝迹。

康熙的贡献，一是把水稻的种植推进到了长城以北，二是在南方推广连作双季稻。这在17世纪乃至近代以前，不但在中国前无古人，在世界上也是罕与伦比的。他在晚年，希望自己亲手培育出的御稻种能广被天下，造福群生，曾说："朕每饭时，尝愿与天下群黎共此嘉谷也！"这是一个多么感人的伟大宏愿！御稻种虽然由于种种原因没能在中华大地上繁衍流传下来，但康熙在中国农业史乃至世界农业史上的贡献，是值得后人永为纪念的。

作者简介

闻性真，又名闻性贞，1936年生，北京通县人。原北京出版社编审，享受国务院特殊津贴。曾发表《康熙与自然科学》《康熙的医学与养生之道》《康熙与农业》《康熙与数学》《拜上帝会与儒家思想》《黄莲圣母事迹考》等论文。

直隶巡抚李光地治理永定河

王思治

　　李光地，字晋卿，号榕村，福建安溪人。康熙九年（1670）进士，历任翰林院掌院学士、经筵讲官、起居注官、直隶巡抚，累官至文渊阁大学士。康熙五十七年卒，终年77岁。

　　李光地为官近50年，几乎与康熙朝相始终，系理学名臣，颇受康熙器重与信任。廷议时，凡涉及福建人事政务，康熙多征询其意见。李光地曾力荐施琅复任福建水师提督，支持清廷统一台湾。在直隶巡抚任内，李光地治理永定河，贯彻康熙在永定河先做试验以取得治理黄河经验的指示，更是清代治河史上的一段佳话。

　　康熙三十七年十二月，李光地任直隶巡抚。其时，兵革已息，天下太平，康熙集中精力于内政，锐意治河，兴利除弊。李光地巡抚京畿，崇尚务实，于"水利农田食货诸政，靡不绸缪未然"①。作为封疆大吏，民政、刑狱、社会生产，无不综揽，而尤以民生为重，故时人评论说："公（李光地）在官以清勤自励，恤民之隐，尤尽心农田水利。"②治理永定河是其重要业绩（此外还治理漳河），因工程繁巨，前人或失误或延误，李光地继修以竣事，且为治理黄河取得了经验，这对康熙朝大兴治理黄河之举具有重要意义。

永定河原名浑河、无定河、卢沟河，康熙更名永定河。源自山西马邑，其源流细弱，遇大雨则成灾，"泥沙黄溜直南倾"，至北京"城西四十里石径山之东，地平土疏，冲激震荡，迁徙无常，《元史》名曰小黄河，以其流浊也"，"自元历明，冲啮奔溃，屡修屡决，迄无安岁"③。李光地任直隶巡抚伊始，即奉命与原河道总督王新命继前任巡抚于成龙之后，治理永定河。

其时，康熙十分重视治理水患严重的黄河。当年黄河尚未北徙由山东入海，而是流经江苏淮安府入海，在淮安府清河，与淮河、运河交汇。这一带经常泛滥，使河南、苏北、淮扬地区深受其害，而且严重影响漕运。当时，每年有数百万石漕粮，由数千艘粮船经运河北上京师，供官吏和士兵俸饷。漕运一旦受阻，京师便"危急异常"，影响局势的稳定，即所谓"国之大事在漕，漕运之务在河"④。正因为关系如此重大，康熙说："朕自听政以来，以三藩⑤及河务、漕运为三大事，夙夜廑念，曾书而悬之宫中柱上。"⑥其殷念关注之深，于此可见。为了治理黄河，并使漕运畅通无阻，康熙曾先后六次南巡视河。

康熙三十八年，康熙帝第三次南巡。二月底，沿高家堰（今江苏洪泽湖东）、归仁堤至清水口视察，发现"河高于田"。河床高于地面是由于"水缓沙停，河身淤垫"的结果。明代治河专家潘季驯的治河理论是"以堤束水，借水攻沙"。康熙也认为，前人于高家堰筑石堤以障水，"实为淮扬屏蔽，且使洪泽湖与淮水并力敌黄，冲刷淤沙，关系最重"。故决心加以试验，坚筑河堤，使水不致四溢，这样，"水行沙刷，永无壅决"，"沙去河深，堤岸益可无虞"⑦。

康熙南巡回京后，十月，前往巡视永定河工程，决定选择自郭家务以下一段作为试验地段。他说："今永定河虽小，仿佛黄河，欲以水力刷浚之法试之，使河底得深。十月间往视之时，曾令李光地等将河身束之使狭，坚筑两边河堤，若永定行之有效，即以此法用于黄河。"⑧ 同时，谕李光地等会议具奏。

李光地受此重任，与王新命经实地勘察后，提出"自郭家务至堤尽处"的筑堤、挑河方案，经康熙批准，调集大批民工以从事。翌年（康熙三十九年）四月，康熙再至永定河视察，正值枯水季节，见河水已涸，决定加快治理。于是调集八旗士卒及包衣⑨属下数千人，命皇长子允禔领之；又于江南、浙江、江西、湖广四省协运所需木料，所经"沿河文武官员，昼夜督催，速行运至"。按当时惯例，河工修筑如有不善，主管官需赔修。为使李光地、王新命勇于任事，无所瞻顾，康熙说："修筑方略，皆朕亲行指授，若有参差，俱在朕躬。"⑩

治理工程初由王新命、工部侍郎白硕直接指挥，李光地负责督修及物资供应。但王新命"诸事俱不效力"，"修筑永定河误工"，而且"钱粮不清，朦混亏空"⑪。康熙命李光地严查工程及物料，不得浮冒开销。李光地不久即参王新命、白硕"修河钱粮，并无着落"，工筑多误。康熙命人前往查核属实，令将王新命、白硕拿付吏、刑、工三部严加议处。

王新命被议处后，河工及钱粮重任由李光地一人独理。康熙四十年四月，康熙再次视察永定河工程。李光地承接的工程分为两部分：一部分由李光地承修，另一部分则是接修王新命未完工程。工程量大，但必须在洪水汛期前完成。李光地尽心尽职，竭力以从事。康熙四十年五月，李光地奏称全部工程均已完工。不仅工程进度加快，质量也好，终于在汛期到来之前如期完成。康熙深为满意，并示待汛期到来，检验永定河工程之成效，以便决定用之于治理黄河。

八月，永定河工程经受了汛期的考验，取得预期的效果，康熙十分高兴，谕大学士等曰："朕观永定河修筑之法甚善，河身直，河底深，所以泥沙尽皆冲刷。今治黄河亦用此法，方为有益，此工多费不过十万两，试照永定河修治之。"⑫康熙四十二年正月十六日，康熙南巡视河，二月初五日，御舟至淮安府，谕扈从之永定河分司齐苏勒："朕观黄河险要地方，应下挑水埽（sǎo）具（jù）。见今永定河，朕亲指示挑水具，俱有裨益。"⑬"挑水埽具"是李光地根据康熙指授，承修永定河工程的重要内容，因成效显著，康熙命齐苏勒"遵照朕指示式样，前往烟敦、九里冈、龙窝三处，筑挑水具数座，试看有无裨益"⑭。并传谕河道总督张鹏翮，速派干员，多备材料，于康熙回銮之前完工。于是，永定河修筑的成功经验，由皇帝亲自指挥用于治理黄河。

李光地在康熙指授下，接任永定河工程以竣事，为治理难驯的黄河取得经验，这是300多年前一次前无古人的试验，开创了古代治河的新篇章，意义十分重大。

永定河工程完工后，数十年间曾使京畿免于水患。康熙在题为《阅永定河堤》的诗序中说："康熙四十年，永定河告成，至今十六载，堤岸坚固，并无泛滥。"昔日水淹之泥村水乡，"今起为高屋新宇，种谷黍而有食矣"⑮。永定河沿岸，一派生机勃勃、安居乐业的太平景象，"此从古未有也"。

然而，由于当时科学技术水平所限，对永定河工程所藏隐患，却未能认识到。永定河筑堤之后，"至永清之朱家庄，汇狼城河注入西沽（西淀），以达于海"。西淀为永定河蓄水之区，跨雄县、安新、高阳、任丘数县，西起白洋淀，东至任丘。永定河筑堤束水以刷沙，夺拒马河、白沟等汇入西淀，于是沙淤于西淀，使永定河危害更烈。李光地见不及此，而前任于成龙亦有责任。方苞说："康熙三十七年，直隶巡抚于成龙，以浑河（永定河）冲半壁店近其祖坟，奏改河道，迤东入淀。安溪李相国（李光地）继抚直隶始，仆屡为切言，奏复故道，当如救焚拯溺，少缓之则不可为谋。后三十年，近畿之地，无罪而死者不可数计矣。今不幸所言已验。"⑯李光地未能采纳方苞的建议，及时纠正于成龙之失误，是后来水患严重的原因之一。雍乾时西淀淤浅更甚，雍正四年（1726）引永定河下游东入三角淀（位于武清县南），由天津入海。乾隆十六年（1751），挑引河穿淀而东，以治沙淤。嘉庆六年（1801）大水后，"大小河道无不淤浅"。道光二年（1822）、三年，大雨滂沱，"被水州县多至一百余处，小民荡析离居，哀鸿遍野"⑰。永定河始终是京畿大患。至清末，作为永定河沉沙湖的三角淀，因淤积而开垦成田，仅存淀名。

在清代，由于当时科学技术水平的限制，对号称难治的永定河的治理，不可能一劳永逸。李光地治理永定河，无论其成败，都可供后来借鉴，特别是为治理黄河取得经验而勇于任事，其中所蕴含的科学精神更是难能可贵。

注　释

① 杨名时：《李公光地墓碣》，钱仪吉：《碑传集》卷十三。
② 彭绍升：《李文贞公事状》，《碑传集》卷十三。
③ 《畿辅通志·畿南河渠道论》，贺长龄辑：《清经世文编》卷一〇七，《工政》。
④ 徐越：《敬陈黄淮疏浚之宜疏》，《皇清奏议》卷十七。
⑤ 三藩：清康熙初，平西王吴三桂镇云南，平南王尚可喜镇广东，靖南王耿精忠镇福建，时称"三藩"。"三藩"多拥重兵，久镇其地，形同割据。
⑥ 《清圣祖实录》卷一五四，第10页。
⑦ 《康熙起居注》第二册，第1242、1243页。
⑧ 《清圣祖实录》卷一九六，第18—19页。
⑨ "包衣"，满语。满洲贵族所属之家奴也。
⑩ 《清圣祖实录》卷一九九，第14页。
⑪ 《清圣祖实录》卷二〇三，第13页。

⑫　《清圣祖实录》卷二〇九，第 18—19 页。

⑬⑭　《清圣祖实录》卷二十一，第 11 页。

⑮　卜维义，孙丕任编：《康熙诗选》。

⑯　方苞：《与顾用方论治浑河事宜》，《清经世文编》卷一一〇，《工政》。

⑰　孙嘉淦：《筹销水患疏》，《清经世文编》卷一〇九，《直隶水利》下。

晚清时期兴修铁路的纷争

唐益年

从清同治二年（1863）前后起，以英商为代表的西方各国商人开始频繁地向清政府施压，要求在中国修筑铁路，但均遭到清政府的坚决拒绝。清政府的这种排拒态度，使西方国家的政府和商人感到极度的失望和不满。为了平息这种不满和失望情绪，英国公使阿礼国在一份报告中提出，造铁路之类事情，要让中国人自己去搞，将会进展得更快更好；如若将铁路、电报等新奇东西强加给中国，将会引起中国人民"剧烈的持久的反抗"。因而，他建议，关于铁路和电报，不能作为一种条约的权利提出要求，开始应该以试验的方式介绍给中国，让中国人自己着手进行。

西方商人纷纷响应阿礼国的建议，积极向中国人介绍修筑铁路这种新技术。同治四年六月，英人杜兰德在北京城外铺设了一条小铁路，向中国人展示其先进性能。但是，"京师人诧所未闻，骇为妖物，举国若狂，几致大变"。因而这条小铁路，随即被步军统领饬令拆毁，"群疑始息"。

几乎与此同时，侨居上海的英商怡和商行，在修筑铁路的申请被地方官员严词拒绝后，仍然不顾一切地在上海至江湾偷偷修筑了一条铁路，长约 10 华里。光绪二年（1876），又将铁路延长至吴淞，计长 30 余华里。由于事关侵犯主权，清政府经过反复交涉谈判，最终竟以白银 285000 两的价格赎回了铁路，并将其拆毁弃置。赎回铁路一举固然是为了维护国家之主权，但是花巨资赎回后又将其拆毁弃置，其认识之无知和行为之愚蠢，使人无法理解。

当然，也不是所有中国人都对铁路持顽固排拒态度。据天津《申报》同治十一年报道：天津于租界新置土路火车，已试演数次，甚为合用。试演期间，天津道宪亦到现场观看。次日，天津道员致书英领事，其大意说："此火车之来中国可谓创观，其制作亦可谓精明之至。至于行动一切甚便捷，堪为适用之物。"正因为如此，当历史发展到 19 世纪 70 年代中叶，在中国内部，也终于有人开始出来鼓吹自己修造铁路了。

还在同治十三年，李鸿章就在《筹议海防折》中一改数年前坚决反对兴办铁路之立场，开始鼓吹兴办铁路之利，但由于在朝中没有获得足够的支持而偃旗息鼓。光绪二年（1876），福建巡抚丁日昌也积极向朝廷建言在台湾试造铁路。由于台湾地处东南一隅，无碍大局，勉强获得朝廷批准，但很快又因为经费匮乏而自动中止。这次兴办铁路动议的失败，使李鸿章对兴办铁路一事之艰难，有了足够的认识，他曾对郭嵩焘说："内地若果议及，必至群起相攻。"

光绪六年十二月，刘铭传进京陛见，同时呈递奏请筹造铁路一折，明确提出："自强之道，练兵、造器固宜次第举行，然其机括，则在于急造铁路。铁路之利于漕务、赈务、商务、矿务、厘捐、行旅者，不可殚述。而于用兵之道，尤为急不可缓之图。"奏折呈上后，奕䜣主持的清廷以上谕批示李鸿章、刘坤一"悉心筹商"。

不料，李、刘二人尚未议复，内阁学士张家骧即抢先上折，力陈铁路之弊。他认为，兴办铁路必将出现三弊：其一是修路将导致工商繁盛，从而吸引洋人前来通商贸易，"利尚未兴，患已隐伏"；其二是民不乐从，徒滋骚扰；其三是虚靡帑项，赔累无穷。因此他坚持"未可轻议开造铁路"。此折呈上，即奉上谕交李鸿章阅看答复。

李鸿章对这场迟早将要发生的争论有足够的准备。是年底，由李鸿章幕僚薛福成代拟的《妥筹铁路事宜折》呈上，全面阐述了兴办铁路将有利于国计、军谋、京师、民生、转运、邮政、矿务、招商等，"而国计、军谋两事，尤属富强切要之图"。还建议任命刘铭传督办铁路公司事宜。针对张家骧的反对意见，李鸿章在奏折的附片中进一步解释说，兴办铁路不仅方便本国，而且可以防止洋人攘夺路权；同时，兴办铁路对商业、交通、矿务都是极大的促进，是扩民生计，并不存在扰民问题；关于路款不足，可以在不出卖路权的前提下商借洋款。他要求"朝廷决计创办"，"破除积习而为之"。

于是，一场围绕是否兴办铁路的争论开始深入展开。光绪七年初，降调顺天府府丞的王家璧上折，指责刘铭传筹造铁路的奏折是李鸿章授意而为，攻击刘、李倡议兴办铁路"似为外国谋而非为朝廷谋也"，说什么"人臣从政，一旦欲变历代帝王及本朝列圣体国经野之法制，岂可轻易纵延若此"。这无异于把兴办铁路的倡议定性为卖国行为了。随后，两江总督刘坤一的奏折递到，他虽声称自己在"仿造铁路火车，实与李鸿章、刘铭传有同志"，但又认为铁路火车可能妨碍"民间生计"及内地税厘收入，态度踌躇暧昧。而此时又有翰林院侍读周德润及通政司参议刘锡鸿上折反对修路，其中尤以刘锡鸿的反对最为激烈，影响也最大。因为刘锡鸿此前曾作为驻英公使郭嵩焘的副手出使欧洲，有实地考察欧洲的经历，因而他的《罢议铁路折》成为反对派的经典作品。就连在朝中极有影响和实权的光绪皇帝的老师翁同龢读到此折后，也称赞说："看刘云生（锡鸿）奏铁路不可修状，言言中肯。"就在刘锡鸿《罢议铁路折》呈上的当天，清廷做出最后决定："铁路火车为外洋所盛行，若以创办，无论利少害多，且需费至数千万，安得有此巨款？若借用洋款，流弊尤多。叠据廷臣陈奏，佥以铁路断不宜开，不为无见。刘铭传所奏，著无庸议。"

李鸿章对朝廷没有批准兴办铁路计划，并不感到意外，因为以他的从政经验分析，他知道目前提出兴办铁路的时机尚未成熟。于是，他接受醇亲王奕譞提出的先试验、后推广的建议，在自己的辖区内先行试办铁路。

还在光绪三年清政府赎买淞沪铁路并将其毁弃的同时，在李鸿章的支持下，轮船招商局总办唐廷枢以轮船需用烟煤为由，于河北开平一带兴建了开滦煤矿，并借此机会在光绪七年修建了一条从唐山到胥各庄长18华里的轻便运煤铁路。这是中国人自己筹资修建的第一条铁路。由于铁路确实可以带来巨大的经济效益，同时又得到了朝廷醇亲王奕譞的有力支持，因而李鸿章又悄悄地将铁路从胥各庄扩展至卢台及天津大沽一带，全长100余华里，并先后组建了开平铁路公司和中国铁路公司。

光绪十四年九月，李鸿章认为兴建铁路的时机比较成熟了，于是就致信由奕譞领衔主管的海军衙门，正式提出把铁路修到京城附近的请求，即兴建津通铁路。十一月，朝廷批准了海军衙门请许造津通铁路的奏折，一切似乎是按照李鸿章的预想而顺利展开。

然而，围绕着兴修津通铁路的问题，新的一轮铁路纷争又兴起了。十二月间，御史屠仁守、户部尚书翁同龢以及孙家鼐、恩承、徐桐等数十名京官先后上折，激烈反对。他们或者仍然坚持铁路有害无利的观点，从根本上否定修建铁路的必要性；或者反对将铁路修在国家的中心地带，而主张修到边远地区；或者从各自不同政治派别的立场出发，反对李鸿章及其所代表的淮系集团通过修建津通铁路而进一步扩大势力。而李鸿章这一次也一改往常隐忍不发之态度，指名道姓地指责那些所谓铁路是"资敌、扰民即夺民生计"之说法，系"局外浮谈，恒多失实"，"屡事抵牾，饶饶不已"。

在一片激烈的反对声中，清廷显然又犹豫退却了。就在此时，两广总督张之洞上折，力主缓修津通铁路，先修卢汉（卢沟桥至汉口）铁路，这就为清王朝提供了一种解决矛盾的新的思路，既能把修筑铁路的事情办下去，又能缓和平息朝野对李鸿章一派的反感情绪。光绪十五年四月，清廷正式决定，缓修津通铁路而改修卢汉铁路。由于朝廷对反对派也作出了一定的让步，反对派的抗议声浪也逐渐平息下来。一场长达 20 余年的兴办铁路的纷争终于告一段落，中国的铁路建设从这时起以更加沉重的步伐开始了新的艰难行程。

兴修铁路是推动中国社会近代化的基础工程，正如孙中山所说，"交通为实业之母"，而"铁道又为交通之母"。然而在晚清时期，兴办铁路的起步又是何等之艰难，遭到的反对和非难又是何等之激烈。回顾这一段历史，使我们深切认识到，晚清时期，在中国这片传统观念极为凝重的土地上，任何新事物的发展总是困难重重，举步维艰。

晚清商标法的颁布及其夭折

崔志海

商标作为商品的标记，是商品经济发展的产物，大约在距今1500年之前就被我国的工商业者所采用。已出土的我国北周（556—580）文物中即有以陶器工匠"郭彦"署名作为标记的土定（一种粗质的陶器）。而在宋朝至清代的八九百年间，我国工商业者至少在棉布、茶、酒、剪刀、铜镜、陶瓷和文房四宝等10多种商品上使用过商标。但我国古代工商业者使用的商标大多带有原始性质，并且，也没有被作为工业产权，由国家立法予以保护。1904年，由清朝政府颁布的我国近代第一部商标法——《商标注册试办章程》，并不是中国近代民族工商业自身发展的要求，而是由西方列强提出来的。

1902年，中英《续议通商行船条约》第七款中规定："英国本有保护华商贸易牌号，以防英国人民违犯迹近假冒之弊。中国现亦应允保护英商贸易牌号，以防中国人民违犯迹近假冒之弊。由南北洋大臣在各管辖境内设立牌号注册局所一处，派归海关管理其事，各商到局输纳，秉公规费，即将贸易牌号呈明注册。"次年，中美《通商行船续订条约》和中日《通商行船续约》也提出类似要求，并将保护外商的商标权扩大到专利权和图书版权。

根据中英商约第七款的规定，我国商标法的制定和注册一开始就落到了由外国人掌管的海关手里。1904年2月2日，海关总税务司赫德将一份共计13条的商标法草案送清朝外务部审核，旋又在听取英国公使萨道义和上海贸易参赞的意见后，改为14条，于3月4日送交外务部重新审核，名曰《商牌挂号章程》。这是我国有史以来的第一个商标法规的原始稿。但该商标法规的内容明显袒护洋商，突出强调如何保护洋商商标在华不受损害，对如何保护华商商标只是附带提及，根本不予重视，带有浓厚的殖民主义色彩。

对于由海关总税务司负责制定的这份带有浓厚殖民主义色彩的商标法规，1903年9月成立的商部进行了抵制。1904年2月9日和3月20日，商部两次致函外务部，要求将原先分管起草商标法规的各项工作改归本部办理，批评海关制定的《商牌挂号章程》袒护洋商，指出"惟注册商品，同为行销中国之货物，华洋商注册公费及保护之法，自应无分轩轾"。4月初，商部拟定商标注册章程22条，咨呈外务部征求赫德意见，后又经与英、美、日等公使磋商，参核各国商标法，拟定《商标注册试办章程》28条，《细目》23条，于8月4日上奏朝廷，旨准颁行，这就是中国近代史上第一部由清政府批准颁布的商标法。

这部由商部制定并颁布的商标法一定程度上纠正了海关所订《商牌挂号章程》对洋商的偏袒，部分挽回了中国主权。首先，《商标注册试办章程》将商标注册改归商部管理，其第2条规定由商部设立注册局所专办注册事务，津沪两关只作为总局下设的两个挂号分局，以便挂号者就近呈请。同时，对控告侵害商标的办法也做了修改，不再由海关总税务司受理，改由控告人向注册处报明立案，规定如果双方当事人均系华人，或均系洋人，直接由该管衙门办理，如案件涉及华人和洋人，则由中国地方官与外国领事会同审判。其次，《试办章程》力图贯彻华洋商"无分轩轻"的原则，声明"无论华洋商欲专用商标者，须照此例注册"，规定所有商标的有效期限均以 20 年为限，在外国注册的商标也不例外。商标注册手续费也中外一律对待，并提高注册手续的收费标准，规定注册给发印照每件由海关规定的 20 两改为 30 两，合用转授注册每件由 5 两改为 20 两，期满呈请展限并注册由 5 两改为 25 两。在商标权的获得上，则主张采用注册在先原则，对外国商标以及已在中国使用但尚未注册商标的优先权做了限制，规定在外国已注册的商标须在本局开办后 6 个月内呈请注册者，方承认享有优先权；经中国地方官出示保护的外国商标，也须在 6 个月内来本局申请注册，否则，不再享受保护的权利。此外，《试办章程》还对商标做了明确定义，规定呈请注册的商标，不得与国家机关的印章、国旗、军旗、勋章等图样类似；如有此等情况，即使已注册的商标，也应被注销。

商部制定的《商标注册试办章程》颁布后，国内舆论主张立即施行，称赞该商标法"采择各国通例，参协中外之宜，毫无偏袒"。但以英国为首的西方列强却对《章程》的内容不满，进行抵制和破坏，以商部制定的商标法事先未与他们商量为由，胁迫清政府暂缓 6 个月开办。同时，英国驻华公使萨道义乘机纠合德、法、意、奥四国公使，另行拟定一份商标法，于 1905 年 4 月 22 日照会外务部，要求清政府接受。

这份由五国公使合拟的商标法共 26 条，它对中国主权的践踏和对洋商的偏袒比海关所订 14 条有过之而无不及。如该商标法第 20、21 条规定，不但中国人控告洋商侵犯商标要由注册局照会该管外国领事官照约办理，而且对洋商违章的处罚也不根据中国的有关律例，"其罪名均系按照被告系属何国之人，即照何国律例惩罚"。其第 15 条又规定，商标局在商标审定过程中，如果牵涉到外国人，则要由该国领事官或领事官委派之员会同审理。这项规定实际上已超出治外法权的范围，将洋商商标的审定变为中外共同主持，是对中国行政主权的干涉。另外，该商标法还在商标的定义、商标权的获得以及规费等问题上极力袒护洋商，损害中国利益，规定中国传统商号不得再作为商标进行注册和保护，光绪二十九年（1903）正月初一日以前已在外国注册至今确在中国使用的商标，以及未在国外注册但能证明已于光绪二十九年正月初一日以前准予使用某种货物者，应享有优先权，其规费也享受优惠，应纳呈状公费惟批驳不准者才能征收，其商标如为一商注存数件，除一件纳费 10 两外，其余各件均完纳 5 两。同时，五国公使在合拟的商标法中还降低其他手续的收费标准，如注册给发印照由商部规定的 30 两降为 10 两，转换注册每件由 25 两降为 5 两，期满复行注册由 25 两改为 10 两，呈请注销每件从 30 两分别改为 5 两（由商标主自行申请）和 10 两（由他人申请）。

对于这份严重损害中国主权和利益的商标法，商部审阅后当即拒绝，并与五国公使进行交涉，指出商标章程系根据西方国家定例制定，商标审定自应照各国通例办理，不能将领事裁判权运用到有关商标的审定和裁判上，因商标而产生的各种事端应属商标局管辖范围，与中外条约规定的治外法权无关；各项规费也系参照各国通例，"有绌无盈"，应按原议。但英、法、德、意、奥五国公使对商部的上述辩驳根本不予理会。10 月 25 日，他们照会外务部，蛮横指责商部在商标法问题上牵提与此事无关之治外法权，与以前所订的中外条约的内容相违背，表示对商部意见"碍难应允"。次年，商部又参考五国公使所拟修改意见稿，最后改订《商标法规》68 条、《商标施行细则》27 条、《商标审判章程》40 条、《商标特别条例》12 条和《外国商标章程》6 条，送交外务部，征求各国意见，但各国公使以条目繁多，系商部重新拟议，拒绝商讨。

1907 年由商部改名的农工商部将第二次修订的过于庞大的商标法规进行第三次修订，并进行压缩，制定《商标章程草案》72 条，《附则》3 条，征求各国意见。但英、法、德驻华公使对农工商部拟订的商标法规仍然不予认同，认为该章程草案与五国合拟的商标章程"迥不相侔"，坚持要求农工商部接受他们合拟的商标法，声称"本大臣既奉本国政府训示，惟有钦遵，仍持各国草稿大纲，希设法必以此为基础，勿再歧异"。由于英、法、德等列强的阻挠和破坏，直至 1912 年清朝覆灭，清政府制定的商标法一直未能得以实施。有关商标的注册，只是在海关挂号、部中备案而已。

作者简介

崔志海，1963 年生，浙江临海人。中国社会科学院近代史研究所研究员。主要从事晚清史和中国近代思想人物研究，著有人物传记《梁启超》《蔡元培》，发表《论清末铁路政策的演变》等学术论文数十篇。

晚清"昭信股票"的发行及其影响

朱　英

所谓昭信股票，并非真正意义上的股票，而是清朝政府于1898年发行的公债。既然是公债，为何却名为"股票"，而且还冠以"昭信"之称？这与清政府1894年以"息借商款"名义发行第一次公债的失败不无关联。

一、昭信股票之缘起

清政府为应付甲午战争军需浩繁、内帑空虚之困境，于1894年发行了第一次公债，但不久即因不肖官吏借端勒索，弊端百出，士绅商民怨声载道，很快宣告停止，也使公债这一新事物在近代中国的信誉受到严重影响。到1898年，清政府又由于甲午战败被迫向日本支付巨额赔款，导致朝廷财政出现左支右绌难以为继的窘困局面。"库藏空虚，舍借款无以应急"。但时人已经意识到大量举借外债，不仅致使清朝内政受到列强干涉，而且也在经济等方面遭遇"种种吃亏"，于是有官员再次提出在国内发行公债。这年1月，右中允黄思永上了一道《奏请特造股票筹借华款疏》，主张再次举借内债。为避免"息借商款"之弊，"以冀通行而昭大信"，他主张责成银行票庄银号典当代为收付，不经胥吏之手，做到"无诈无虞，确有凭信，可售可抵，更易流通"。这一主张是希望仿照西方发行股票之法推行公债，因而将其命名为股票。他最初还建议定名为"自强股票"，强调这次发行内债之举是"因国计自强派股"，要使"人人动其忠君爱国之忱"。

黄思永此疏入奏之后，谕批"著户部速议具奏"。当时掌管财政的户部正为赔款之事发愁，也认为"息借华款为补救万一之谋"，遂力予支持。2月初户部上奏朝廷，获得光绪皇帝正式批准。户部原则上同意黄思永的方案，但也做了一些修订。为了强调信誉，户部最后定名为"昭信股票"，并设立昭信局作为专门办事机构。

二、昭信股票之设计

3月初，户部奏准《发行昭信股票详细章程》17条。该《章程》规定，由户部印制昭信股票，每票 100 两者印制 50 万张，计股银 5000 万两；每票 500 两者印制 6 万张，计股银 3000 万两；每票 1000 两者印制 2 万张，计股银 2000 万两，总共 1 亿两。

昭信股票规定 20 年还清，以年利 5 厘计息，遇闰月不计。前十年还息不还本，后十年本息并还，本还则息减。《章程》强调："京外各商号自持票呈验至发还本人，不得稍有迟延及勒索扣克情事，一经查出，严行惩办。"同时又说明，"该商号承办收发股票本息，亦宜略酬其劳，拟令京外汇兑此项票款，概交该商号专办，以资津贴"。认购昭信股票者应得本息，定以地丁盐课作抵；由于认股之人并非皆有应交地丁盐课之款，若辗转相抵，又恐多生枝节，户部决定由各局发给现银，俟各省集有股票若干，报部后核明每年应给本息若干，先期由户部指拨地丁盐课等款如数截留，以备临时按票发给。另外还规定，昭信股票可以抵押售卖，与产业凭券无异，惟抵押售卖后应报局立案。如有遗失，可向所在地昭信局挂失，由昭信局出示禁止抵押售卖遗失"股票"。三年之后，由昭信局给予凭单，将原票作废，"所有应付失票之本息，仍按认股年例给发"。鉴于第一次发行公债弊端百出，户部所订章程严格规定"不准勒令捐输"，"倘各州县印委及经手劝集之人有藉端扰累勒捐者，准人告发，或另经访闻的确，即分别治罪"。除此之外也有奖励举措，各省官绅商民若一人劝募超过 10 万两，由各省将军督抚分别奏请给以奖叙。

三、昭信股票之发行

昭信股票在官场中的发行起初似乎较为顺利，但后来实际上演变成为一种捐输报效之款。黄思永和户部的奏疏都特别强调，内外大小臣工均应带头"出家资以佐国用"，以为商民之倡。光绪皇帝在上谕中，也希望各级官员和绅商士民踊跃认购，共济时艰。于是，朝廷内外大小官员为表达其深明大义、忠君报国而纷纷认缴。

恭亲王奕䜣首先认领 2 万两，朝廷其他王公大臣也紧随其后相继出资若干。地方各省同样予以响应，两江总督刘坤一认缴 2 万两，江苏各级官员各认缴 1 万、5000、2000、1000 两不等，加上所属文武各员，"认缴之款统共银七十二万余两"。其他省份各级官员认领昭信股票者也为数不少，如四川将近 60 万两，直隶达到 1080 股。

许多官员认缴之后还主动要求不领昭信股票，将此款作为对朝廷的报效。恭亲王奕䜣率先"报效库平银二万两，不敢作为借款，亦不仰邀议叙"。直隶大小官员均同意将所领债款作为报效，"概不领票，藉以少纾公家之急"，而且也不邀奖。起初，朝廷"多未允准"，后经各省官员一再奏请，光绪皇帝发布上谕："该大臣等深明大义，公而忘私，既经再在吁恳，若仍不允准，转无以遂其忠恳之忱，著即俯如所请，自王公以下京外大小文武各员已经认缴之款，毋庸给票，准其作为报效。"这样，昭信股票在官场中的发行，最终已不具有公债的性质，而是演变成为大小官员对朝廷的捐输报效。

昭信股票在民间发行过程中，各地官员起初尚能按照朝廷旨意多方劝募，阐明"当此时事方艰，非集巨款无以归洋款，非赖众力无以成巨资"。在此情况下，民间也不乏积极认购者。如两淮盐商决定共同认缴 200 万两，刘坤一"格外矜恤，令各商减去一半，仅认领 100 万两"。湖南昭信局设立后，著名湘绅朱昌琳"首先报效湘平银一万两"。其他省份民间认购者，虽数量多少不一，但也都有民众陆续认领，如山东 111 万余两，直隶将近 70 万两，四川 36 万余两。

四、昭信股票之结局与影响

尽管昭信股票的发行取得了一定成效，但最终结局却并不比第一次的"息借商款"好多少。到"戊戌政变"停止发行时，官商绅民总共认购不足 2000 万两，还不到预计发行总额的五分之一。因此，清政府只得又向英、德等国借外债，并以七处厘金作抵，使各省京协各饷及防饷等取之于厘金者骤形短绌，无异于拆东墙补西墙。

发行昭信股票之所以未能达到预期的目标，受多方面因素的制约。除当时中国经济落后、新式金融机构与金融市场不发达、广大民众生活贫困等客观因素的影响之外，也不能否认一些主观因素的干扰。虽然《章程》中明文规定不得"藉端扰累勒捐"，上谕也强调"不准苛派抑勒"，但因发行昭信股票的多少实际上在当时已成为考核各级官员政绩的指标之一，加上章程规定对劝集 10 万两以上者给予奖励，所以各级官员仍然会千方百计地要求民间认领，以致于各种弊端很快就层见迭出。有的地方官将昭信股票"计亩苛派，按户分日严传，不到者锁拿严押，所派之数，不准稍减分厘"。有的对商民倍加勒索，商民"力仅足买一票，则以十勒之；力仅足买十票，则以百勒之。商民惧为所害，惟有贿嘱以求免求减，以致买票之人，所费数倍于股票，即未买票之人，所费亦等于买票"。由于各省类似苛派情形日益严重，导致商民怨声载道，当然不可能积极认购。连户部也承认："股票扰民，屡经指摘。"甚至朝廷也不得不连发上谕："各省办理此事，名为劝借，实则勒索追催骚扰闾阎，莫此为甚，亟应严行查禁。"但在此之后，类似事件仍时有发生，光绪帝遂于 1898 年 9 月 7 日下旨："其绅商士民人等，一概停止劝办。"

既然如此，昭信股票自然也谈不上维持其信用。尤其是到后来，许多认购者不仅未领到利息，甚至也无法归还本金，结果是"股集而信不昭，票等废纸"。这种结果直接影响到民众对整个公债信用的怀疑，事隔十年后，沔阳人卢靖在 1909 年 6 月 5 日《申报》上发表的《释国债》一文中还称："自昭信股票之信用失，而国内之募债难。"可见昭信股票"失信"影响之深远。

作者简介

朱英，男，1956 年生，湖北武汉人。华中师范大学中国近代史研究所教授、博士生导师。主要著作有：《辛亥革命时期新式商人社团研究》《中国早期资产阶级概论》《晚清经济政策与改革措施》《商业革命中的文化变迁——近代上海商人与海派文化》《转型时期的上海与国家——以近代中国商会为主体的历史透视》等。

清末一场由股票投机引发的金融大恐慌

闵　杰

　　距今近百年前，上海爆发了一场规模空前的金融危机，将全国卷入恐慌之中。1910 年 7 月 21 日，上海的正元、兆康、谦余三家大钱庄同时倒闭，亏欠其他钱庄和银行款项 700 万两，上海市面猛烈震荡，形成恐慌的第一道冲击波。同年 10 月 8 日，中国最大的银号上海源丰润倒闭，累及各地 17 家分号，恐慌波及全国，形成恐慌的第二次冲击波。1911 年 3 月 21 日，著名的票号上海义善源倒闭，牵连外埠分号 23 家，形成第三波冲击，恐慌达到极点。这场金融风潮规模之大、影响之深，为百余年来所罕见。受金融恐慌的冲击，破产的商号和企业不计其数。中国民族资本主义经济从 1903 年以来连续 6 年的上升势头被打断，大萧条延续了数年之久。

　　这场恐慌被称作"橡胶风潮"，它的直接原因是上海商界和金融界参与了国际资本的橡胶投机活动。当时上海人把橡胶叫作橡皮，所以习惯上又称为"橡皮股票风潮"。

　　20 世纪初，由于交通事业的飞速发展，造成橡胶资源紧缺，价格暴涨。1908 年伦敦市场橡胶每磅售价 2 先令，1909 年底涨至每磅 10 先令，1910 年春达到最高点 12 先令，国际资本大量转向了橡胶资源的开发。南洋群岛是各国投资的重点地区，到 1910

年初，为开发南洋橡胶资源而成立的公司达到122家。在伦敦金融市场，橡胶股票最快的销售速度是，100万英镑的股票在半小时之内销售一空，国际橡胶投资已接近疯狂。

中国最大的资本市场上海被深深地卷入了这场国际资本橡胶投机活动。据《泰晤士报》估计，在开发南洋的122家橡胶公司中，至少有40家公司开设在上海，大多由上海的洋行经办并代售股票，并在上海的外国银行开户，40家公司的资本总额2500万两。当时，很多上海人连橡胶是一种什么东西都没有弄明白，仅凭道听途说，就疯狂抢购橡胶公司的股票，惟恐落于人后，失去暴富机遇。在从众心理驱动下，到1910年4月，仅仅几个月时间，40家公司的2500万两股票已经销售一空，经过炒买炒卖，股票价格轮番上涨。一家叫做"地傍橡树公司"的股票，在上海股票交易所的开盘价格，1910年2月19日每股仅25两，4月6日就上涨至50两，一个半月上涨了一倍。

1910年6月，国际橡胶投机活动盛极而衰，世界金融中心伦敦橡胶股票行情暴跌，上海股票交易所的橡胶股票立即停止交易。在此后的半年多时间里，橡胶股票成了无人问津的股票品种。直到1911年春才恢复交易，但此时只有卖盘，没有买盘。1911年7月，买盘开始出现。据上海股票交易所的通告，6月29日橡皮股票的卖盘开价每股5两，7月6日的买盘报价每股4两，与一年前炒买炒卖的价格有天壤之别。

总计1909年到1910年之间，上海各界购买橡胶股票动用的资金达到4000万两，投机规模之大可以想见。参与投机的重要力量，是上海的各大钱庄。以此为导线，正元、兆康、谦余三家钱庄同时倒闭，受牵连而倒闭的钱庄总共达到9家，这是橡胶风潮的初起，以后源丰润、义善源的倒闭则是恐慌的形成。

在晚清，中国最主要的金融机构是钱庄，此外还有票号和银号，它们都是传统的金融机构，但汇划、放款等主要业务，已经与中外贸易和工业等新经济行业发生密切的联系，成为中国新式金融业的主要力量；其势力之大，对金融市场影响之巨，远远超过刚刚兴起的银行业。倘若没有钱庄的介入，橡胶股票投机的失败对于上海众多商民而言只是赔损钱财而已，不至于爆发一场金融大恐慌。

钱庄介入橡胶股票投机主要通过两种形式：一是直接参与股票买卖。二是以贷款方式介入橡胶股票投机，这是一种更为普遍的形式。上海许多钱庄并没有直接参与股票投机，而是处于股票的卖方（外国洋行）和买方（上海商人和市民）的中介地位。由于橡胶股票炙手可热，许多人倾其所有犹嫌资金不足，纷纷向钱庄举贷。钱庄的大举介入，增强了橡胶股票投机活动中的资金运用，扩大了投机的规模。虽说很多钱庄没有直接抢购股票，但发挥了金融机构对市场的融资作用，危害也就更大。

不管钱庄是以哪一种方式介入股票买卖的，上海的大多数钱庄都直接或间接地卷入了投机。统计资料显示，1910年上海钱庄共有91家，在橡胶股票风潮冲击下倒闭歇业的达到48家，占总数的53%，亏欠款总额1933万两。而清末，全国一年的财政收入长期维持在8000万两左右。上海钱庄介入投机程度之深，令人触目惊心。

不过，当风潮初起之时，人们还没有方寸大乱，因为这时上海银钱业的巨擘源丰润、义善源还挺得住；而只要源丰润、义善源不倒，上海市面就乱不到哪儿去，更不会引起全国大乱。源丰润是一家银号，义善源是一家票号，历来领袖上海银钱业，实力不在大清银行（清中央银行）和交通银行之下。由于同业之间生死与共，利害相关，每逢市面不稳，源丰润、义善源都会竭力救市，成为上海乃至中国银钱业的擎天之柱；同样，官府也会调剂款项，增强这两大机构的力量，以稳定市面。所以，7月的风潮发生后，上海道台蔡乃煌采取的最重要的应急措施，就是向外国银行借款350万两，其中的140万两代正元集团归还欠款，其余210万两存放于源丰润、义善源，以稳定这两大金融机构。这样，在风潮发生两个月后，上海市面渐趋平静，危机虽然没有过去，但只是潜流涌动，未现惊涛骇浪。

恰在这时，即当年9月，大恐慌爆发了。风起于青萍之末，全国的大恐慌居然是由一件不大的事情引发的。

1910年9月，清政府按照惯例要上海方面从源丰润、义善源等庄号提取190万两"沪关库款"，用以支付当年到期的"庚子赔款"。"沪关库款"是属于国库性质的上海海关的税款，历来由上海道台经手，存放于信誉卓著的源丰润、义善源，以备中央财政不时之需。9月度支部（相当于今财政部）欲提"沪关库款"，时距正元等钱庄倒闭仅两个月，上海道台蔡乃煌上奏朝廷，请求暂不从源丰润等钱庄中提取这笔巨款，改由大清银行拨银200万两垫付"庚子赔款"。当时市面未稳，源丰润、义善源虽然实力雄厚，在猛烈的金融风暴中不能独善其身，在某种意义上，大金融机构承受的压力也更大。但清政府所关心的只是能不能如期交付"庚子赔款"，这是1901年与八国联军签订城下之盟的主要条款，认为如期交付"庚子赔款"事关国家信誉，而金融风潮只是上海一隅之事。因之，军机处对蔡乃煌不愿提取源丰润存款十分不满。按照奏折的性质，蔡乃煌的奏折交度支部处理。度支部侍郎（副部长）陈邦瑞与蔡乃煌素有嫌隙，指使江苏巡抚（当时上海归江苏管辖）参奏蔡乃煌，说他妄称市面恐慌，恫吓政府，不顾朝廷颜面，拖付"庚款"。罪名如此之重，蔡乃煌当即革职。

蔡乃煌革职后，一度申辩，但遭军机处斥责，羞愤之下，一举从源丰润等钱庄提回款项 200 多万两以交还政府，源丰润当即倒闭。对此，洞悉内情者说：蔡乃煌火急追讨官款，逼倒源丰润，是愤恨于军机大臣斥责他"以上海市面恫吓政府"，故特为此举，使市面动摇，还政府以颜色，"以（证）实其前致电部中'维持市面'之说"。上海恐慌的爆发，很大程度上是清政府对上海金融危机的懵懂无知，一再下达昏庸指令，以及地方官不顾大局斗气泄愤所致。重大的历史事件追究到底，竟然与一些细枝末节之事相关，不能不令人扼腕叹息。

源丰润的倒闭，带倒了 9 家银号和钱庄，造成 30 家钱庄歇业，恐慌爆发了。继源丰润之后，义善源不能独存也告倒闭。源丰润、义善源分号遍布全国，往来庄号不可胜数，它们的倒闭，致使北至营口、北京，南至广州，西至重庆，全国各大商业工业城市陷入一片恐慌之中，随之而来的全国经济萧条也就在所难免了。

清代的"农转非"

郭松义

在我国历史上，农业是最主要的生产部门，农民则是主要的生产者。所谓"农民安社会稳，农民困社会险"，着实显示了农民问题的重要性。然而在当时，农民又是最大的弱势群体，每遇天灾人祸，最受冲击的往往就是农民，甚至被迫离开土地，成为流民、游民，从而加剧了时局的动荡。因此，历代有见识的统治者都把绥抚农民、疏导流民当作巩固、稳定统治的头等大事。自清代中叶起，流民一词又加入了新的内涵，即因人口急速增加，在传统农业地区人与地的矛盾加剧，导致农民离开故土另找谋生之路。有的学者根据家谱资料观察到，在147941个男子中，离家外出的有18691人，占其总人数的12.64%[①]，说明农民外出闯天下已成为不可忽视的动向。然而这些外出者又不像以往各朝代的流民群，来势猛、冲击大，甚至还会演变成一个朝代的覆亡，乃是一个持续不断的过程，并构成社会的一种常态。

农民持续离乡外出，主要是寻找土地，另外也有相当一部分人改转其他行当。按照笔者对清"乾隆朝刑科题本"辑得1101个人户资料，他们中除72人，约占6.54%状况不明，其余开地垦种或为人佃作和从事农业雇工的404人，占36.69%；也有人没有离开农村，但不再耕种土地，如做货郎等各种小买卖，还有打铁、木作等小手艺，以及投奔主家作仆婢的 148 人，占 13.44%；另有104人，约占9.45%的人进入矿山开矿，或窑场烧窑、纸坊造纸等。在如许外迁人口中，值得注意的是，进入城镇求食的有 373 人，占 33.88%。这中间，活跃于一般府州县城和地方市镇的279 人，占 25.34%。进入北京、苏州、汉口、广州、佛山等大城市的 94 人，占 8.54%。虽然我们不能说，这份统计具有绝对的典型性，但至少说明农民在离乡谋生时，已有多种选择，并将城市列为重要的选项。

农民离开熟悉又挚爱的土地，进入城市，与清代市场经济的发展、城市数量增加和功能的不断提升有密切的关系。江南名城苏州，清代系江苏藩司驻地，又有府署和三县衙（长洲、元和、吴），官役人数众多，但它更是个商业、手工业重镇，同时麇集着商号铺主、船董、手工业主，以及来自外乡农村的打工者。"染坊踹布工匠俱系江宁、太平、宁国人户，在苏无家室，总计约有二万余人"；在纸坊佣作的 800 多名匠人悉为江宁、镇江人氏；而冶坊工匠来自无锡、金匮等县；烛铺、烛匠多浙江绍兴人，板木匠作则由杭州、绍兴而来。有人还从消费的角度形容该城："商贾云集，宴会无时，戏馆、酒馆凡数十处，每日演戏养活小民不下数万人"；又说："如寺院、戏馆、游船、青楼、蟋蟀、鹌鹑等局，皆穷人之大养济院。"[②] 这其中的下等粗活，都是雇佣外乡进城农民来做的。江西景德镇是著名的瓷都，"其间碓房匠作，以及坯行、画行、彩行、茭草行、柴行诸色人等，动以万计，率多别籍异民"[③]。福建厦门自康熙中设关开港，船工大盛，"土木金银铜铁诸工率自外来"[④]。广东佛山，清代是著名的工商业集镇，四方辐辏，其外来"附图占籍者几倍于土著"，诗称"舟车云集此天涯，半是侨居半故家"[⑤]。浙江杭州，早在康熙末，已有人说该城百姓"流寓多于土著"[⑥]。又如湖南省城长沙，谈不上是个著名工商城市，可"佣工担夫率皆邻县远省仰食其间"[⑦]。在这众多的外来侨居者中，多数也原是农民。有关此类情况，在广州、汉口、重庆、天津等城市无不如此。

北京是京师，居住于此的除登录于宛平、大兴户口册籍的在城居住的普通百姓外，还有皇室亲贵、大小官员、吏役、拱卫京师的八旗劲旅以及他们的家口。在人口比例上，后者远高于前者，是个十足的政治型消费城市。城市既要消费，就要有人为其服务，于是周边农民纷纷进入，到清代中叶，估计人数约在二三十万之间，已是一支不小的队伍。据笔者由档案辑得的1756个外来人口样本显示：他们中原籍属于直隶（今河北）的占61.22%，涉及全区85个州县；其次来自山东，占21.07%，涉及62个州县；再次是山西，占8.08%，有29个州县；余下分别来自河南、奉天（今辽宁）、江苏、安徽、浙江等11个省份。这些外来者进入北京，多数从事出卖苦力的活，像为人佣作、赶车、抬轿、挑煤、看井送水、背粪、掏沟填土，也有充当作坊工匠、学徒和以手艺为生，如做酱、琢玉、理发、裁缝等。从事商业活动的也为数不少，不过多数是些店伙和学徒，或是推车、挑担的小贩。地位最低的是卖身为奴者，还有通过自净投靠于王公府第的太监。在进京者中，多数是只身单个，也不乏携带妻儿家口的。亦有被拐带的单身年轻女子，以及丈夫去世，或因家用不继需要外出揽活的妇女。她们多为人佣仆，或洗衣缝补，也有被卖作婢妾、沦落成为娼妓的。

北京的外来人群，在从事职业时，常常具有明显的地域特点，像看井送水多由山东胶东来者。北京竹枝词中有"山东人若无生意，除是京师井尽干"，便是指此。京师每年要接受由南方各省运来的大批漕粮，然后砻筛加工，其"碓房多山东人"[⑧]。山西人富者为掌柜老板，贫者作店伙、跟班学徒，以从商为主；

直隶进京人数最多，其从事行当也更繁杂。总之，北京需要什么，便会出现这些人的身影，而且干的都是最脏最累，官爷、八旗子弟和在城居民不愿做不屑过问的活。可以说，是他们打理了北京城的吃喝拉撒，推动着北京日常生活的运转。可就是这样一批与北京市民生活息息相关的外来人群，社会地位却十分低下。首先，他们不属于北京在籍者，除少数随铺号店主登录入册的伙计、学徒，或价卖、投靠于主家的仆婢、雇工，均归隶原籍，一旦出现事端，就得遭到遣返；其次，他们不但工作条件差，生活也十分糟糕，就以栖身居所而言，除仆役、受雇者固然能暂住于主人家或店房、工坊、货栈外，更多的人只得借住城边和城郊土屋，甚至有歇居寺庙及门洞墙沿者；再有，随着清代后期农村生产状况的恶化，进城农民不断增多，可城市化的程度又不足以容纳更多的农民，造成失业游民增多，有的竟因贫困交加陈尸街头。根据笔者对清代北京394宗自杀事例的调查，以外来者所占比例最高。究其自杀原因，多数是因失业、生活难过。一方面是城市的发展需要这些外来农民，而且他们愈来愈成为市民生活中不可或缺的仰赖者；可另一方面，他们的劳动付出与所获却大不相称，属于城市中的边缘群体。其实离乡进城农民的此种境遇，不只限于北京，在其他城市中也大体相同。

随着时代的变迁，农民的身份也是在变化的。因此，考察历史上的农民，不能只凝注附着土地的劳动者，对于那些离乡离土的、特别是进城农民的工作和生活，理应纳入研究者的视野。实际上，明清以来城镇的蓬勃发展，已使农民无法置身于局外，至于他们进城后的角色转换，真正融入城市，那就牵涉到国家政策、社会接纳程度和他们的思想认同等多个方面，这就需要更长的时间了。

注　释

① 刘翠溶：《明清时期家族人口与社会经济变迁》，台北"中央研究院"经济研究所1992年版，第254页。

② （清）钱泳：《履园丛话》，中华书局1979年版，第26页。

③ 凌涛：《江西视臬纪事》卷四，《禁窑厂滋事》。

④ 道光《厦门志》卷一五。

⑤ 民国《佛山忠义乡志》卷一五。

⑥ 康熙《钱塘县志》卷六。

⑦ 乾隆《长沙县志》卷一四。

⑧ 李光庭：《乡言解颐》，中华书局1982年版，第107页。

清代农业防灾抗灾的措施

郭松义

　　清代是一个灾害频发的朝代。根据《清实录》记载：在有清268 年中，共发生水旱风雹雪、虫蝗、地震等灾害 6253 次，平均年发生率 23 次强。如以嘉庆二十五年（1820）为划界线，此前177 年有灾记录 3371 次，年均约 19 次；之后 91 年 2882 次，年均达 32 次，后者比前者年均多出近 13 次，这说明灾害是在不断地递增[①]。为了抵御灾害，减少农业损失，在清代，从朝廷、地方官府、士绅到直接从事生产的农民，都付出了极大的努力。尤其是对灾害感受最深的农民，在抵御和消除灾荒中，起着不可或缺的主导作用；他们积极防灾抗灾的诸多举措，值得后人认真总结。

一、兴修农田水利

　　北方主要是大力挖掘水井，南方则是在山区修筑梯田和中小水利工程。北方少雨，开挖水井，平时可用于灌溉，灾年则有利于抗旱。康熙五十九年（1720），晋陕两省连遭大旱，晋东南和蒲州府辖下州县以及陕西富平、蒲城等县，因汲井灌田，使百姓少受颠沛流离之苦。正如有人所说："水旱二者，旱之害尤甚……而园蔬烟地不虞旱者，以有井也"；又说家开有井，"虽有旱岁，不至流离"②。此后，直隶、山西、山东、河南、陕西等北方省区更注意开凿水井。有学者统计，乾隆时，该地区已有大小灌井六七十万眼，这对抗灾防灾起到不小的作用。南方多雨卑湿，人们因地制宜，以修筑陂塘渠堰防灾。清人不但认识到水和田的关系，而且根据不同情况提出了水和田的比例，譬如十与一、十与二三和十与五等，即10亩水田需配置1亩或2亩至5亩水塘，平时防涝蓄水，少雨时节溉田抗旱，兼能养鱼虾、植茭苇取利，一举数得。其实在水利兴筑中，最能体现清代特点的是山区小型排灌体系的建设。这与雍乾以后大批农民进山垦荒有密切的关系。山区环境艰苦、交通闭塞，生产条件较平原传统农业地区要落后得多。人们进入山区后，若要长期生活下去，必须改变种田靠天吃饭的格局，加大在水利上的投入，使旱得以灌、涝有所蓄。"御旱之术，高下凿塘浚沟，或高山数十里引泉分灌，或平原溪涧设陂潴水洒之"③；亦有"大展陂岸，使广而多受，虽亢旱之年，不至耗涸。从高泻下，均资广及，沾润一番，可以经月，虽有凶灾，不能及矣"④。这样的水利工程，在浙闽赣楚湘粤川陕的山地丘陵，几乎在在可见，尽管受益者多数面积不大，广者溉田千亩、数百亩，少的不过百来亩、几十甚至十几亩。不过因为它们广而且众，集腋成裘，作用就不可小觑了。

二、开展多熟种植，扩大多种经营

清代的农业种植，除了关外东北、塞北、西北等地采用一年一收，其余像华北的大部分土地，已实行两年三熟，南方则有一年两熟和一年三熟制。开展多熟种植的基本目的是为了增产多收，当灾害袭来的时候，可在相当程度上缓解因一季绝收、歉收所造成的困难。因为夏收遭灾，还可指望秋收和来年的春花。在很多情况下，大水一过，若季节来得及，还可赶播补种早熟作物以弥补损失。至于农业中的多种经营，也就是一家农户在种田以外，往往要饲养家禽或猪、羊之类的家畜，用池塘或拦河养鱼，有的在房前屋后种树，南方可能还有小片竹林，妇女或男子在农忙之余，从事纺织和各种竹木草编。这样的多种经营，对于抗灾减灾也有积极作用，因为大田受害，正好用家庭副业补困，特别像纺织和编织，基本不受水旱等灾的影响。清朝政府一直劝谕百姓种树，原因是"桑柘可以饲蚕，枣栗可以佐食，柏桐可以资用，即榛梧杂木，亦足可以供爨"⑤。北方灾年，不但枣栗可以佐食，榆皮榆钱同样属充饥之物。灾荒来临时农民为躲避饥饿而大批外出逃荒的事，南方要少于北方，原因之一，就是北方地区的多熟制种植和农村多种经营情况不如南方，因而稍遇灾荒，便难以自救，只好外逃求生了。

三、尽力推动农学研究和农业技术发展

农书多出自读书人之手，但经验却得之于农民的实践，与农民关系密切。据统计，在中国古代130种救荒赈灾类书籍里，有90种即70%出在清代；再如捕蝗、治蝗类书籍，除一部出于宋代，一部系由明代人编写，剩下40部全是清人作品。清以前载录书目偏少，不排除有缺失因素，但差距如此之大，明白地显示了清人对抗灾防灾问题研究投入之大、关注之深。至于在农业技术方面的成就，也是通过实践不断摸索、不断总结出来的。据有学者研究，清代培育水稻品种不下5000多个，有的就与防灾有关。像一种生长期短的"黄绿谷"，便是为了对付水害的；再有名叫"野猪怕"的稻种，则是为阻止山区野猪践踏田禾而发明

的；另如"叶下藏""雀不知"等名目，均是如此。作物品种的增多有利于农作布局的改进，像太湖平原区，原来多种晚稻，但该地常有季节性水涝，为了避免田淹，农民便改种早稻或中稻。

四、推广抗灾农作物品种

在推广抗灾农作物中，作用最显著的当属番薯。番薯又称红薯、白薯、地瓜，系明末由南美洲辗转传入而且与救荒有关。徐光启在《农政全书》称此为"枝叶附地，随节作根，风雨不能损"；"可当米谷，凶岁不能灾"；"根在深土，食苗至尽，尚能复生，虫蝗无所奈何"。又说："其种宜高地，遇旱灾，可导河汲井灌溉之；在低下水乡，亦有宅地园圃高仰之处，平时作场种蔬者，悉将种薯，亦可救水灾也。若旱年得水，涝年水退，在七月中气后，惟剪藤种薯，易生而多收。"故被推颂为"亦救荒第一义也"。清代番薯，首先在福建、广东、浙江等省传播，然后延及南方其他省份。但至乾隆初年，北方仍少见种植，原因是那里气候干燥，冬季寒冷，苗种无法越冬。后来通过窖藏法，才算攻克难题。清代推广番薯种植，差不多都牵涉救荒。特别是乾隆五十年（1785），因河南、山东歉岁不登，百姓艰食，朝廷鉴于"番薯既可充食，兼能耐旱"，乃谕令官员前往闽省采取藤种教导种法，并将先前陆耀在山东臬司任内刊刻的《甘薯录》传抄散发。次年冬，内阁学士张若淳又疏请朝廷下谕，"敕下直省广为劝栽甘薯，以为救灾之备"，事得允准。自此番薯得到广泛推广，不但用于备荒，也成为很多地区贫民的重要口粮。

五、积极防治虫害

如果说，水旱风雹属于大自然行为，直到今天也难以防范，那么对于有些灾害，譬如虫灾，即使在当时条件下，也可有所作为。实际上虫害对农业生产所造成的损失也相当严重，像蝗虫长成后数以千万计，形成十几里、几十里的虫带，飞越过境，天为之昏暗，大田一片狼藉，稼禾草木尽皆遭毁，有人甚至认为"其害尤惨过于水旱也"[⑥]。清人对于防治虫害，颇有新的发明。以治蝗为例，特别强调抓住卵蝻生发成虫以前将其挖掘消灭。若卵蝻成为飞蝗，可利用天黑起更或黎明前，蝗虫聚集不能起飞群聚而捕之。还有埋蝗法，"凡蝗生之地，中掘深坑里许，两边用竹梢木枝惊逐，蝗性类聚，一蝗返奔，众蝗随之，并堕坑中，即行掩埋，不能复出"[⑦]。当飞蝗群出时，用"竹箔、芦席，竖高数丈，令人顺风以金鼓鸣喝，左右后三面执火撑烟攻追，虫前趋飞，见箔席截路俱止，停息箔席，急将倒地捕之，或焚、或埋、或溺，杀其蝗"[⑧]。其他像治螟蛉、地蚕、桑牛等虫害，也多有创造。

在构建社会防灾抗灾体系中，政府和其他外部力量的介入固然重要，但发动农民，激起他们的自救意识似乎更有必要。在清代，正是农民主动采取措施全力投入，这才大大减轻了灾害带来的压力，使暂时中断的农业生产活动重新运转起来。这是最积极的防灾抗灾，也是清代农业能在灾害频发中维持发展态势的一个重要原因。

注　释

① 此数字由农史专家闵宗殿教授提供，特表感谢。

② 盛百二：《增订教稼书·开井》。

③ 同治《祁阳县志》卷四。

④ 《授时通考校注》第 1 册，中国农业出版社 1991 年版，第 350 页。

⑤ 光绪《大清会典事例》卷一六八，页二。

⑥ 徐光启：《农政全书》卷四四。

⑦ 《清高宗实录》卷一二七，页八。

⑧ 张宗法：《三农记校释》，农业出版社 1989 年版，第 183 页。

清代灾情与救灾

江太新

一、自然灾害频繁

有清一代，是自然灾害频繁的年代。从下列几组统计数字可看到：

从顺治至嘉庆年间，主要自然灾害情况：顺治元年（1644）至嘉庆二十五年（1820），计176年间，据《清实录》记载，全国共发生自然灾害2467次。其中，水灾1159次，占47%；旱灾613次，占25%；雹灾287次，占12%；虫灾112次，霜灾98次，风灾92次，地震89次，雪灾17次，共占约0.7%—5%。年均被灾约14次。按省而言，直隶被灾303次，甘肃264次，江苏241次，安徽186次，山东181次。

另外，根据李向军的统计，顺治至道光灾情：水灾16384起，占总灾数56%；旱灾9185起，占总灾数32%；雹灾1281起，占总灾数4%；虫灾538起，占总灾数2%。从上述数据看，从顺治至道光207年间，年均水灾79.1次，旱灾44.4次，雹灾6.2次，虫灾2.6次。

从乾隆至宣统年间，长江流域遭受洪涝灾害州县累计：上游地区被灾县份计 1128 次，中游地区被灾县份达 5386 次，下游地区被灾县份达 3473 次。不管从哪个角度、哪个层面来考察，都说明清代的中国是个多灾的国家，尤以水灾为甚。

频繁的自然灾害，给人民带来无穷的灾难。如顺治十年四月，直隶地区霪雨一月，都城内外，积水成渠，房舍颓坏，小民艰于居食，妇子嗷嗷，甚者倾压致死。康熙二十四年（1685），江苏邳州、宿迁、高邮、邵伯、盐城、兴化等六州县卫所，黎庶罹灾，有房屋漂荡，有贫乏不能糊口者。乾隆四年（1739），山东单县、菏泽、曹县、金乡、济宁、临清卫等六州县卫，黄水漫溢，淹没秋禾，并冲坍房屋。光绪三年（1877），山西被灾，曾国荃称：省南灾重粮缺，哀鸿遍野，待哺嗷嗷，惨不可言。王锡纶云：被灾极重者八十余区，饥口入册者不下四五百万，而饿死者十五六，有尽村无遗者。光绪二十三年，湖北大灾，张之洞说：天门、汉川，被水灾民数十万，不唯无粮可食，无田可耕，抑且无地无屋可栖止。光绪三十二年，江北受灾，《时报》称：当地草根树皮铲除皆尽，被灾民数有 1500 万之多。被灾情况，惨不可言。

二、备荒措施

无论是水灾、旱灾、雹灾、虫灾等自然灾害，一旦发生，首先出现的是粮食减产或颗粒无收。然民以食为天，不可一日无粮，粮食问题就成了救灾中的关键。贮备充足粮食，是国家救灾首务，为此清政府采取了多种措施：

1. 设立常平仓、义仓、社仓。顺治十一年以前，社会救济制度不健全，近京地方遭受灾荒，饿民得钱犹难易米。经此大饥荒后，许多大臣进规复常平仓、义仓、社仓之议。此后各省纷纷设立常平等仓。这些仓储的功能在于平粜（遇灾年，官方将仓粮按平价出售）和救灾。康熙、雍正年间全国常平仓储粮有48110680石，因全国储备粮过多，而红腐事件屡有发生。乾隆十三年，定全国常平仓储粮总数额为33792330石。社仓，主要设在乡村。初创于康熙年间，但成效不大，至雍正时得到发展，到乾隆十八年时，捐谷数共285300余石，144个州县卫所共有村庄35210个，为仓1500座，主要作为乡村救济，无大灾害时，春借秋还。康熙时期规定，春借一石，秋还一石一斗；雍正二年（1724）规定，春借一石，秋还一石二斗，十年后，息已二倍于本，以加一行息，小歉即免息。义仓，主要设于城市，系两淮盐商及浙江商众捐资设立。各处盐义仓额储仓谷有50万石左右。

2. 截漕赈济。漕粮是国家的"天庾正仓"，历朝都很少挪为他用。到清代，漕粮的功能发生变化，除提供皇室、贵族用粮，京师官兵俸米、甲米外，作为社会功能这部分显得越来越重要。清政府为解决灾区粮食困难，截漕赈粜成为经常之事。直隶省自乾隆二年（1737）起至光绪二十七年止，截漕赈粜达44次之多，还仅是不完全统计。京畿以外各省，也常截拨漕粮赈济或平粜。据记载，从康熙三十年起至光绪三十年（1904）间，截留赈济米在5011867石以上。

3. 进口粮食。从同治六年（1867）至宣统三年（1911）间，从国外进口粮食158109490担。其中：进口粮食千万担以上的有两个年份，进口百万担以上有25个年份，进口十万担以上有15个年份，进口万担以上3个年份，进口千担以上只有两个年份。进口粮食最多年份，为光绪三十三年，高达12765189担。

三、救灾措施

灾情发生后，政府根据灾情严重程度，分别处理，目的在于稳定灾民情绪，保证灾民有饭吃，能安居。救灾措施很多，择其要点如下：

1. 开仓赈济。有几种情况：一是灾情不是十分严重的地方，开仓平粜。在粮价居高时，按市价减十分之一，而后以次递减办法，使铺户在政府政策指导下，逐步降低粮价，期平为止。这样"则铺户无所操其权，官谷不虞其匮，谷价可以渐平"。若骤减，则会使私商囤积居奇。政府为了保证市场供给，做到"货集价落"，一方面颁布禁止遏籴之令，同时吸收商人参与粮食运销，借给商人资本，保护商人合法利益，给少数民族商人免税优待等。二是仓谷出借。按灾民人头借给粮谷。小歉年份，灾民还粮时，要加收一成利息；大灾还粮时，不收息谷。三是赈恤。将仓谷或库银直接分给灾民。有时，也发动民间办赈。对房屋倒塌、无栖身之所者，政府设法安顿。

2. 以工代赈。在灾区地方，兴建公共工程，安排灾民生计。如雍正年间，直隶近京地方，因水灾歉收，灾民骤集京城，雍正皇帝指示："各处皆有工程，或修堤岸，或开水利，正需人力以修土功，伊等回籍，就近佣工度日。"乾隆年间，淮北遭受旱灾，政府将灾民安排到盐城新兴场河、阜宁庙湾场河挖掘淤泥，疏浚水道，政府给予食粮。

3. 安置流民。对离乡背井的灾民，政府在灾民集中地方开饭厂或粥厂，实行赈济。如雍正四年，在北京五城设饭厂，后又于五门增设饭厂五处，"俾穷民得以养给"。同时鼓励灾民回原籍，政府根据灾民离原籍远近，发给路费，每人每程给银六分，老病者加给三分，沿途患病者，地方官留养医治，政府派人护送。

4. 灾后安置。政府借给灾民籽种牛具。如乾隆三十八年，江苏之安东等八州县卫、安徽之凤阳等十二州县卫、陕西朝邑商南二县、河南之淅川内乡二县，夏秋遭受水灾，政府借给籽种牛具。有时，政府也对房屋坍塌者给予资助。这个办法后来形成了制度。

四、几点启示

1. 灾情要及时、如实报告，严防官吏掩饰灾情，弄虚作假。光绪元年，江苏赣榆县，上年秋收歉薄，这一年旱蝗交作，人民苦不堪言。而县官以收成七成五上报，以至官赈无望，由此造成逃亡饿死者不计其数。

2. 保证仓储充实。康雍乾年间规定，常平仓积谷出粜后，新谷上市时仍令州县买谷返仓，如价格上涨，不足部分由政府补贴。故仓储丰富，有时至红腐。而后，常平仓积谷经常出现亏空。咸丰四年（1854），江西南昌十二府州所属各厅协县缺谷达24万石。光绪二十四年，盛宣怀称：近来州县办理不善，"十邑九空"。加上漕粮短缺，到清末，政府救灾能力已大大下降。

3. 救灾不能依赖进口粮。进口少量粮食，作为救灾辅助手段是可行的，但如大量进口救灾粮，就会拉动国际市场粮价，增加救灾成本。同时，也要防备某些国家把粮食变成战略物资，对受灾国形成挟制。

4. 加强对熟荒保护。江苏松江府康熙初连续三年大丰收，五年又获丰收，结果粮价大跌，"富人菽粟盈仓，委之而逃"，"苏州田地三百年来从无荒逃者，至今日而荒逃过半矣"。防丰年变灾年，这些值得引起重视。

"重农桑以足衣食"

——康雍乾三朝重视农业、关心民生琐谈

左步青

明末清初，长期的战乱使社会经济受到了极大的破坏。河北、山东和长江流域、两广地区，甚至号称膏腴之地的四川，人口锐减，耕地荒芜，民不聊生。康熙帝亲政后，把发展农业生产放在重要地位，关心农事，奖励稼穑，兴修水利，减免徭役和赋税。康熙九年（1670）颁布了"圣谕十六条"，其中第一条至第三条，"敦孝弟以重人伦"，"笃宗族以昭雍穆"，"和乡党以息争讼"，是为了建立一个安定和睦的社会；第四条和第五条，"重农桑以足衣食"，"尚节俭以惜财用"，是为了建立一个丰衣足食又勤俭节约的社会。可见其用心深广，思虑周详。

康熙帝注意吸取"文景之治""贞观之治"的经验，以休养生息、推动残破的社会经济复苏。他认为，"务本足国，首治农桑"，"民为邦本，必使家给人足，安生乐业，方可称太平之治"。他重视农业生产的发展，自称"自幼喜观稼穑"，对春耕夏锄、秋收冬藏怀有极大的兴趣。他喜欢读书，经常巡行四方，接触面广，因而知识丰富，熟悉全国各地的地形、气象、农事活动等情况。他对农业与江河水利的关系，农作物生长与南北土

壤、节气的关系，都进行过深入的研究。对我国主要农作物水稻、小麦、谷子、高粱、油菜以及各地土特产，如新疆的瓜果等也都熟知。他在宫中丰泽园旁治田数畦，种植水稻，在田旁植桑树、盖蚕舍，经过 30 多年的试验，培育出一年两熟的"御稻种"，这些事迹已经成为历史佳话。

康熙关心农事，也十分关心农业气象，注意天时的变化和水、旱、风、雹、虫等自然灾害的防治。他命令各地官员和苏州、江宁织造每月奏报晴雨录和粮价单，力图全面准确地掌握各省农业气象和粮价等情况，及时考虑对策。江浙两省财富甲天下，是全国赋税的中心，时任苏州织造兼两淮盐课监察御史的李煦，在康熙三十二年至六十一年任内的奏折，保存下来的有 400 余件。这些奏折大都有康熙的批语（即"朱批"），从中可以看出他非常注意江南雨水、粮价、收成等情况。

到康熙中期后，重农政策取得了良好的效果，田亩增加，人口增长，仓有余粮，库有余银，社会财富增长，为清王朝的强盛奠定了物质基础。康熙不愧为有清一代杰出的君主。

被清史开拓者、史学家孟森先生称为"英明勤奋"之君的雍正皇帝即位后，强调"为治之道，要在务实，不尚虚名"。他重视国计民生的实际问题，首重农业，说："我国家休养生息，数十年来，户口日繁，而土地止有此数，非率天下农民竭力耕耘，兼收倍获，欲家室宁止，必不可得。"他继续执行前朝行之有效的政策，如奖励垦荒、修治河道等，还采取许多新的措施，发展农业生产，繁荣社会经济。

雍正认为，"农为天下之本务"，农民辛苦劳作，给人提供粮食，给国家缴纳赋税，在士、农、工、贾四民之中，除了士，"农为最贵"。雍正二年（1724）二月，命各州县每年从各乡遴选一两位勤劳俭朴又清白无过的老农，授予八品顶戴。这一制度，意在树楷模，奖励稼穑。雍正七年命将一年一选改为三年一选。

在整顿和减轻赋税方面，康熙实行"滋生人丁，永不加赋"的政策，宣布以康熙五十年的人丁数为基准征收丁粮，以后不论增添多少人丁，不再增税。这对于后世不断增加的人丁来说，减少了丁银的负担，有利于劳动力的繁衍。雍正即位后在此基础上又进了一步，实行"摊丁入地"，将丁银均摊地粮之内，按人们占有土地的数量征收田赋，"于穷民有益，而于缙绅富户不便"，因此被称为是"损富益贫利国"的政策，也是中国赋税制度史上一次重大的改革。

雍正驭下极严，他谆谆告诫各地官员要关心农业生产，要了解天时节气、土地肥瘠，要提高农民的生产热情。官员要"存重农课稼之心"，使农民"无苟安怠惰之习"。他反对上报垦荒数字弄虚作假，一经发觉，立即严惩。他提倡农业要多种经营，以粮食为主，"不可种植五谷之处，则不妨种他物以取利"。他命州县官劝谕农民在村旁种植枣树栗树，在河堤植柳，池塘种菱藕养鱼，适合种桑麻的地区，更要重视栽植。北方农民不懂得种水田，他命招募江南、浙江的老农前来传授，所需水田农具和兴修水利所需的工具，延请江浙工匠制造，并命直隶工匠跟从学习，以便把技术传承下来。

雍正二年五月，江宁织造曹頫奏报江南蝗灾情形，并报米价，述及"今年闰四月间，蝗蝻生发，幸在二麦登收之时，不能为害。今自五月初一日至初五日，连得大雨，淋漓霶沛，蝗蝻殄灭大半"。雍正不以为然，朱批："蝗蝻闻得还有，地方官为什么不下力扑灭？二麦虽收，秋禾更要紧。据实奏，凡事有一点欺隐作用，是你自己寻罪，不与朕相干。"雍正五年初，湖南巡抚布兰泰奏事时未报告雨水，雍正朱批指责："此当青黄不接之际，朕待报湖南雨水情形，现特使人来奏，何雨水粮价竟无一语及之？汝任地方之责，试想宁有大于此事乎？"为了保障杭嘉湖三府的民田水利，阻止海潮侵袭，雍正不惜斥巨资修筑浙江、江南海塘，这也是受到后世赞颂的一项利民工程。

乾隆帝即位时宣称："兹当御极之初，时时以皇考之心为心，即以皇考之政为政。"又说，"朕与皇祖皇考之心，原无丝毫间别"。他以年轻皇帝的勤奋和进取精神，对乃祖乃父的各项政策措施有所调整，或进一步完善，或部分取消、改变，但治国方针仍与其祖其父一样，关心农业，重视粮食生产。他多次减免各种农业税，在即位诏书中宣布："各省民欠钱粮，系十年以上者，著户部查明候旨豁免。"继而又宣布"将雍正十二年以前各省钱粮实欠在民者，一并宽免"。仿效康熙之例，以后又多次普免钱粮，散财于民。同时还取消了一些不合理的商业税收和其他杂税。他也十分重视水利建设，动用国库继续修建浙江海塘工程、永定河水利工程，疏浚黄河河道工程及浙江杭州、湖州水利等。

当时，各地出家的僧道甚多，良莠不齐，一度影响社会的稳定。乾隆元年（1736）四月，上谕称："夫一夫不耕，或受之饥；一女不织，或受之寒，多一僧道，即少一农民。乃若辈不惟不耕而食，且食必精粮，不惟不织而衣，且衣必细美。室庐器用，玩好百物，争取华靡。计上农夫三人，肉袒深耕，尚不足以给僧道一人，不亦悖乎？"乾隆命礼部制定清理僧道之法，严厉取缔依附寺庙为生、饮酒食肉甚至娶妻的伪和尚，又规定妇女年过40方准出家。这些规定，一度限制了僧道的泛滥，对社会经济的发展是有利的。

乾隆注意提高耕作技术，他比较南北方耕作技术的差异，认为北方耕作粗放，南方精细，命地方官劝导百姓要深耕细作，或延请老农传授。当时贵州等地桑树不少，但百姓不知蚕丝之利。乾隆责成地方官员雇募别的省份饲蚕缫丝之人设局教习。他还禁止宰杀耕牛，指出："牛为农事之本，民赖以生，愚民妄肆屠宰，价钱低于羊豕，悖莫甚焉。"

康熙、雍正、乾隆能如此关心农业和天时气象，关心黎民生计，反映了他们的政治抱负。康熙说："朕御极四十年，维冀天下黎庶尽获安全，边疆无事。"这三位君主锐意追求"天下大安，生民乐业"，也确实取得了丰功伟绩，迎来了清王朝的全盛时期，创造了中国古代历史上又一个盛世——康乾盛世。

作者简介

左步青，1927 年生，江苏淮阴人。原中国大百科全书出版社编审，享受国务院特殊津贴。曾发表《乾隆初政》《乾隆焚书》《乾隆南巡》《乾隆镇压王伦起义后的防民措施》等论文，主编《清代皇帝传略》《康雍乾三帝评议》，标点《国朝宫史》《续国朝宫史》等书。

太平天国解决"三农"问题的探索

姜　涛

　　"三农"问题是当前人们关注的热点问题。为提供历史借鉴，学术界热心于讨论中国历史上的"三农"问题。我以为，讨论中国历史上的"三农"问题，不能不提太平天国。因为太平天国从本质上讲就是由"三农"问题引起的一场农民战争，是清王朝相关问题累积的总爆发。太平天国的贡献远不止于武器的批判，它对"三农"问题的解决也曾作过探索，其最突出的标志就是《天朝田亩制度》的颁布。

　　清朝到了 19 世纪中叶，早已是盛极而衰。一份以"太平国统理军机都督大元帅"名义发布的告示中揭露说："天下贪官，甚于寇盗；衙门污吏，何异虎狼。……富贵者经恶不究，贫穷者有冤莫伸，言之痛心，殊堪发指！即钱粮一事，近来增益数倍，而三十年之粮已赦而复不赦，民之财尽矣！民之苦极矣！"曾国藩有一篇很著名的《备陈民间疾苦疏》，其要旨可归结为三条：一曰银价太昂，钱粮难纳；二曰盗贼太众，良民难安；三曰冤狱太多，民气难伸。这也很尖锐地触及问题的实质。1850 年秋，金田起义一声号令，数万农民揭竿而起。受命到广西"剿匪"的钦差大臣李星沅，很快就觉察到"金田会匪"是其主要的对手，并厚集兵力进行围剿。但前后几任钦差大臣，历时数年的围剿，不但未能剿灭太平天国，反而使其日益壮大，甚至一直打到南京，建立起与清王朝相对峙的政权。

"太平天国"的国号本身就反映了当时的人们对美好生活的一种憧憬。它的领袖洪秀全早在敬拜上帝之初，就强烈谴责了"世道乖漓，人心浇薄，所爱所憎，一出于私"的社会弊端，明确提出"天下多男人，尽是兄弟之辈，天下多女子，尽是姊妹之群"，不应存"此疆彼界之私"和"尔吞我并之念"；他热烈歌颂了唐虞三代之世，"天下有无相恤，患难相救，门不闭户，道不拾遗，男女别涂，举选上德"的"天下为公"的"大同"理想社会；号召天下凡间的兄弟姊妹，"跳出邪魔之鬼门，循行上帝之真道"，如此，则可"行见天下一家，共享太平"。他主要是根据中国古代的经典，对来自西方的"上帝"之道作出了自己的诠释。

1853年太平天国建都南京后，在其所公布的《百姓条例》中已经有了改造社会的初步方案。有关农民的部分大致是：不要钱漕，但百姓之田，皆系天王之田，每年所得米粒，全行归于天王收去，每月大口给米一担，小口减半，以作养生之资。不要钱漕，就是不再征收赋税，而代之以所谓的贡献政策。这年秋天，太平军在西征途中发布"晓谕"，强调"我天朝断不害尔生灵，索尔租税，尔等亦不得再交妖官之粮米"。一位士人在其《纪贼》诗中也写道："助彻取民制，贼乃不谓然。民货皆其货，民田皆其田。"贡助彻相传为夏殷周三代的租赋制度。诗中特别言明太平天国否定"助彻取民制"，即是指太平天国以贡献代替征收钱漕的赋税制度。为什么强调要由百姓"贡献"而不由政府征收赋税？《书·禹贡》"任土作贡"一语有疏云："不言作赋而言作贡者，取下供上之意也。"又说："赋者，自上税下之名"，"贡者，从下献上之称"。这可为太平天国实施贡献政策作注解，即不想造成是由政府强迫的印象，而是要百姓们"量力捐输"。这种很粗放的政策得到了农民们的狂热拥护。张德坚的《贼情汇纂》中说："贼知邪说已验，肆毒愈深，遂创造贡单，阳为安抚之名，阴寓搜括之意。……无目者见其牌票朱标印信累累，几欲倚为护符矣。"他记湖北地区情形："蚩蚩之民，竟为贼卖，甚至贼至争迎之，官军至皆罢市。"太平军在进攻南昌时，也有记载称，南昌、新建二县"以豕鸡鹅鸭银米进贡者不知凡几，相见皆呼兄弟，甚属亲热"。皖南的贵池，据一位士人记载是"斯时也，伪示遍悬，小人得志，流言煽惑，一乡之人皆若狂"。皖中的庐州郊区，也同样是"供献迎贼，所在如狂"。正是在《百姓条例》和贡献政策实践的基础上，太平天国于1853年底制定了更为系统、翔实的纲领性文件——《天朝田亩制度》。此文虽仅3000字，内容却十分丰富，从田产均耕的土地制度、兵农合一的基层社会组织，直到宗教与教育、司法、选举与黜陟，等等，几乎囊括了社会生活的各个方面，但其核心为田产均耕的土地制度。

《天朝田亩制度》的根本指导思想是："务使天下共享天父上主皇上帝大福，有田同耕，有饭同食，有衣同穿，有钱同使，无处不均匀，无人不饱暖也。""盖天下皆是天父上主皇上帝一大家，天下人人不受私，物物归上主，则主有所运用，天下大家处处平匀，人人饱暖矣。此乃天父上主皇上帝特命太平真主救世旨意也。""田产均耕"的第一要义是土地所有权归公。该制度虽未明确宣布土地为国家所有，但从"凡天下田，天下人同耕，此处不足则迁彼处，彼处不足则迁此处"等规定来看，实际仍然否定了包括地主土地所有制在内的土地私有制，企图建立土地公有制。其次是按人口平分土地。《天朝田亩制度》强调按人口平分土地，明确规定妇女可与男子一样受田，更是对古代仅男子可受田的均田制的重大突破。再次是有关取民政策。与《百姓条例》相较，主要体现了由"全部征收、重新分配"到"剩余归公"的原则性变化。

按人口平分土地是《天朝田亩制度》的菁华所在，并进而成为太平天国立国的一个重要原则。1854年6月，来访天京的英国人曾询问："我们是否共同占有我们的土地、房屋和其他财产，因而没有人可能有非分之占用？"东王杨秀清在答复时郑重声明："田产均耕一事是也。人人皆是上帝所生，人人皆当同享天福，故所谓天下一家也。"

《天朝田亩制度》是中国农民战争史上最为辉煌的篇章。它的一些重要思想，尤其是"田产均耕"的原则，也是中国共产党人土地革命思想的重要资料来源之一，在思想史上有其不可抹杀的地位。

但"田产均耕"始终没有得到实施。就在答复英人的询问后不久，太平天国开始在自己的统治区"照旧交粮纳税"。之所以要"照旧"交粮纳税，是因为此前的贡献政策过于粗放而只能推行于一时，无法从根本上保证对城市，首先是对天京的长期稳定的粮食等物资的供应。前述《百姓条例》的相关条文中，不仅有变更赋税政策的一面，还有必须保证粮食等物资供应的另一面。这一规定，在农村根本不可能得到执行，但在其首都天京却成了对所有居民保障供给的"大锅饭"体制。太平军初入南京城时，对新老兄弟姊妹的粮食发放，根本无数，"来取者即与之"。几个月后，设立门牌，逐户编查，"既有名数可稽，始议每日发米数"。1854年初，丰备仓等三处共存米谷200万石，竟只够支放4个月的口粮。到了1854年6月间，太平天国当局已不得不下"食粥之令"。当时就有人写诗嘲讽说："济众博施良不易，百般勉强盗虚名。"而《百姓条例》中"大口月给一担，小口减半"

的规定，也被太平天国的敌人篡改为"大口岁给一石，小口减半"，并作为他们攻击相关政策的口实。

但太平天国仅视"照旧交粮纳税"为权宜之计，直到1855年，他们在江西发布的告示中还说："田赋虽未奉其定制，尔粮户等，亦宜谨遵天命，暂依旧例章程，扫数如期完纳。"在1854—1855年间，没有见到关于赋税改革的明确记载。但到1856年石达开主持西征全局后，情况有了明显的改变。连太平天国的敌人也不得不感慨说："（太平军）假仁义使地方相安，……赋又善取之，轻取之，民遂渐有乐于相向之意。"可见太平天国的赋税政策至此已渐趋成熟，已能为绝大多数人民所接受、拥护了。可惜的是，不久后的"天京事变"打破了它的历史进程。但即使在后期军事形势已很险恶的情形下，太平天国苏福省仍有"着佃交粮"之举。苏州人民为感激天王与忠王给他们减免钱粮，特地在阊门外镌立"民不能忘"的白玉牌坊。在常熟，至今犹保存着当时建立的"报恩牌坊碑"。

太平天国于"三农"问题上的探索努力及其经验教训，值得我们很好地记取和总结。

作者简介

姜涛，男，1949年生，江苏人。中国社会科学院近代史所研究员，国家清史编纂委员会委员。主要著作有：《中国近代人口史》《人口与历史》《人口史话》《人口与历史——中国传统人口结构研究》《中华生育文化概论》等。

清末"丁戊奇荒"

——一场夺去千万人生命的大旱灾

李 岚

1876—1879 年，近代中国社会发生了一场惨绝人寰的大灾荒，天灾伴着人祸，整整持续了四年之久。受灾地区主要包括山西、河南、陕西、直隶（今河北）、山东等北方五省，并波及江苏、安徽、甘肃、四川等部分地区。饿死人口达 1000 万人以上，是清朝"二百三十余年未见之凄惨、未闻之悲痛"。由于这次灾害灾情最严重的是 1877、1878 两年，而这两年的阴历干支纪年属丁丑、戊寅，所以后人称之为"丁戊奇荒"。

"丁戊奇荒"孕育于 1875 年，经过近两年的亢旱之后，华北大部分地区的旱情在 1877 年达到巅峰。与旱灾相交错，很多地方又接连发生水、蝗、雹、疫、地震等灾害，使得严重的灾情雪上加霜。以受灾最重的山西为例，全省各地无处不旱，按照巡抚曾国荃的说法是"赤地千有余里，饥民至五六百万之众，大祲奇灾，古所未见"。为了"苟延一息之残喘"，灾民"取小石子磨粉，和面为食"，或则"掘观音白泥以充饥"，然而"不数日间，泥性发胀，腹破肠催，同归于尽"。待一切充饥之物罄尽，灾区便发生了"人食人"的惨剧。因此，当奉旨前往山西稽察灾情的前工部侍郎阎敬铭巡视灾区时，堂堂晋阳，犹如鬼国。在他往来两三千里的路程中，"目之所见皆系鹄面鸠形，耳之所闻无非男啼女哭"，甚至"枯骸塞途，绕车而过，残喘呼救，望地而僵"。

据不完全统计，仅1876、1877、1878三年，北方五省受灾州县总数分别为222、402和331个；受灾饥民达2亿人，占当时全国总人口的半数；死于饥荒和疫病者1000万左右（也有学者估计为900万人或1300万人）；从重灾区逃荒外地的人数达到2000万以上。山西一省1600万居民中，死亡500万人，另有几百万人口逃荒或被贩卖到外地。由于人口损失奇重，山西的部分地区如芮城、太谷、临汾以及河南灵宝等县的人口数，直到民国时期，也未能恢复到灾前的水平。

严重的灾荒不但使人口大规模亡失，也导致被灾地区土地的大面积荒芜。据山西当局灾后的勘查，全省56476803亩耕地中，因灾招致的"新荒地"（即所谓有地无主者）达22007760亩。陕西省1880年荒弃的田地约占全省民田的3/10，其中很大一部分是"连岁大祲、转徙流离"造成的。

大祲奇灾后，劳动力奇缺，土地大量抛荒，同时，生产工具又在灾荒中被毁卖一空，生产要素的严重匮乏使得北方农业元气尽伤。"丁戊奇荒"对当时整个社会生活和以后的历史都产生了十分深刻的影响，以至于13年后接任山西巡抚并监修《山西通志》的张煦在追述此次大灾荒时称："耗户口累百万而无从稽，旷田畴及十年而未尽辟。"

"丁戊奇荒"之所以造成如此惨痛的后果，除了由于束缚在封建经济上的小农经济生产力水平低下以外，清代人口过度增长，土地遭到无节制开垦，造成森林植被破坏，水土严重流失，生态环境恶化，也加重了天灾的危害程度。

有清一代，中国人口一直在不断增长，道光年间更是突破4

亿大关。"丁戊奇荒"发生的华北地区的人口也保持缓慢增长态势，到 1877 年，北方五省人口总数已高达 107808000 人。随着人口爆炸性的增长，人均耕地面积不断减少。从 1753 年开始，中国的人地关系开始倾斜，土地超载。虽然人多并不必然造成灾难，但在技术、制度无任何变动的前提下，不断增长着的人口势必降低农业劳动生产率和人均粮食占有量，限制社会财富的积累和增长，加深民众的生活贫困程度，使愈来愈多的人口经常性地处在饥饿半饥饿状态，大大降低了抵御自然灾害的能力。对于人口增长与灾害频发之间的必然联系，当时的进步思想家郑观应即指出："土地有限，生齿日繁，岁收尚且不敷，偏灾何堪设想？"民主革命的先行者孙中山先生也认为："人民则日有加多，而土地不能日广也，倘不日求进益，日出新法，则荒土既垦之后，人民之溢于地者，不将又有饥馑之患乎？"

"人满之患"使人口对粮食、住房以及其他需求急剧增加，使得北方地区自清初以来人口增长和耕地不足的矛盾日益加剧，导致人们只能通过无节制地毁林开荒、樵采薪柴以维持生存。随着自然条件较好的平原等宜农区域被逐渐垦辟，成千上万的流民只能向原本不适于农业开发的环境脆弱带如丘陵、山坡、草原进军，掀起了一波波势不可挡的从平原到山区、从陆地到水面、从湿地到草原的立体式开发大潮，甚至于"深山邃谷之区，凡有地土可开辟者，无不垦种"。

土地的过度开垦，不仅黄河流域如此，即如长江流域，从云贵高原到浙皖赣山区，也无不历遭劫难。据统计，从清顺治十八年（1661）至嘉庆十七年（1812）150 余年间，整个长江流域耕地面积增加 82 万多顷，增幅达 36%。由于这些移民开发基本上是一个自发的过程，而且大都是天灾战祸（清前期主要是自然灾害）等偶发性、爆发性的因素激发而成，其主体是被剥夺了基本生活资料之后的破产半破产农民，因而带有极大的盲目性和流动性。他们所从事的农业活动也完全是一种急功近利的、原始的、落后的掠夺式的生产。进入近代以后，兼之战争的摧残，由此造成的环境破坏更加严重。早在本世纪 30 年代竺可桢先生就曾经指出，造成 17 世纪以来三个世纪直隶水灾特别多的原因，"比较最圆满的解释"应该是"人口的增多和海河平原上农事的勃兴"。

开荒种地还使森林大面积毁坏，荒山秃岭"弥望濯濯，土失其蔽"，丧失了调节气候的功能，使得水土大量流失，"旱则赤地千里，水则汪洋一片"。"丁戊奇荒"期间，《申报》就已载文阐释滥伐森林的严重危害，指出中国近世"树株一年较一年减少，灾荒一次比一次增盛"的客观事实，呼吁植树造林，倡导在"西北沙漠之土与东南数省之海疆"等广阔之地，补种成林，改善生态环境，以防旱涝。中国自古"有河患无江患"，但晚清由于长江两岸森林遭到人为的破坏，致使堤岸失去防水、固沙的作用，河道极易淤塞，水患灾害增加，从 1841 年到 1911 年的 71 年，长江共发生漫决 30 多次，大的水灾 3 次。

事实上，在自然灾害的形成过程中，有的学者认为人并不只是一个"受虐者"，在很大程度上，人还扮演着一个重要的"施虐者"的角色。恩格斯曾经说过："我们不要过分陶醉于我们对自然界的胜利。对于每一次这样的胜利，自然界都报复了我们。每一次胜利，在第一步都确实取得了我们预期的结果，但是在第二步和第三步却有了完全不同的、出乎意料的影响，常常把第一个结果取消了。"因为"不以伟大的自然规律为依据的人类计划，只会带来灾难"。

在晚清的社会条件下，人们不自觉不合理的社会经济活动在地球表层造成的环境退化和生态危机，无不成为引发或加剧自然灾害的重要因素。何况与环境周期性的异常变化不同，由人类导致的生态退化一般来说都具有不可逆性、累积性和很强的滞后性，一旦退化发生，不仅很难恢复，还可能形成一种加速度发展的态势，以致来自外界较大的干扰也会引起生态系统内部极为剧烈的反响，造成的灾害也会更大、更频繁、更严重。不幸的是，清中叶以来因人口的爆发性增长而产生的人、地之间的矛盾和冲突也达到了历史上前所未有的规模和程度，人、地之间的协调关系被打破，由此叠加产生的共振效应，使得这一时期的灾害异常猛烈和频繁，"丁戊奇荒"就是诸种因素影响下的一次总爆发。

以往鉴来，为了预防和减轻自然灾害，我们必须坚持控制人口、节约资源和保护环境等基本国策，必须全面落实科学发展观，走科学的发展道路，尊重自然和科学规律，改变目前对自然资源近乎掠夺的发展模式，要从过去单纯追求经济增长转变为坚持以人为本，实现经济社会的全面、协调、可持续发展，努力改善生态环境，加强森林等自然资源的保护，不断增强可持续发展能力，促进人与自然的和谐共生，为构建环境友好型社会而努力奋斗。

清末彩票的创始

闵 杰

　　彩票是舶来品，大约 1850 年代传入中国，一传入就大受欢迎。品尝过个中滋味者对它爱恨交加，称之为"白鸽票"。意谓：手持彩票时，好比怀抱一只白鸽，人见人爱，浮想联翩；开彩之后，屡屡不中，犹如两手一撒，白鸽一去不复返，竹篮打水一场空。1899 年，清政府允许国人自办彩票，在上海出现了第一种彩票"江南义赈票"。此后，在整个 20 世纪，彩票或大受追捧，或严厉禁止，百年来，一纸彩票，是是非非，言人人殊，关于它的争议从未停止过。本篇讲的是清末彩票初创时期的一些情形。

　　1850 年代传入的彩票名叫吕宋票。清代称菲律宾为吕宋，吕宋票即菲律宾彩票，是西班牙在它的殖民地菲律宾发行的一种大型彩票，以中国为主要销售对象。吕宋票进入中国市场后，没有其他彩票与之竞争，独领风骚 40 年，年销售额约 130 万元。这是个不小的数额，当时清政府全年的财政收入仅 1.1 亿元，国人对彩票的热衷不难想见。不过，这仅仅是彩票在中国的牛刀初试。

　　1898 年 4 月美国为争夺菲律宾与西班牙开战，8 月，西班牙战败求和，割让菲律宾，吕宋票被新占领者美国取缔。吕宋票行销中国 40 年，养活了一大批赖以谋生的人，仅上海就有著名的票行几十家，他们不能没有营生，于是吕宋票经营商便产生了自办彩票公司的念头。初闯禁区者难免失败，因为，清朝法令严厉禁止一切赌博活动。吕宋票之所以被允许，因为是外国彩票，而且行销地仅限于租界内。1898年秋季，吕宋票刚刚停办，大胆的广东商人就急不可耐地创办了一家名为大益的彩票公司，准备发行彩票8000张，在广东、上海的重要报刊上大作宣传，气势不小。大益公司成立前得到两广总督的默许，但总督不敢给它正式的成立批文。结果，大益公司的彩票一张没卖出去就自动解散了。

大益公司自动解散几个月后，广济公司就在上海正式成立了。它由两江总督批准，并奏报朝廷为之申请了六年的专利。广济是经清政府批准创办的第一家彩票公司，所发行的彩票名"江南义赈票"，1899年4月23日第一次开彩，共设彩票1万张，每张售价5元，以后每月开彩一次，年销售额60万元。因销路好，发售量逐渐增加，至1901年8月，每期发售3万张，年销售额达到180万元。以后蒸蒸日上，中国的彩票业也由此发端火爆起来。

广济公司能够获得两江总督批准的奥妙在于，它的经理人深谙商场秘诀：彩票的运作必须有个冠冕堂皇的理由。他借口江苏北部地区遭灾，助赈官款杯水车薪，饥民嗷嗷待哺，于是提出办彩票，提取利润救济灾民。故公司名广济（广施博济之意），彩票称义赈。中国传统讲仁义，善堂遍布各地，救灾作为一项善举早已被社会所认同，广济公司顺利得到官方的批准。江南义赈彩票一炮打响，跟风者如云而起，莫不以广济为蓝本，打善举旗帜，冲禁赌法令。这样，从广济开始，彩票在中国合法化了。实际上，无论广济还是它的仿效者，利润的绝大部分都落入彩票运作商私囊及地方政府的按比例抽成，赈灾只是他们申请批准的名义而已。

彩票一本万利，有赚无赔，是一种最稳当的营业。早在吕宋票初销中国时，上海的外国商人就要求创办彩票公司。租界当局鉴于彩票具有赌博性质，故只许经销（吕宋票），不许发行（本地彩票）；对私办彩票者，采取经常性的打击措施。广济公司的创办，给多年觊觎中国彩票市场的洋商一个有力的借口：既然中国人创办了彩票公司，而且广济彩票已经流入了租界，各国商人没有理由不能在租界内经营彩票。于是，1900年3月德国商人的和济彩票公司首先获准设立，随之各国商人接踵而起，工部局一一批准，到1901年2月英国商人纳绥尔的广利公司为止，一年中内外商在上海连办10家彩票公司。它们是：和济、广益、华洋合众、瑞成、太德山、普益、同利、大成、通利、广利。洋商实力雄厚，广益公司注册资本15万两，太德山公司来头更大，号称全球最大的彩票公司，总部在澳大利亚墨尔本，拥有资本几百万元，专程来上海设立分公司。一时间，上海成了洋人彩票的天下。洋商的行为很快受到西方舆论的讥评。为顾全体面，各国驻沪领事要求租界当局干预。1901年4月，工部局发出取缔彩票公司的公告。5月，外商在上海的所有彩票公司全部解散，来得突然，去无踪影，如同夏日的一场雷雨。

尽管如此，在这短短的一年里，以上海为中心的中国彩票市场已经形成。外国商人凭借他们雄厚的经济实力、良好的商业信誉和丰富的经验，利用各地的洋行网络，吸引原来作吕宋票和江南义赈票生意的票行为他们服务，很快把上海发行的彩票推销到各个通商口岸城市，并以这些城市为各地彩票销售的中心点，向周围市镇扩展。到这些洋商公司被取缔时，北起天津南至广州的沿海城市，自东而西由长江上溯到武汉等地的沿江城市，凡属中外通商之地，都不难见到彩票的身影，中国的彩票市场就这样被打开了。

外国人令行禁止，雷厉风行地取缔自己的彩票公司，给中国人留下了极深的印象。然而，洋人走了，官商来了。彩票市场已经形成，空缺总会有人去补，就像一座楼房，旧主人搬走了，就会有新主人住进来。吕宋票停发引来一家广济公司；10 家外商公司退出彩票市场，挤进了几乎同样数量的中国公司。这些公司不管有实力没实力，后台都是一样的硬，非总督，即巡抚，无非是官为庇护好赚钱；口号喊得震天的响：非救灾，即善后，乱哄哄你方唱罢我登场。

首先来抢占这个市场的是声名赫赫的北洋李鸿章派系。庚子事件刚过，一个名叫黄秉璋的人便向李鸿章许诺，只要能在上海设立公司发行彩票，肯定有钱可赚。作为保证，他愿先缴 5 万银元，以后每月按彩票销售额的 10% 上缴给顺直善后筹赈局。李鸿章是直隶总督，坐镇天津，顺直善后筹赈局是他管辖下的直隶地区（今河北）处理义和团及八国联军事件善后事宜的政府机构。明明是北方的实力派，却要南下上海设立彩票公司，原因在于，上海是全国彩票业的中心市场，谁占领了上海滩，谁就可以称雄中国彩票业。在得到李鸿章允准后，黄秉璋在上海设立了普济公司（普济天下之意），发行顺直义赈彩票，1901 年 6 月 1 日开彩。开始时小试其端，定额为 1 万张，每张仅售 3 元，头彩不过 8000 元，第二期彩票便发行 15000 张，头彩奖金增加至 1 万元，发展势头直逼江南票。

普济在上海创立公司的消息传出之后，北方兵灾各省联翩而至。山西商人得到巡抚岑春煊支持，在上海设立了广益公司，理由是"山西赈需孔亟"。安徽商人八方运动，由巡抚王之春出面，联合山西、陕西两省巡抚，设立上海安济公司，以帮助西北两省恢复经济为名，发行"协助秦晋义赈彩票"。兵灾过后，人人都在动彩票这个脑筋，理由都正大光明，只是惹恼了两江总督和广济公司。

广济的六年专利是两江总督刘坤一奏准的，无视广济的专利，就是不给刘坤一面子。于是，广济公司发出通告，指责普济、广益、安济三家公司来路不正，属于奸商牟利性质。接着，两江总督指使上海道台出面，勒令三家公司退出上海。山西广益、安徽安济只有地方巡抚撑腰，无法与之抗争，知趣而退。普济背靠李鸿章，不买其账，然而，公司毕竟开设在两江总督的地盘上，何况，李鸿章当时重病在身（不久去世），无力过多关照，普济无奈，退出上海，撤至烟台开办。广济、普济对上海市场的争夺，以普济的失败告终。

此后，各省凡新设彩票公司，均设于本省省会，或省内开化程度较高的大城市，避开与广济的正面冲突。由此，中国彩票的发行点和主销场，就从上海一地扩散到了各省，为彩票在全国的大泛滥作了铺垫。

清末彩票的泛滥

闵　杰

晚清闭关自守被打破后，国人闻所未闻的新行业不断从海外移植进来。任何一个新行业，但有钱赚，必成热门，众人蜂拥而上，弊端百出，成为当时经济生活中的一个突出现象。彩票以赌博为驱动力，很快失控，终于泛滥成灾，不得不在全国范围内予以取缔，以非常手段解决问题。

彩票失去控制是 20 世纪头几年的事。1900 年庚子事变过后，清政府与列强签订了丧权辱国的《辛丑条约》，赔款 4.5 亿两，连同利息共 9.82 亿余两。如何筹集这笔巨额赔款，难坏了户部。湖广总督张之洞提议，既然过去上海为救一省之灾发行了江南义赈票，现在筹还庚子赔款是国家的头等大事，各省不妨照此办理。他申辩道：办彩票虽有倡导赌博之嫌，但买彩票是愿者上钩之事，百姓自愿花钱，等于主动向国家交税，总比横征暴敛惹起民怨要好。

清朝以礼教治国，滥发彩票引导国民过度赌博有损国家体面。但列强逼债凶狠，清政府在筹还庚款问题上又不得不仰仗地方督抚，万般无奈，朝廷批准了总督的建议。于是自 1901 年起，浙江、湖北、广东等省在"善后筹款"的口号下发行了彩票，彩票发行中心从上海扩展到杭州、武汉、广州三个城市。1904 年后，清政府实行"新政"，福建、河南、四川、奉天（今辽宁）、安徽等省相继以举办新兴经济事业为名，开办彩票。

无论"善后筹款"，还是为"新政集资"，都是一块招牌。这招牌在相当程度上是真实的——彩票收入的一部分确实用于赔款和新政事业；另一方面它又不过是个幌子，背后隐藏着某种更大程度的需要——清朝财政窘困，各省督抚不能不想方设法自辟财源，他们办彩票的真正目的，是将其作为手中的一个生财工具，得到常年性的财政补充。正因如此，彩票规模越办越大。有些彩票大省如湖北，彩票收入除了筹还庚款外，全省财政支出近一半是靠彩票利润维持的。

督抚作为一省之长既然可以开办彩票公司，州县官当然不甘寂寞，他们公开或暗中扶持了一批州县小彩票。过去，清政府为了防止彩票泛滥，规定一省之内只许存在一家彩票公司。比如上海有广济公司，上海当时归江苏管辖，江苏省城南京或苏州（江苏有南北两个省会）无论有何等理由，均不能再办彩票公司。因此，督抚所办的彩票公司是省内唯一有发行权的企业，全省售卖的都是它的彩票，或朝廷批准的其他公司的彩票。但规定是规定，州县官想方设法自搞一套。因为，他们发现，彩票这玩意来钱最快，不需要任何投资，更不必经营管理，只要开彩机器一摇，马上财源滚滚，于是纷纷在自己的辖区里扶持了一批小型彩票公司。这些州县小彩票公司遍及全国，长江中下游地区数不胜数，偏远的东三省也红红火火。全国到底有多少家中小彩票公司，无人说得清楚。大略言之：大清版图20余省，州县小彩票不会少于200家。

州县小彩票是国家禁止的非法彩票，但在当地可以通行无阻，因为有知府或知县大人的点头同意。在一般情况下，知府和县令是不敢直接经营的，有时是交给下属机关（如商务局）或社会组织（如商会）去办，更多的是批准商人经营，坐收报效。既然是非法彩票，就有被取缔的风险，但州县官或明或暗为之撑腰，因此许多小彩票有恃无恐，遭明令取缔时销声匿迹，风声过后换个名称又冒了出来，有时干脆就托人说情照常发行。镇江是交通八方的商贸大埠，彩票流通的重镇。1905 年，两江总督发布通告，打击江苏一带的非法小彩票，仅镇江一城，榜上有名的就有鸿利、裕通、发记、宝元、普成 5 种，合计流通总额"每月有数万张之多"，规模几可与两江总督手中的南洋彩票（江南义赈票六年专利期满后之改称）相匹敌。两江总督取缔小彩票，名义上是依法办事，堂皇冠冕下不免有打击市场竞争对手的私心。通告发出后，镇江有 4 种彩票应声落马，而宝元彩票独存，因宝元主人熊淦庭"向官场竭力运动"，声明除原有的报效外，再"每月愿津贴警察费一百二十元"。于是，"道宪批准照办，故该彩票得以仍旧售卖"。

地方衙门既然藐视法令乱办彩票，社会各界就理直气壮地援例而行，名目繁多的行业性彩票如雨后竹笋破土而出，彩票泛滥成灾。

京师是首善之区，辇毂（gǔ，车轮的中心部分）重地，顺天府尹受种种制约，不可能像外省州县那样，办一家什么京师彩票。好在京城是全国教育中心，学校林立，而经费不足，于是教育彩票就成为京师彩票的主角。所谓教育彩票，就是学堂办彩票，各校各办各的，彩票上标明"××学堂彩票"，打头阵的是女学堂。当时女子教育刚刚兴起，从学部到社会舆论都支持女学，乘此天时地利，京师教育彩票由淑慎女学堂首开其端，裕善、清真两小学堂继之而起，一时间"各处新立学堂效法踵起者指不胜屈"，风气所及，连与教育稍稍沾点边的教养局都办起了彩票。

京师是帝都，办事尚算规范，早期的学堂彩票也确有点为教育筹款的味道，外省的跟风者就不免泥沙俱下了。湖南常德的一所府立中学堂，由学堂监督出面，与知府商定发行彩票，原本是作为学堂初创经费，彩票发行后尝到甜头，一发而不可收，遂照正规彩票方式按月发行，并一再增加发行额，结果区区一所中学，竟然月销彩票3000张。法制不严必然假货盛行，冒牌的骗了钱卷席而逃的"教育彩票"被报刊屡屡曝光。终于，官方感到太丢人现眼，由京师督学局和巡警厅联合出面，下令取缔教育彩票，但禁而不止。

教育界办彩票，实业界当仁不让，实业界最流行的一种彩票是企业破产彩票，由江苏首创。江苏实业发达，资本主义工商业产生最早，经过几十年优胜劣汰的市场竞争，不少老企业破产，欠下大笔官债无法归还。1905年镇江著名的尹稚山商号破产，由地方政府出面，将其不动产估价后发售彩票5万张，每张售价8元，"头彩得巨宅一所，末彩得纱袍一件"，销售所得，"足抵官款之亏空"。这种清点倒闭企业资产，发行彩票抵还债款的办法，与彩票在国外初创时的情况比较接近，而且是一种一次性彩票，对社会危害不大，因此颇为风行。但这种彩票为各省仿行后也照样弊端百出，失去本意。1910年直隶（今河北）地区"倒闭商号开彩渔利"已成为彩票泛滥的一种主要形式。

清末多数行业都有自己的彩票，连古玩业、出版界也不例外，彩票越出越多，形式也愈变愈奇。千奇百怪中，撩人眼目的是花会（妓女）彩票。中头彩者，可将当地小有名气的妓女娶为妻室；妓女自己购买此种彩票，中了大彩，可以赎身从良。随着彩票的热销，它的孪生子有奖销售应运而生，全国大城市的大中型商场，皆奉此为促销商品的不二法门。出手大方的商家，顾客每购货一元，即赠彩券一张，头彩奖品大多是自行车、缝纫机、金表等，都是当时的时髦货。有奖销售大约于 1900 年前后出现，开始时颇动人耳目，不久弊端丛生，真真假假，因而"颇失信用"。

清朝统治的最后 10 年间，清政府威信下降，权力衰微，无力对国家实行有效的行政管理。谁掌握着何种权力，谁就可以策划出何种博彩方式，在自己的势力范围内敛聚财富。彩票的失控和泛滥引起各界关注。人说大清天下放眼望去三只鸟：鸽（彩票泛滥）、鸦（鸦片烟毒）、鹆（娼妓遍地），为此，朝野内外一片禁绝呼声。到 1910 年，全国各省彩票一律禁绝，为期 10 年的中国第一次彩票热由此结束。

儒学书籍的编纂与清初文治

史革新

　　清初，康熙帝亲政及平定"三藩"之乱、统一台湾后，国内大的战事基本结束，清朝统治得到初步巩固，社会趋于稳定。为了适应这种新的情况，清政府在统治思想及文化政策方面做了相应的调整，强化了作为官方哲学的程朱理学的作用，出现了推崇理学的局面。此期间，清朝当局采取的一项重要文化措施就是大力编纂、刊印和颁发儒学书籍。

　　编纂、颁发儒学书籍的工作早在顺治朝就已经开始，但由于清政府在当时所面临的各种反抗势力比较强劲，只能把主要精力放在军事方面，还不能对文治教化给予更多的关注。康熙时，清朝统治者出于巩固自己统治地位和充分实行文治教化的需要，开始大规模编纂和颁发儒学书籍，为思想学术订立标准，以控制意识形态领域。一时间，各种"御纂""钦定"的儒学注解、讲义纷纷出版，一些大型的丛书、类书也相继问世，烘托出一派"盛世"来临的景象。

　　清朝"御纂"儒学经典的工作，是在康熙帝的亲自过问下进行的。一些汉族儒臣和深受儒学浸染的满族大臣则是这项工作的积极推动者。康熙三年（1664）三月，顺天府府尹甘文焜疏请印刷《四书大全》《五经》等书，颁发顺天府及各省布政司，以备科场之用。礼部的意见是"应如所请"①，体现了朝廷在这个问题上的意向。康熙帝亲政后，对文治教化日益关注，多次颁发上谕强调编纂、颁发儒学典籍的重要性。尤其在康熙十年举行经筵、日讲以后，康熙帝深感现有儒学书籍，特别是一些儒经注解、讲本"篇目粗沉，而裒集未备"，不敷使用，大有重新编纂的必要。他说：

> 自古帝王致治隆文，典籍具备，犹必博采遗书，用充秘府，盖以广见闻而资掌故，甚盛事也。朕留心艺文，晨夕披览，虽内府书籍，篇目粗陈，而裒集未备。因思通都大邑，应有藏编，野乘名山，岂无善本，今宜广为访辑。凡经史子集，除寻常刻本外，其有藏书秘录，作何给值采集，及借本抄写事宜，而部院会同，详议具奏，务令搜罗罔轶，以副朕稽古崇文之至意。②

在这里，康熙帝不仅把采集、整理典籍看成"盛事"，而且将范围扩大到经史子集，"稽古崇文之至意"得到充分体现。在对儒学经典的整理编纂中，康熙帝出于提倡理学的需要，十分强调要编纂反映程朱理学思想的书籍。他采纳了熊赐履等一班理学士大夫的意见，即"讲明正学，非《六经》《语》《孟》之书不读，非濂、洛、关、闽之学不讲"③，把"崇儒重道"具体化为对朱熹的尊崇和对于程朱理学的倡导。对于孔子以后的诸儒，康熙帝最服膺朱熹，多次褒奖，称赞备至，说：

> 自汉以来，儒者世出，将圣人经书多般讲解，愈解而愈难解矣。至宋时，朱子辈注《四书》、《五经》，发出一定不易之理，故便于后人。朱子辈有功圣人经书者，可谓大矣。④

他还称赞说：

> 惟宋儒朱子注释群经，阐发道理，凡所著作及编纂之

书，皆明白精确，归于大中至正，经今五百余年，学者无敢訾议。朕以为孔、孟之后，有裨斯文者，朱子之功最为弘巨。⑤

康熙五十一年，清政府决定抬高朱熹在孔庙配享的地位，升附于大成殿十哲之次，对朱熹的推崇达到了登峰造极的程度。康熙帝还认为，学习圣人之道，必须遵循程、朱指示的治学途径，即先《四书》而后《五经》，《四书》不仅是通达《五经》的阶梯，而且集中了《五经》的精华。他说：

自尧、舜、禹、汤、文、武之后，而有孔子、曾子、子思、孟子；自《易》、《诗》、《书》、《礼》、《春秋》而外，而有《论语》、《大学》、《中庸》、《孟子》之书，如日月之光昭于天，岳渎之流峙于地，猗欤盛哉！盖有四子，而后二帝三王之道传；有四子之书，而后《五经》之道备。四子之书得《五经》之精意而为言者也。⑥

康熙帝推崇程朱理学的思想成为清朝官方在当时编纂、整理儒学典籍工作的指导原则。

据《清朝文献通考》记载，康熙朝颁发的第一部儒学书籍是成书于康熙十六年的《日讲四书解义》。以后各种儒学经典讲本、解说以及研习儒学的工具书不断问世，一直延续到康熙六十年（1721）。可见，清朝统治者把编纂儒学书籍一事当作一件经常性的工作来对待，其重视的程度于此可见。仅就《清朝文献通考》所收录康熙一朝"御纂""钦定"的各种《四书》《五经》讲本、解义多达 15 种（含两种文字学、音韵学书籍），具体情况如下：

《日讲四书解义》二十六卷，康熙十六年大学士库勒纳等奉敕编；《日讲书经解义》十三卷，康熙十九年翰林院掌院学士兼礼部侍郎库勒纳等奉敕编；《御定孝经衍义》一百卷，康熙十九年翰林院学士兼礼部侍郎叶芳蔼等奉敕编撰；《日讲易经解义》十八卷，康熙二十二年翰林院掌院学士兼礼部侍郎牛纽、孙在丰等奉敕编；《钦定春秋传说汇纂》四十卷，康熙三十八年大学士王掞等奉敕编撰；《御纂朱子全书》六十六卷，康熙五十二年康熙帝御定，李光地主编；《御纂周易折中》二十二卷，康熙五十四年大学士李光地等奉敕编撰；《御定音韵阐微》十八卷，康熙五十四年大学士李光地等奉敕撰，雍正四年（1726）告成；《御定康熙字典》四十二卷，康熙五十五年大学士张玉书等奉敕编撰；《御纂性理精义》十二卷，康熙五十六年康熙帝御定，李光地主编；《钦定诗经传说汇纂》二十一卷，康熙六十年户部尚书王鸿绪等奉敕编；《钦定书经传说汇纂》二十四卷，康熙六十年大学士王顼龄等奉敕编；还有《日讲春秋解义》六十四卷、《日讲礼记解义》六十四卷、《日讲诗经解义》等。

以上各书，关于《四书》讲本、朱熹等人著述的编纂出版自然体现了康熙帝对于程、朱的推重，而那些关于《五经》的讲本也多以程、朱的讲解为准。如康熙帝命大学士李光地编纂的《周易折中》，名义为"上律河洛之本末，下及众儒之考定"，实际却是以程、朱，特别是以朱熹论《易》为折中的标准。康熙帝称："《易》学之广大悉备，秦、汉而后无复得其精微矣。至有宋以来，周、邵、程、张阐发其奥，惟朱子兼象数天理，违众而定之，五百余年无复同异。"[⑦] 这就为该书的编纂确定了基调。康熙帝把程颐的《易传》、朱熹的《周易本义》视为论《易》的集大成之作。因此，此二书就成为编纂《周易折中》的基本参照。该书凡例称："今经传之说，先以《本义》为主，其与程《传》不合者，则稍为折中其异同之致。"[⑧] 论《易》如此，其余论《书》《诗》《礼》《春秋》等书的编纂亦大致如此。

清朝统治者之所以组织大量人力、物力从事儒学书籍的编纂工作，主要是为了给士人研读《四书》《五经》确定政治标准，以更好地控制思想学术领域，以免士人"淆于众说"，被"异端邪说"所惑。康熙朝编纂、颁发的这些儒学书籍或者用于经筵、侍讲，成为皇帝进学的读本；或者颁发学宫，成为士人进学的范本，确实起到规范思想与学术的作用。以后，雍正帝、乾隆帝等都以此为范例，编纂和颁发了更多的儒学书籍，进一步发展了清朝的文治教化。只是随着学术风气的转变和理学的衰落，在后来所编的儒学书籍中，理学的色彩才逐渐被淡化。

注　释

① 《清实录·圣祖仁皇帝实录》卷十一，《清实录》第 4 册，中华书局 1985 年版，第 177 页。

② 《清实录·圣祖仁皇帝实录》卷一二五，《清实录》第 5 册，第 331 页。

③ 《清实录·圣祖仁皇帝实录》卷二二，《清实录》第 4 册，第 309 页。

④ 《御制文集·庭训格言》，清末刻本。

⑤ 《清实录·圣祖仁皇帝实录》卷二四九，《清实录》第 6 册，第 466 页。

⑥ 《清朝文献通考》卷二百十七，浙江古籍出版社 2000 年版，第 2 册，第 6797 页。

⑦ 《御制周易折中序》，《周易折中》上册，九州出版社 2002 年版，第 1 页。

⑧ 《御制周易折中序》，《周易折中》上册，第 2 页。

《四库全书》的编纂与中国传统文化

黄爱平

　　《四库全书》是清代乾隆时期编纂的中国历史上最大的一部丛书。它所收录的书籍，上自先秦，下迄清代，几乎囊括了从古到今（指修书的乾隆年间）中国历史上的主要典籍，并且涵盖了中国传统学术文化的各个学科门类和各个专门领域。可以说，它集中保存了中国古代丰富浩瀚的文献典籍，也全面展示了中华民族灿烂辉煌的传统文化，因此，历来有"典籍总汇，文化渊薮"的美誉。在 18 世纪，像《四库全书》这样的文化巨著，不仅在中国，就是在当时的世界上，也是绝无仅有的。

　　清代乾隆年间，统治者之所以要纂修这样一部超越古今的大书，与中国历史上独特的文化传统密切相关。在中国古代，很早就有"马上得天下，不能马上治天下"的至理名言。说的是夺取政权，建立新的王朝，要依靠武力，但治理天下，绝不能仅仅依靠武力，而必须讲求文治。所谓"以武开基，右文致治"，文治武功也因此而成为衡量历代王朝兴衰、国家治乱的重要标志。而文治的地位居于武功之上，作用也远比武功更为重要。综观历史，历代统治者讲求文治最常用的方法和最有效的手段，就是搜求典籍，编纂图书。历代王朝，也几乎都有访书编书的举措，这在王朝的鼎盛时期尤为如此。诸如唐代统治者下令编纂的《五经正义》(《周易正义》《尚书正义》《毛诗正义》《礼记正义》《春秋左传正义》），确立了儒家经籍注释疏解的官方定本；《晋书》《梁书》《陈书》《北齐书》《周书》《隋书》等纪传体史书，开官修史书之先河。宋代编纂的三大类书《太平御览》《册府元龟》《文苑英华》，均取材广泛，内容渊博，卷帙浩繁，对当时和后世都产生了深远的影响；而编年体巨著《资治通鉴》，也被公认为编年体史书的代表作。明代初年编纂的《永乐大典》，是中国历史上最大的一部类书，不仅资料采择极为丰富，而且体例编排也颇具特色，有"中国古代的百科全书"之誉。清代历康熙、雍正两朝编成的《古今图书集成》，卷帙仅次于《永乐大典》，被视为中国古代体例最为规范、编排最为完备的类书。这些大型图书的编纂，不仅构成了中国数千年历史发展进程中独特的人文景观，而且形成了中国古代盛世修书的文化传统。

乾隆年间，正值清代的鼎盛时期，国家统一，政治稳定，经济发展，文化繁荣。乾隆帝仿效历代统治者的做法，大力提倡"稽古右文"，组织学者校勘十三经、二十一史，开馆纂修各种书籍，并先后两次下令征访图书。乾隆三十七年（1772）第三次征书谕旨下达之后，时任安徽学政的朱筠就此专上奏折，提出了访书编书的四条建议。其中特别提出，翰林院所藏的《永乐大典》一书中收有不少当时社会上已经失传的珍贵典籍，请求派专人进行辑录。由于朱筠的建议既迎合了统治者讲求文治的需要，又与乾隆帝的征书谕旨相吻合，因此，军机大臣议定，立即选派翰林院官员查核《永乐大典》，结果确如朱筠所言。于是，乾隆帝立即下令从《永乐大典》中辑校珍本秘籍，并决定在全国各地广泛征集图书，同时采购社会上流传的通行本，挑选清内廷收藏的图书，再把所有的书籍都汇集起来，统一编排，定名为《四库全书》。一项大规模的文化工程，由此而拉开了序幕。

　　乾隆帝下令编纂《四库全书》之后，朝廷很快设立了四库全书馆，由皇帝任命皇室郡王、大学士以及六部尚书、侍郎兼任总裁、副总裁，并特别征召翰林院和全国各地的著名学者入馆担任纂修官，从事考核编纂工作。据统计，先后任职四库馆并正式列名的朝廷官员和文人学者达 360 人之多。其中著名学者如纪昀、陆锡熊、周永年、戴震、邵晋涵、翁方纲、程晋芳、任大椿、朱筠、王念孙等人，都是深孚学界众望的最佳人选。根据书籍的不同情形，纂修工作主要分为三大部分：一是从《永乐大典》中辑录当时社会上已经失传的珍本、善本；二是对清代历朝皇帝下令编纂的各种书籍以及官内各处收藏的图书进行校阅修改，并奉命编纂各种书籍增入《四库全书》；三是对全国各地进呈至四库馆的图书进行斟酌取舍、考证校勘。在众多纂修官的辛勤努力下，许多书籍的真实面貌得以恢复，文字讹误得以纠正，版本源流也得以厘清。

　　在全面清理甄别历代典籍的同时，纂修官还进而借助传统目录学的工具和手段，总结学术的渊源流变，反映典籍的分合存佚，确定图书的进退取舍。这就是与《四库全书》相辅相成的大型目录著作《四库全书总目》的编纂。它把《四库全书》所收录的图书分为两类，一类是"应抄书籍"。凡是流传稀少的珍贵古书，《永乐大典》中辑佚出来的珍本、善本，各个学科领域具有学术价值和学术水平，以及有益于实用的书籍，或者虽有不足之处，但瑕不掩瑜的图书，都列入"应抄"的范围。这些书籍都要完整地抄录下来，也称之为"著录"书籍。其中特别稀见的珍本秘籍还专门送交武英殿刊刻流传，此即《武英殿聚珍版丛书》，共计收书 138 种（内 4 种刻本）。另一类则是"应存书籍"。大体说来，凡是不完全符合正统儒家学说和统治者的价值观念，或者在纂修官看来学术水平不高、价值不大，甚至有错误之处的图书，都列入"应存"的范围。这些书籍不再抄录，只是把它们的书目提要收入《四库全书总目》，也称之为"存目"书籍。在清理甄别、进退取舍的基础上，《四库全书总目》根据传统目录学的正统分类体系，把著录、存目的所有书籍分为经、史、子、集四部，并于部下分类，类下再细分为各个子目，计四部四十四类六十六子目。与此同时，《总目》还继承中国古代目录学的优良传统，于各部卷首撰写总序，各类卷首撰写小序，并为《四库全书》著录、存目的每一种书籍撰写详细的书目提要，介绍作者生平，叙述典籍内容，考辨篇章文字，评论长短得失。通过分门别类、提要编目的方式，《四库全书总目》不仅成功地建构了一个包罗宏富、组织严密的庞大体系，把《四库全书》著录、存目的上万种书籍统括为一个有机的整体，而且"辨章学术，考镜源流"，对中国古代典籍和传统文化作了全面的清理和总结。

在中国古代文化发展和文明传承的过程中，图书典籍有着极为重要的作用。特别是雕版印刷术产生之后，书籍的种类和数量迅速增多。为便于保存和流传，人们往往把原来单独流行的著作汇集起来，编成一部大书，刊刻行世，丛书也由此应运而生。南宋以后，丛书的编纂日益受到重视，明清时期甚至成为学术界的一时风尚。清代乾隆年间编纂的《四库全书》，据《四库全书总目》统计，它著录书籍 3461 种，79309 卷，存目书籍 6793 种，93551 卷，二者合计达 10254 种，172860 卷，堪称中国古代丛书之最。可以说，《四库全书》最大的价值和功用，就在于保存典籍，传承文化，为学者的研究提供完整的文献资料。

在中国古代历史上，文献典籍的保存和流传，有这样一个值得注意的现象，即单本的图书、零散的著述，往往容易散失亡佚；而凡是编纂或汇刻为一部大书的，则比较容易保存和流传下来。以明末学者徐光启的《农政全书》和宋应星的《天工开物》

为例。这是两部分别记述农业和手工业生产技术的书，均具有十分重要的价值。乾隆年间编《四库全书》时，著录了徐光启的《农政全书》，却没有收录宋应星的《天工开物》。结果，《农政全书》得以流传，《天工开物》却不幸亡佚，直到20世纪初年才在日本发现，转而传回国内。就此而言，《四库全书》把3000多种分散的图书汇集为一体，而且历经200年来历史的风云变幻，完好无损地保存到今天，并将继续流传后世。这样的作用和功绩，是值得充分肯定的。

当然，《四库全书》也并非完美无缺，一些与正统儒家学说和统治者价值观念相悖离，以及与清政权的统治思想和文化政策相抵触的著作未能收录，甚至遭到禁毁，有关科学技术、生产技艺方面的书籍，以及记载国外地理、风土、人情的图书，也收录很少。还有一些收录的书籍遭到不同程度的改易。所以有人说，《四库全书》实际上并不全，此言确实不无道理。但功过相比，其功绩仍然是主要的。因此，《四库全书》至今仍被公认为中国传统文化的宝库，古代典籍的渊薮。它与举世闻名的万里长城、京杭大运河同样，都是值得我们珍视并自豪的中华民族的珍贵遗产。

作者简介

黄爱平，女，广西桂林人。中国人民大学清史研究所教授、博士生导师，国家清史编纂委员会文献组专家。长期从事中国古代思想文化、清代学术以及历史文献学的教学与研究，主要著作有：《四库全书纂修研究》《18世纪的中国与世界·思想文化卷》《朴学与清代社会》等，并发表论文100余篇。

《四库全书》的历史变迁

黄爱平

《四库全书》是清代乾隆年间编纂的中国历史上最大的一部丛书。其中完整地抄录下来的典籍就达 3461 种、79309 卷之多。为妥善地保存这部卷帙浩大的丛书，乾隆帝先后下令仿效浙江宁波范氏天一阁的规制，在北方和南方地区分别建造七座藏书阁，用于收藏《四库全书》。这就是著名的四库七阁，即北京宫中的文渊阁、北京西郊圆明园的文源阁、河北热河（今承德）避暑山庄的文津阁、东北盛京（今沈阳）故宫的文溯阁，以及江苏镇江的文宗阁、扬州的文汇阁和浙江杭州的文澜阁。其中，北方的文渊阁、文源阁、文津阁和文溯阁都位于宫廷禁地和皇家园林之中，因此又称之为内廷四阁。而南方的文宗阁、文汇阁和文澜阁因为都在江浙地区，所以又被称为江浙三阁。

乾隆四十六年（1781）十二月，经过将近十年的辛勤工作和不懈努力，第一部《四库全书》终于告成，贮藏宫中文渊阁。全书抄成 36000 册，约计 229 万页，7 亿 7000 万字，堪称"水四瀛而山五岳，侔（móu，相等）此壮观；前千古而后万年，无斯巨帙"[①]。为方便识别利用，也考虑到美观大方，经、史、子、集四部书籍分别依照自然界春、夏、秋、冬四季的变化，采用不同颜色的丝绢来做书册封面。乾隆帝曾经专门作诗谈到《四库全书》书册封面所用的不同颜色："经诚元矣标以青，史则亨哉赤之类，子肖秋收白也宜，集乃冬藏黑其位。"②简单说来，就是经部书籍用绿色的绢面，史部书籍用红色的绢面，子部书籍用月白色的绢面，而集部书籍用灰黑色的绢面。为便于长期保存，还特别使用珍贵的楠木制作函套，每若干册书放入一函，共计6144函。此后，文溯阁、文源阁、文津阁《四库全书》，以及江浙三阁《四库全书》也相继告成，先后送藏。一代藏书由此而臻于极盛。

各部《四库全书》陆续入藏之后，乾隆帝对管理和利用工作极为重视，大到设官分职，小至入阁观书，都亲自过问，反复申饬。根据乾隆帝的谕旨，内廷四阁都分别设置有关官职，制定管理章程，指派专人负责，妥善保管收藏。乾隆帝在日理万机之余，也不时利用难得的闲暇时分，入阁阅览图书。宫中的文渊阁、圆明园的文源阁和避暑山庄的文津阁，都是乾隆帝经常光临的地方。而江浙三阁《四库全书》，当初是乾隆帝特别考虑到江南士子读书治学的需要而下令抄写的。为标榜文治、笼络人心，乾隆帝多次颁发谕旨，要求地方督抚大吏准许当地士子进阁阅览图书，并做好书籍的保存和管理工作。遵照乾隆帝的谕令，江浙两省的地方官员均选择专人掌管各阁书籍，允许当地士子进阁借阅抄写。所以，南三阁《四库全书》送藏之后，当地士子前往阁中看书、抄书的，络绎不绝，盛况空前。由于《四库全书》中收有不少当时社会上已经失传的珍本、善本，因此当地的士子乃至书商还专门雇人入阁抄书，然后刊刻行世，称之为"阁本"。可以说，江浙三阁在一段时间里，实际上起到了后世人们所说的公共图书馆的作用，大大促进了当地文化事业的发展。

近代以来，清朝统治由盛转衰，列强入侵，战乱频仍，人民饱经忧患，世事几度沧桑。七阁《四库全书》也经历了坎坷曲折的历史命运。

文渊阁《四库全书》自嘉庆以后，便长期沉睡宫中，处于无人过问的境地。辛亥革命后，文渊阁全书暂归清室善后委员会接管，不久又正式交由故宫博物院图书馆保存。1931年"九一八"事变发生，华北局势紧张，为防止国宝遭到破坏，故宫博物院图书馆将文渊阁《四库全书》装箱运往上海。随着战争形势的变化，全书又辗转迁往重庆、南京等地，最终运至台湾。现珍藏在台北故宫博物院。

文溯阁《四库全书》的管理比较规范，保存也比较完整。但在沙俄帝国于光绪二十六年（1900）侵占东北三省时，曾出现丢失现象。辛亥革命后，全书于1914年一度运至北平（今北京），后于1925年运回，仍收藏在文溯阁，由保管委员会负责管理保存。1926年，保管委员会清点阁书，查出阙失16种72卷，随即委派专人根据文渊阁《四库全书》补抄齐全。"九一八"事变发生，东北成立伪满洲国，文溯阁全书也由伪满国立奉天图书馆接管。日本投降后，则交由国民党政府的国立沈阳博物院图书馆保存。东北解放后，全书由东北人民政府文物处接管，后交东北图书馆（今辽宁省图书馆的前身）保存。1966年，文化部决定将文溯阁全书移交甘肃省图书馆代管，文溯阁《四库全书》由沈阳迁往兰州，长期保存在甘肃省图书馆专门书库中。2005年，甘肃省图书馆新建"文溯阁四库全书藏书馆"落成，全书移至新馆，得到了更为妥善的保护。

文源阁《四库全书》毁于第二次鸦片战争。咸丰十年（1860），英法联军攻入京城，文源阁与其《四库全书》也在这场浩劫中与圆明园一起被焚毁。

文津阁《四库全书》的保存和管理基本未受到战乱的影响。宣统元年（1909），学部筹建京师图书馆，决定将文津阁《四库全书》移交该馆收藏，但还未实行，清王朝即被推翻。民国政府成立后，教育部接管学部，认为京师图书馆"为首都册府"，应该收藏《四库全书》，便请示政府将文津阁《四库全书》移交京师图书馆。1914 年，全书连同书架一并运到北平，1915 年正式移交京师图书馆（原北京图书馆的前身，今中国国家图书馆）。经该馆整理后，文津阁《四库全书》按原架陈列，并向社会开放。至今这部《四库全书》仍珍藏于中国国家图书馆中，是七部《四库全书》中唯一原架、原函、原书一体存放保管的一部。

文宗阁、文汇阁《四库全书》毁于太平天国战争。咸丰三年，太平天国军队攻入镇江、扬州，文宗阁和文汇阁在战火中被焚毁，阁中珍藏的《四库全书》均付之一炬，荡然无存。

文澜阁《四库全书》也在太平天国战争中遭到严重破坏。咸丰十一年太平天国军队第二次攻打杭州，文澜阁在战火中倒塌，阁中珍藏的《四库全书》也大量散失。当地的藏书家丁申、丁丙兄弟在避难中发现市面上买卖食物的包装纸竟然是《四库全书》的书页，十分吃惊，立即随地捡拾搜访，又委托书商代为收购，总计抢救出 8000 多册，约占《四库全书》原有数量的四分之一。光绪七年，文澜阁重建完成，丁氏兄弟又着手进行补抄工作。前后历经六年，共补抄缺失书 2174 种，补足缺卷书 891 种，合计 26380 册，基本上恢复了文澜阁藏书的规模。1911 年，浙江公立图书馆建成，全书移至该馆保存。后又经几次补抄整理，江浙三阁仅存的这部《四库全书》终成全本，现珍藏在浙江省图书馆。

综而观之，在近代以来的社会动荡和内忧外患中，内廷四阁《四库全书》幸存三部，而江浙三阁《四库全书》仅存半部。当年乾隆帝先后下令抄写七部，分藏七阁的《四库全书》，不过百余年间，竟然毁失过半，着实令人扼腕叹息。

20 世纪 80 年代以后，随着社会的发展，科学技术的进步，中国的文化事业也大大兴盛起来。1986 年，台湾商务印书馆率先影印出版文渊阁《四库全书》。1987 年，上海古籍出版社据台湾商务印书馆的影印本再加缩印成 32 开本。2006 年，中国国家图书馆珍藏的文津阁《四库全书》也由北京商务印书馆和九鼎时代公司合作影印出版。尤为值得重视的，是《四库全书》电子文本的问世。为方便学者的收藏利用，上海人民出版社与香港迪志文化出版有限公司共同发起，以文渊阁《四库全书》影印本为底本，合作开发《四库全书》的电子版。全部工作于 1999 年完成，定名为《文渊阁四库全书电子版》。这部中国古代历史上最大的丛书，如今广泛传播，并日益受到学术界和全社会的关注和重视。抚今追昔，可以说，国运兴而文化兴，国运衰而典籍亡，一部《四库全书》的变迁，就是一个国家、一个民族命运的缩影。

注　释

① 《四库全书总目》卷首，《进四库全书表》。
② 《清高宗御制诗文全集·御制诗五集》卷十七，《文津阁作歌》。

晚清"书厄"与江浙三阁

史革新

中国是一个文明古国，藏书文化源远流长，博大精深。历史上涌现出的藏书阁、藏书家层出不穷，尤以江浙一带为多。然而，藏书文化与"书厄"相伴而行。所谓"书厄"是指因自然灾害或人为破坏给书籍带来的损害。晚清时期就是"书厄"频繁发生的年代。贮藏举世闻名的《四库全书》的江浙三阁，即扬州文汇阁、镇江文宗阁、杭州文澜阁就毁坏于晚清咸丰年间。

一、《四库全书》与"南三阁"

《四库全书》是中国历史上规模最大的百科丛书之一，修成于乾隆年间。从 1772 年（乾隆三十七年）清廷颁发征书上谕，到 1781 年（乾隆四十六年）第一部《四库全书》告竣，经历了长达九年的漫长岁月。

为了确保《全书》修纂工作的顺利进行，清政府成立了规模庞大的专门修书机构——四库馆，馆址设在翰林院。四库馆设置总裁、副总裁、总阅官、总纂官、总校官、提调官、分校官各职，分别负责全书修纂的各项工作。大批学识渊博、造诣深厚的宿儒耆旧、文人学者被网罗在馆中，常年人数在 360 人以上。修成的《四库全书》规模宏巨，数量浩繁。据《四库全书总目》记载，全书总计 10254 种，172860 卷，其中包括著录书籍 3461 种，79309 卷；存目书籍 6793 种，93551 卷。它总汇了清代乾隆朝以前中国历史上的主要典籍文献，堪称历代百科丛书之最。书成后，乾隆令人缮写四部，并修建承德避暑山庄的文津阁、圆明园的文源阁、紫禁城的文渊阁、盛京皇宫的文溯阁，作为《全书》贮藏之所。它们又有"北四阁"之称。

清廷在营造"北四阁"的同时，又在江浙两省修造起三个藏书阁：扬州的文汇阁、镇江的文宗阁和杭州的文澜阁，即所谓"南三阁"。标榜朝廷"稽古右文"的盛意、"嘉惠艺林"、"以光文治"，是乾隆为建"南三阁"所申明的堂皇理由。

扬州文汇阁、镇江文宗阁本来是为贮藏清廷颁发的《古今图书集成》而造。图书入阁后，两阁所余空格甚多，足供存放《四库全书》之用，无须新建。杭州文澜阁的修建则花费了一番工夫。先时，浙江地方官员打算把杭州圣因寺后的玉兰堂改建为藏书阁，但经勘察，发现该处地势潮湿，不便藏书，于是把玉兰堂东向的藏书堂及其附近空地选为修建地址。1782 年（乾隆四十七年）动工兴建，次年秋完工，一座秀丽典雅的皇家藏书阁屹立在杭州西湖孤山南麓。文澜阁左连白堤，右接西泠桥，地势高敞，登阁可揽西湖全胜。阁前围墙正面洞开垂花门，门内为大厅，厅后辟有清池，池内奇石耸立，名为"仙人峰"。东建有御碑亭，西有游廊，文澜阁位于正中。书阁外观二层，中层为左右耳房，实为三层。乾隆闻讯，欣喜异常，不仅题写了"敷文观海"的匾额，而且作《文澜阁诗》记之。

存入"南三阁"的《四库全书》用太白连史纸抄写，皆朱丝栏，间附精美插图。每册首页钤盖"古稀天子之宝"，页末钤盖"乾隆御览之宝"。从 1784 年（乾隆四十九年）起，入"南三阁"的《全书》开始颁发，中间一度因复勘而停顿，至乾隆末年才颁发完毕。"南三阁"全书排架庋藏方式，仿照文渊阁成例，按经、史、子、集分类，分层储放在特制书架上。书架分四屉、六屉两种规格。书阁第一层储《古今图书集成》12 架，左右分储经部书 20 架；第二层储史部书 33 架；第三层储子部书 22 架，左右分储集部书 28 架。每函书装潢精美，外有素绫牙签函套。装饰书面的丝绢共有四种颜色：经部葵绿绢面，史部红绢面，子部月白绢面，集部黑灰绢面。每函用香楠木匣盛装，册中置放冰麝樟脑包等物料，以防虫蛀。从文澜阁贮藏的上述情况，可以看出江浙三阁藏书的盛况。

二、晚清"书厄"与文澜阁的重建

鸦片战争以后，清王朝的统治日趋衰败，外祸内乱接踵而至，也使中国的藏书文化屡遭劫难。仅在咸丰年间，《四库全书》七阁就有四阁被毁，即圆明园的文源阁和江浙的文汇、文宗、文澜三阁。文源阁是在 1860 年英法联军攻入北京时惨遭焚毁。江浙三阁都是毁于太平天国战火之中。文汇、文宗二阁被毁，存书荡然无存，无法恢复，而文澜阁则在战后得到恢复重建。

文澜阁的恢复与重建，与丁丙兄弟的努力是分不开的。丁丙（1832—1899），字松生，晚年自称松存，别署有钱塘流民、八千卷楼主人、松老、书库抱残生等，浙江钱塘（今杭州）人，出身于藏书世家。祖父丁国典仰慕远祖北宋丁颛藏书八千卷，为自家藏书楼取名"八千卷楼"。丁丙在早年曾入杭州府学。杭州发生战事时，丁丙与其兄丁申失散。丁丙逃到陶堰时，"见其（案：丁申）题壁字，始知其在留下，乃往从之。即于留下设肆鬻米，访求亲串之自城出者。留下市中卖物，率以字纸包裹，取视皆

《四库》书也。惊曰：'文澜阁书得无零落在此乎？'随地检拾，得数十大册。君之搜辑文澜遗书，实始此矣"①。为了搜求遗书，丁丙等人奔波于绍兴、定海、上海之间，同时还委托书商周某辗转到杭州搜访，所获颇多。收集到的书籍装订成册者只有十分之一，其余打包成束，每束高二尺余，共得 800 束，运到上海。1864 年（同治三年）3 月，清军攻陷杭州，丁丙带着收集到的遗书 8689 本返回杭城。因书阁尚未恢复，这批书暂存在杭州府学的尊经阁中，并请陆菊珊绘制《库书抱残图》，记录了书目清单。

1880 年（光绪六年），经浙江巡抚谭钟麟的提倡，文澜阁的重建工程终于正式启动。谭钟麟委派郡人邹在寅主持阁楼的修建。到次年九月，新的文澜阁在旧址建成，用时不到一年。新阁建筑一本旧貌，据《光绪杭州府志》记载：新阁临湖竖坊，并建宫门二重、左右角门、待漏房。内为阁之前门，迤东为纯庙御碑亭，中建平厅五，西为亭为廊。阁之东为太乙分青室，坚固宏敞，气象一新，叠石浚池，兼植花木，独占全湖之胜。当地官员奏请朝廷，颁赐书有"文澜阁"字样的满汉合璧匾额一方，以示奖励。书阁重建后，原存放在府学尊经阁的《四库全书》残本被移至文澜阁，但为数只有 8300 余册，不及原书的四分之一。在官府的支持下，经过丁丙兄弟及其他士绅的努力，一场大规模的收集、补抄遗书的工作开始了。丁丙出资雇书手，并借助各地藏书楼如范氏天一阁、卢氏抱经楼、汪氏振绮堂、孙氏寿松堂、蒋氏别下斋、陆氏皕宋楼、沈氏味经堂、冯氏醉经阁等数十家的丰富藏书，按目征求，夜以继日地补抄。到 1888 年为止，经七年辛勤工作，计补抄阙书 2174 种，阙卷 891 种，加上原存阁本 331 种，使阁书总数达到 3396 种，34769 册。其余各书，随得随补。至 1898 年，又补抄 38 种，尚未得者仅 90 种，1400 余册。新建文澜阁存书已与原来的数目相差无几了。至此，文澜阁的重建暂告一段落。光绪帝在上谕中表彰说："其（文澜阁）散佚书籍经绅士丁申、丁丙购求藏奔，渐复旧规，洵足嘉惠艺林……丁申著赏四品顶戴。"②

文澜阁尽管已经恢复，但是，所存阁书并非足本，以后又经过两次较大的补抄。1902年，由当地士人邵伯絅、胡青藻倡议，并得到学政张亨嘉的支持，于是在杭州大方伯里建成浙江藏书楼，是为浙江图书馆的前身。1913年，浙江图书馆孤山新址落成，存于文澜阁的《四库全书》移入新馆。1915年（民国四年，乙卯年），浙江图书馆前任馆长钱恂主持在北京成立了补抄文澜阁《四库全书》馆，并在杭州设立分馆，聘请人员依据文津阁本补抄250种。这被称为"乙卯补抄"。1923年（民国十二年，癸亥年），浙江教育厅厅长张宗祥出面组织补抄工作，堵福诜担任监理，仍以文津阁本补抄210种，校正丁氏钞本213种，这就是"癸亥补抄"。经过这两次补抄后，原存于文澜阁的《四库全书》更趋于完备了。

江浙建立"南三阁"，藏储《四库全书》，曾经是有清一代实施文治的盛事，但是，辉煌一时的"南三阁"均在咸丰年间的战火中遭到毁坏。文汇、文宗二阁毁坏严重，藏书散失殆尽，以至无法恢复。人们只能通过文献记载的字里行间去领略它们昔日的风采。文澜阁则在官方、民间的共同努力下得到逐步恢复。尤其丁丙、丁申兄弟"弃车服之荣，乐琅换之业，恶衣恶食，朝访夕求"③，这种殚精竭虑、不辞辛苦地保护祖国历史文献的精神是值得称赞的。

注　释

① （清）俞樾：《丁君松生家传》，《续碑传集》卷八十一，《清代碑传全集》下册，上海古籍出版社1987年版，第1230页。

② （清）孔树礼、孙峻编撰：《文澜阁志》卷首，光绪二十四年（1898）钱塘丁氏嘉惠堂刻本。

③ （清）孙峻：《八千卷楼书目序》，民国十二年（1933）钱塘丁氏铅印本。

程朱理学与晚清"同治中兴"

史革新

嘉道时期，清王朝曾经有过的"盛世"局面已经风光不再，鉴于国势衰落，有识之士开始进行思想上的反思，寻找社会危机产生的原因及解决的办法。当时许多人从儒家正统的"德治教化"观点出发进行反思，认为社会发生危机的直接原因是"道德废，人心坏，风俗漓"，而根本原因则是程朱理学因受汉学压抑而多年不振，造成道德沦丧、人才匮乏的严重后果。乾嘉汉学因此而受到激烈的批评。这自然给程朱理学的"复兴"创造了有利的条件，使讲求理学的风气在一些地区再度兴起。经过数年的提倡，讲理学的风气渐起，各地的理学士大夫开始活跃起来。他们呼朋引类，推波助澜，或者著文鼓吹提倡，或者授徒阐扬流布，在全国范围内逐渐形成陕西、安徽、河南、湖南及京师等几个规模不等的理学群体。唐鉴、贺长龄、罗泽南、李元春、方东树、倭仁、曾国藩等就是这个时期鼓吹理学的代表人物。他们的学术活动为程朱理学在日后的复兴打下了重要的思想基础与社会基础。

咸丰年间出现的全国性社会动荡为程朱理学在晚清的复兴提供了重要契机。咸丰初年，太平天国农民起义在广西爆发，很快席卷了大半个中国，沉重地打击了清王朝的腐朽统治。在意识形态方面，起义者利用自己创立的拜上帝教反对传统的儒、释、道三教，尤其把孔孟儒学称为"妖书邪说"，严加禁止。作为清王朝的精神支柱——包括程朱理学在内的传统儒学，受到起义者的猛烈挞伐、亵渎，从而引起整个地主阶级的恐慌。为了镇压人民起义，挽救清王朝的命运，以曾国藩为代表的理学士人纷纷投笔从戎，积极参与镇压太平天国的活动。他们一方面网罗士人，组织湘军等地主武装，进行武力镇压；另一方面打出"卫道"的旗帜，呼吁振兴孔孟程朱之学，以对抗太平天国的"异端邪说"，挽救人心，恢复封建秩序。1854 年初，曾国藩练成湘军率师出征，作《讨粤匪檄》为出师宣言，大肆攻击太平天国"举中国数千年礼义人伦、诗书典则，一旦扫地荡尽。此岂独我大清之变，乃开辟以来名教之奇变！我孔子、孟子之所痛哭于九原"，并重申孔孟程朱所宣扬的"君臣父子，上下尊卑，秩然如冠履之不可倒置"①，号召读书人起来"卫道"。然而，在当时，八股之士、考据之徒，显然是不堪任用的。理学之士是否靠得住，清朝最高统治者鉴于理学以往负有"迂拘""空疏"的坏名声，尚存犹疑。咸丰时，清政府不但在用人问题上表现出犹豫徘徊、举棋不定，而且还不时对理学士人进行排斥。以理学相标榜的李棠阶、倭仁、吴廷栋、曾国藩等人，大多仕途坎坷，不是归籍闲置，便是差派边远，不授实权。笃信程朱的倭仁于仕途一再蹭蹬，被"发配"到千里之外的叶尔羌"历练"。一向处事谨慎、屡立战功的曾国藩长期不受朝廷重视，未授权柄，吃尽了官场倾轧排抑的苦头。然而，这种情况到 1860 年便发生了变化。

1860 年 5 月，太平军击溃清朝江南大营，清政府所倚重的正规军——八旗、绿营——溃不成军，无力与起义军对抗，迫使统治者不得不起用汉族地主阶级地方武装势力——湘军，这就给曾国藩等理学士人以崛起的机会。是年 6 月，清政府以曾国藩为署理两江总督，8月改为实授，并命为钦差大臣督办江南军务，节制所有大江南北水陆各军。次年11月，清政府破例授权他统辖苏、皖、赣、浙四省军务，所有四省巡抚提镇以下各官，悉归其节制。曾国藩的登进不仅是清王朝在对太平天国用兵选将上的重大政策调整，而且也是其重用理学大臣的标志。

北京政变后，清王朝为了树立"正人立朝"的形象，不遗余力地提拔所谓"理学名臣"。倭仁在1862年一年三迁，从擢工部尚书、授协办大学士，升至文渊阁大学士，并当上年幼的同治帝的师傅，掌管翰林院，一跃而成为清王朝的内阁揆首和最高理论权威。曾与倭仁一起切磋过理学的李棠阶也于当年内召，授左都御史而入军机处，参与枢府机要。与此同时，吴廷栋也被授以大理寺卿、刑部侍郎等职。此三人素有理学名士的清望，各有自己的人事圈，一向为朝内外士大夫所尊仰，故在当时有所谓"海内三大贤"之誉。李鸿章为吴廷栋写的《神道碑》中称：吴氏"再官京师，倭文端公以首辅为师傅，河内李文清公以尚书掌军机，海内翕然望治，称为三大贤"[②]。

理学士大夫参与政治不是被动的，而是热情高昂，积极主动。同治即位后，因其年幼进学需要物色师傅，理学士大夫急于把这一要职抢到手。吴廷栋对此尤其看重，曾说："用人行政，当以君心为本；欲格君心，培养元德，要以师傅为第一义；既系第一义，即非第一流人不足当此任。"[③]他们心目中的帝师人选即为倭仁。为促成此事，吴廷栋等人进行了多方面的活动，给同僚通消息，造舆论。他曾为此事专门致书曾国藩，要他以封疆重臣的身份予以干预。尽管曾国藩出于明哲保身的考虑，以"虚名太重"，"不复妄议朝政"[④]为由婉言拒绝，但举倭仁为帝师的要求依然得到不少官员的支持。清廷经反复权衡，还是任命倭仁与祁寯藻、翁心存、李鸿藻等人同为同治帝的师傅。其中的李鸿藻也是讲理学的官员。倭仁当上帝师后，辑古帝王事迹及古今名臣奏议，编成《启心金鉴》，用这部渗透着程朱理学"君明臣良"思想的读本，来教导同治皇帝。

经过此番人事变动，理学派的地位已非昔比，达到炙手可热的程度。到同治初年，倭仁为大学士兼帝师，李棠阶入军机，李鸿藻为帝师兼尚书，吴廷栋官刑部。而在地方，湘系及与之关系密切的将领随着曾国藩地位的上升与巩固，一个个飞黄腾达，如李鸿章先为江苏巡抚后升两江总督，刘长佑任直隶总督，杨岳斌任陕甘总督，左宗棠任闽浙总督。其余还有安徽巡抚李续宜、山东巡抚阎敬铭、江西巡抚沈葆桢、陕西巡抚刘蓉、广东巡抚郭嵩涛、浙江巡抚曾国荃等，他们大都以书生典兵，而成为方面大员。这些具有理学背景的人物，乘镇压太平天国之机迅速崛起，成为统治阶级内部的一批新兴的实力派，支撑起清王朝岌岌可危的半壁江山。

这个时期的理学营垒人数众多，分布广泛。无论是大江南北，还是沿海边远省份，都有标榜理学的士人在活动。这种情况为乾嘉时期以来所罕见。值得重视的是，此期理学群体具有明显的政治化倾向。他们绝大多数拥有官宦身份，具有明显的政治地位或官场背景。他们或者由科举步入仕途，或者因军功跻身官场，或者以学术受褒奖而得官，像徐淮阳终身未仕的布衣学者则如凤毛麟角。在具有官宦身份的士人中，不乏担任高级职务者。身为大学士、尚书、侍郎、总督、巡抚等高级官员者，竟达15人。而担任大学士、军机大臣等要职的就有倭仁、曾国藩、李棠阶、李鸿藻、徐桐等5人。另外，督抚重镇李鸿章、左宗棠都是属于曾国藩系统的官僚，也有一定的理学背景。在清朝统治集团高层中充斥着如此众多的理学大臣，这是清朝自康熙以来未曾有过的情况。

咸同年间的程朱理学复兴，不仅是涉及一个学派的兴衰问题，而且与社会政治力量的消长紧密结合在一起。理学的复兴强化了士绅阶层封建性的意识形态，增强了他们对王权的向心力；太平军屡挫八旗、绿营，又迫使清王朝不得不寻求新的依靠力量，遂向士绅集团伸出求援之手，最终造成以曾国藩为首的地主阶级地方势力的崛起和以倭仁、李棠阶等理学官僚执掌朝纲的局面。所有这些都使统治阶级内部的关系和力量得到新的调整和振兴，从而加强了清王朝在政治、军事、文化等方面的力量，为平定太平天国起义、实现"同治中兴"创造了条件。无怪清末儒生曾廉把清朝"同治中兴"归功于"正学"即程朱理学的昌明："其在道光时，唐鉴倡学京师，而倭仁、曾国藩、何桂珍之徒相从讲学，历有数年。罗泽南与其弟子王鑫、李续宜亦讲学穷庐，孜孜不倦。其后内之赞机务，外之握兵柄，遂以转移天下，至今称之。则不可谓非正学之效也。"

注　释

① 《曾国藩全集·诗文》，岳麓书社 1986 年版，第 232 页。

② 《续碑传集》卷十二，《清代碑传全集》下册，上海古籍出版社 1987 年版，第 856 页。

③ （清）方宗诚：《柏堂师友记》卷二，京华印书局 1926 年印本，第 7 页。

④ （清）曾国藩：《复吴廷栋》，《曾国藩全集·书信》（4），岳麓书社 1992 年版，第 2487 页。

晚清仁人志士的忧患意识

冯天瑜

忧患意识是以戒惧而沉毅的心情对待社会和人生的一种精神状态。在不同的时代条件下，仁人志士可以有不同的忧患，或忧君国之衰败，或忧民族之危亡，或忧黎民之困苦，但是，作为一种时代使命感和社会责任感，忧患意识又是古今同慨的。孟子的"生于忧患，死于安乐"，杜甫的"穷年忧黎民"，范仲淹的"先天下之忧而忧，后天下之乐而乐"，东林党人的"家事、国事、天下事，事事关心"，顾炎武的"天下兴亡，匹夫有责"，莫不是"乐以天下，忧以天下"的博大而崇高的忧患。这种意识正是中华民族挫而复起、穷且弥坚、自强不息的精神动力所在。

时至晚清，当中国人面对外敌入侵、内政腐朽、国家危亡的严峻局势，忧患意识更趋强烈。魏源说："人不忧患，则智慧不成。"他受到现实社会危机的刺激，再读《周易》《诗经》等古代经典，"而知二雅诗人之所发愤"，"而知大易作者之所忧患。愤与忧，天通所以倾否而之泰也，人心所以违寐而之觉也，人才所以革虚而之实也。"谭嗣同在甲午惨败后，痛心疾首地说："使天下大局破裂至此！割心沉痛，如何可言！"这种忧患感使他从佛学中汲取"我不入地狱谁入地狱"的"大雄精神"，遂有后来的毅然献身，面对屠刀，高呼"快哉"，演出戊戌变法最壮烈的一幕。继谭氏而起的辛亥志士们，对国家民族忧患之深广更超迈前贤。

孙中山1894年在檀香山筹建第一个反清革命团体兴中会时，便郁积着对民族危亡的深沉忧患，他草拟的《檀香山兴中会章程》说：

> 中国积弱，非一日矣！上则因循苟且，粉饰虚张；下则蒙昧无知，鲜能远虑。近之辱国丧师，剪藩压境，堂堂华夏不齿于邻邦，衣物冠裳被轻于异族，有志之士，能无抚膺！

次年，孙中山草拟的《香港兴中会章程》进一步痛述内忧外患，一再发出"呜呼惨哉""呜呼危哉"的感叹。孙中山的忧患，已非旧式的"君国之忧"，而具有新的时代风貌。他在《中国的现在和未来》中提醒人们区分中国人民和清政府；在《致港督卜力书》中，于揭露"政府冥顽"，"疆臣重吏，观望依违"的同时，强调"天下安危，匹夫有责，先知先觉，义岂容辞"！这是一种以民为本位的救亡图存意识，其忧患的深广，与前贤们不可同日而语。

与孙中山同时代的革命志士，都有类似的对于国家民族刻骨铭心的忧患。邹容1901年东渡日本前夕，目睹国家危亡，民众苦难，作抒怀诗云：

> 落落何人报大仇？沉沉往事泪长流。
>
> 凄凉读尽支那史，几个男儿非马牛。

这种历史与现实相交织的忧患情怀，驱使邹容后来创作出"笔极犀利，文极沉痛"的《革命军》。这部书在一切稍有忧国忧民之心的人那里都富于感召力。"读之当无不拔剑起舞、发冲眉竖"。

同邹容齐名的陈天华，其忧患的侧重点在帝国主义掀起瓜分中国的狂澜。他在《猛回头》中论列这种极端危急的形势：

俄罗斯自北方包我三面，英吉利假通商毒意中藏，法兰西占广州窥伺黔桂，德意志领胶州虎视东方，新日本取台湾再图福建，美利坚也想要割土分疆。

陈天华的忧患更在于"可怜中国人好像死人一般，分毫不知"。故尔向民众宣示："须知这瓜分之祸，不但是亡国罢了，一定还要灭种。""须知国家是人人有份的，万不可丝毫不管，随他怎样的。"他以警世者的身份歌咏曰：

长梦千年何日醒，睡乡谁遣警钟鸣？

为着唤醒昏睡的国人，陈天华不仅连续撰写《警世钟》《猛回头》《狮子吼》等激昂慷慨的文字，而且于 1905 年蹈海自尽，留下《绝命书》，劝勉生者"去绝非行，共讲爱国"，从而将其忧患情致发挥到极致。

忧患意识的唤醒并获得新的含义，是那一时代人们从中古迷梦里惊觉过来的契机。吴樾在描述自己的心路历程时说："予年十三，逐慕科名，岁岁疲于童试。年二十一始不复以八股为事，日惟诵古文辞。"后来，"友人某君授予以《革命军》一书，三读不置，适其时奉天被占，各传报警，致是而知家国危亡之在迩，举昔卑污之思想，一变而新之"。这段话是颇有典型意义的。一个饱读诗书的士子，当然蕴藏着经世之志和忧患情怀，但往往被科名所囿，于时势无所闻问，暂处蒙昧之中；一旦经新学启迪和时局刺激，其对于国家民族的责任感、义务感顿时勃发起来。以吴樾为例，则断然走向暗杀主义，其思维逻辑是："夫今日之汉族之民气，其涣散不伸，至于此极……今欲伸民气，则莫若行此暗杀主义。"企图通过暗杀"满酋"激励国人，儆戒清廷。后来他果然携炸弹谋炸出洋五大臣，献出自己年轻的生命，实践其"以个人性命之牺牲，而为铁血强权之首倡"的誓言。

吴樾所持"暗杀主义"，自然是一种极端的个人英雄主义，广大革命党人虽景仰吴樾的献身精神，却认为"若暗杀又为个人举动，不足以动摇全局"。他们怀抱着更切实、更坚韧的忧患，志在大举，行在沉潜，"欲为大汉复仇，虽汤镬弗惧，遑恤苦也"。许多年轻知识分子鄙视功名利禄，放弃舒适生活，长年在新军下层、会党群中活动，粗衣恶食，历尽艰辛。当革命需要献金时，他们可以典卖家产，直至脱下最后一件衣衫；为革命需要献身时，他们悲歌慷慨，义无反顾。辛亥革命的金字，是由这些"身无半文，心忧天下"的革命志士的胆略、献身精神和脚踏实地的活动铸造出来的。驱动着这一代英华作出此类义举的，正是对于"危哉中国"的忧患，在他们壮怀激烈的革命行动中，闪耀着"志士不忘在沟壑""勇士不忘丧其元""苟利国家，不求富贵"一类中华民族传统精神的光辉。

作者简介

冯天瑜，1942年生，湖北红安人。武汉大学历史学院教授、中国传统文化研究中心主任。长期从事中国文化史研究，主要著作有：《中华文化史》《中华元典精神》《张之洞评传》《明清文化史散论》《明清经世实学》等。

清代饮茶、品茗趣闻

林永匡

茶是中国人的传统饮料。中国民间向有"开门七件事，柴米油盐酱醋茶"的说法。古代中国，从帝王到民间，均喜爱饮茶、品茗。在长期的历史积淀中，形成千姿百态的饮茶习尚。到了清代，文人雅士又将饮茶、品茗上升为一种典雅的文化艺术活动，制定出一套清规戒律。清初，"隐居不仕"的前明遗老冯正卿，在《岕茶笺》中，提出"十三宜"与"七禁忌"，堪称品茗艺术的集大成。

所谓"十三宜"，系指饮茶时所宜者，共十三项："一无事"，即要有饮茶的闲暇工夫。"二佳客"，饮茶的客人需高雅博学之辈，既能与主人交流感情，又能真正品玩茶道。"三幽座"，品茗时，环境需清幽典雅。"四吟咏"，饮者需以诗助兴，以诗唱和。"五挥翰"，饮时更需挥翰泼墨，吟诗作画。"六徜徉"，闲庭信步，时饮时啜，体验古之品茗者的闲情雅致。"七睡起"，饮者小睡刚起，一酣清梦，饮尝香茗，则另有一番情趣。"八宿醒"，饮者如宿睡未解，神志朦胧，则稍饮香茗，定能破除睡意，神清气爽。"九清供"，品茶时，需有清淡茶果佐饮。"十精舍"，饮茶时宜有清幽而雅致的茶舍，则更能衬托和渲染出宁静高雅的气氛。"十一会心"，品茗时，贵在饮者对饮茶艺术、茶的品位与茶道本身能心领神会。"十二赏鉴",饮者需有品玩和鉴赏茶道的修养,才能领悟茶道的艺术真谛。"十三文僮",饮茶时宜有聪慧文静的茶僮随侍身边。

饮茶亦多禁忌,共有七项,即所谓"七禁忌":"一不如法",即是烹饮皆不如式得法。"二恶具",饮茶与烹茶最忌茶器、茶具粗恶不堪。"三主客不韵",即饮茶亦忌主人与应邀客人,举止粗俗鄙陋,无风流雅韵之态。"四冠裳苛礼",即饮茶乃清闲消遣之事,故戒官场交往的陈规琐礼与拘泥衣冠。"五荤肴杂陈",即饮茶品茗贵在"清心"安怡,茶若染荤腥之味,肴若杂陈乱设,则茶莫辨味,兴致顿消。"六忙冗",即品茗甚忌繁忙冗杂,心绪紊乱,既无品茗之"工夫",又乏消闲之雅趣。"七壁间案头多恶趣",品茗时,为求饮茶主客心绪宁适,故应力戒壁间案头布置粗俗不堪,使人感到环境恶劣无趣。

在清代,民间百姓的饮茶习俗,则是另一番景象。民间市井细民,或贩夫走卒,为生计所迫,终岁劳碌,尚有温饱之虞,故不可能像官宦人家或文人雅士那样有闲,细细品茗,消磨时光。但他们也酷爱饮茶,偶有空闲,多聚于茶肆品茶,此习俗在江南地区尤盛。此外,民间饮茶时尚有佐以"茶食"的习惯。各种茶食,品类繁多。茶肆所售茶食价廉物美,且地方小吃居多。

茶肆,亦称茶馆,平日,茶肆所售之茶,分为红茶、绿茶两大类。其中,"红者曰乌龙,曰寿眉,曰红梅。绿者曰雨前,曰明前,曰本山"。清代,茶肆售茶与茶客饮啜的方式甚多,"有盛以茶壶者,有盛以碗者,有坐而饮者,有卧而啜者"。而进入茶肆之人,"终日勤苦,偶于暇日一至茶肆,与二三知己瀹茗深谈"者有之;"乃竟有日夕流连,乐而忘返,不以废时失业为可惜者"亦有之。

清代京师(今北京)的茶馆,其售茶方式,凡茶馆皆"列长案，茶叶与水之资须分计之。有提壶以往者，可自备茶叶，出钱买水而已"。至于茶馆的光顾者，以旗人居多，而达官贵人以其身份高贵，权势显赫，故不涉足于此。平日，茶馆中"汉人少涉足，八旗人士虽官至三四品，亦侧身其间，并提鸟笼，曳长裾，就广座，作茗憩，与圉人走卒杂坐谈话，不以为忤也。然亦绝无权要中人之踪迹"。

在江南地区，直至乾隆朝末叶，"江宁（今南京）始有茶肆。鸿福园、春和园皆在文星阁东首，各据一河之胜，日色亭午，座客常满。或凭栏而观水，或促膝以品泉。皋兰之水烟，霞漳之旱烟，以次而至。茶叶则自云雾、龙井，下隶珠兰、梅片、毛尖，随客所欲，亦间佐以酱干生瓜子、小果碟、酥烧饼、水晶糕、花猪肉、烧卖、饺儿、糖油馒首，叟叟浮浮，咄嗟立办。但得囊中能有，直亦莫漫愁酤也"。

茶食方面，江南一些地区，民间啜茶时常有"必佐以肴"的习尚。而品茗时所佐之茶食，则又有地区的差别。如：清代镇江人在啜茶时，"必佐以肴。肴即馔也。凡馔，皆可曰肴，而此特假之以为专名。肴以猪肠（小猪肉）为之"。清代扬州人品茶时，则有茗饮吃"千丝"的习俗。干丝是用豆腐干切成丝，再与虾米一起同煮后，"调以酱油、麻油也。食时蒸以热水，得不冷"。湖南地区长沙人的茶食与茶趣则别具风味，"湘人于茶，不惟饮其汁，辄并茶叶而咀嚼之。人家有客至，必烹茶，若就壶斟之以奉客，为不敬。客去，启茶碗之盖，中无所有，盖茶叶已入腹矣"。至于长沙茶肆，茶客茗饮时更有食盐姜、莱菔的风尚。"凡饮者既入座，茶博士即以小碟置盐姜、莱菔各一二片以饷客，客以茶赀之外，必别有所酬。又有以盐姜、豆子、芝麻置于中者，曰芝麻豆子茶"。所谓莱菔，即萝卜之别名。

清代宫廷与文人的品茗雅尚，则另具特色，且各有所好。在京师紫禁城内，皇帝与宫中后妃日常生活中，每以饮茶品茗为雅尚、乐事。或饮奶子茶，或饮绿茶、花茶，并佐以茶食糕点。据清人记载，清高宗乾隆皇帝喜欢龙井新茶："杭州龙井新茶，初以采自谷雨前者为贵，后则于清明节前采者入贡，为头纲。颁赐时，人得少许，细仅如芒。瀹之，微有香，而未能辨其味也。""高宗命制三清茶，以梅花、佛手、松子瀹茶，有诗记之。茶宴日即赐此茶，茶碗亦摹御制诗其上。"正因如此，宴会结束后，赴宴诸大臣对茶杯爱不释手，均"怀之以归"。

乾隆皇帝一生不仅对用茶十分讲究，且对用水更讲求"品第"。每次外出巡游，他都带着一个特制的银质"小方斗"，命侍从"精量各地泉水"，然后再以精度很高的秤，称其重量。结果，品出京师西山玉泉山泉水最轻，水质最好，口感甚佳，最适宜泡茶品饮，遂钦定为"天下第一泉"。对此，乾隆皇帝还亲自撰写了《玉泉山天下第一泉记》的妙文一篇，并立碑刻石。清人记载，凡乾隆帝南巡外出，不仅"每载玉泉水以供御"用，还下令沿途官吏专供各地名泉泉水。如规定：在直隶（今河北）境内，供用"香山静宜园泉水"；在德州入山东境内，供用"济南珍珠泉水"；过红花埠入江苏境内，供用"镇江金山泉水"；到浙江境内则供用"杭州虎跑泉水"，作为御用品茗饮茶专用的"名泉泉水"。

至于公私茶宴，在清代宫中，更是寻常之事。据清人记述，"上自朝廷燕享，下至接见宾客，皆先之以茶，品在酒醴之上"。清人福格所著《听雨丛谈》卷八记载，清代宫中及一般旗人，还喜欢"熬茶"。如皇宫内宴享和款待外国使节，"仍尚苦茗茶、团饼茶，犹存古人煮茗之意"。这是满族入关前古老的饮茶习俗的反映，更是清代皇室重要的礼仪和交际手段。

清代的儒士文人，不乏嗜茶之辈。清人煎水烹茶，不仅择水、择器、择茶，且十分讲究烹煎之法。

"十年间为一官忙，乘兴何当频看竹"，"沸鼎松声喷绿涛，云根漱玉穿飞瀑"，这是清人祝斗岩咏煮茶的诗句。它形象而生动地描绘了主人烹煮武夷茶时的情景，一派诗情画意。祝为浙江海宁人，曾作过员外郎，一生嗜饮武夷名茶，亦喜亲自烹茗，或独饮消闲，或与友对饮，以诗唱和。

清人烹茶，对用火要求甚严，主张用"活火"煎烹，方能色味俱佳。所谓"活火"者，系指"有焰之炭火"。用此活火，先煎水，使之沸，然后再用冷水"点住"，继之再沸再点，如此反复三遍，则烹煎之茶"色味俱进"。

在清代，文人雅士中还因嗜茶引发并演绎出诸多动人的故事。他们或借助茶之刺激，作诗唱赋，挥毫泼墨，大发雅兴；或自视清高，退隐山林，烹茗饮茶，以求超脱；或邀友相聚，文火青烟，细品茗茶，推杯移盏，以吐胸中郁积；或夫妻恩爱，情深意切，"文火细烟，小鼎长泉"，花前月下，品茗共饮，以诗赋唱和，从而引发出诸多或喜或悲、或愁或乐、或慷或慨、或聚或离的人间故事与情话。

作者简介

林永匡，1940 年生，四川三台县人。中国社会科学院历史研究所研究员，教授。主要从事清代经济史、民族史、文化史与社会史研究，其主要著述有《清代西北民族贸易史》《清代社会风俗史》《清代饮食文化研究》等十余部，论文数十篇。

清代的书院教育

李　帆

　　书院是中国古代的教育机构，始于唐代而盛于宋代。创办者或为私人，或为官府。一般选山林名胜之地为院址，著名学者讲学其间，采用个别钻研、相互问答、集众讲解相结合的教学方法，以研习儒家经籍为主，间亦议论时政，对学术思想的发展有一定影响。元代各路、州、府皆设书院。明代书院获得全面发展，为清代书院达到鼎盛创造了条件。

　　清代书院的发展并非一帆风顺。顺治年间，为了防止汉族士人利用书院讲学进行反清活动，同时亦有鉴于明末士大夫借书院讲学互相结党攻讦、抨击时政，朝廷对于书院的政策较为严厉。顺治九年（1652），朝廷曾宣谕"不许别创书院"，使得书院的发展暂时处于停滞状态。此后，随着清朝统治渐趋稳定，禁令有所松动，如顺治十四年，准抚臣袁廓宇之请，修复衡阳石鼓书院，因之各地书院开始修复或创建。康熙年间，书院有较大发展，尤其是崇尚程朱理学的书院发展势头更好。康熙帝多次给尊奉程、朱的书院御书匾额，以示鼓励，如康熙二十六年（1687），他亲书"学达胜天"匾额，赐庐山白鹿洞书院、长沙岳麓书院等，同时颁赐经史典籍。有学者统计，整个康熙时期，全国新建书院凡537所，修复、重建前代书院凡248所。雍正帝即位后，出于加强个人专制统治的目的，修改了康熙帝扶持书院的政策，将兴学重点转向办社学、义学，因而一度延缓了书院的发展。后来雍正帝又调整策略，将限制改为扶持并在扶持中严格控制。雍正十一年（1733），他颁布谕旨，令督抚在各省府设立书院，并拨给帑金以资膏火。这道谕旨，不仅使各省都有一两所书院成为省内最高学府，而且还带动了各类书院的发展。

乾隆帝即位不久就颁布谕旨，积极诱导、鼓励官民士庶兴建书院，同时也进一步强化了朝廷对书院的控制。其举措主要有：一是亲自布置在京师兴办书院，从而给全国起了表率作用；二是对各地的著名书院不时赐以帑金、匾额、书籍等以表示关怀，如曾赐紫阳书院"白鹿遗规"匾额，又曾赐钟山、紫阳、敷文书院经史典籍；三是改书院"山长"为"院长"，以示尊礼，又要求院长一职，必择经明行修之士礼聘之，以合乎朝廷对书院的基本要求；四是开放仕途，优给官职，以示鼓励。在这些措施的激励下，书院越办越兴盛。据统计，整个乾隆时期，全国新建书院凡1139所，修复和重建前代书院凡159所，臻于极盛。当时的情形，如学者商衍鎏所言："是时京师金台，直隶莲池，江苏钟山、紫阳，浙江敷文，江西豫章，湖南岳麓、城南，湖北江汉，福建鳌峰，山东泺源，山西晋阳，河南大梁，陕西关中，甘肃兰山，广东端溪、粤秀，广西秀峰、宣成，四川锦江，云南五华，贵州贵山，奉天沈阳，各省书院以次设立，其余府、州、县或绅士出资，或地方官筹拨经费，置产置田之创立呈报者亦多。"① 而且不少人才出自书院，就像《清史稿·选举志》所说："高宗明诏奖劝，比于古者侯国之学。儒学浸衰，教官不举其职，所赖以造士者，独在书院。其裨益育才，非浅鲜也。"②

但到了嘉庆、道光年间，随着内忧外患接踵而来，国力日下，书院的发展开始走下坡路。但是由于这一时期的学术思想较为活跃，书院倒也办出了一些新特色，即因治学趋向不同，逐渐形成三种类型：传授汉学、博习经史辞章为主的书院；传授程朱理学的书院；倡导今文经学的书院。这样的情形，一直延续到清末。

作为一种教育机构，书院自产生和兴盛以后，一直与国家的"抡才大典"——科举取士有着复杂的关系。由唐至清，官学始终是科举的附庸，书院则不然，特别是南宋之时朱熹、陆九渊创办的书院，都是以反科举、重讲学而知名的，这应说是书院与官学的区别之一。但到了清代，尤其是清中叶，书院却表现出了明显的官学化与科举化倾向。

顺治和康熙前期，书院建设虽然步伐不快，但由于战乱方过，统治者还来不及全面控制思想、学术，所以使得书院教育有较大的发展空间，在讲学形式上继承了旧有的讲会制度，自由讲学之风盛行，名师迭出，学术思想活跃。康熙中期开始，随着三藩叛乱的平定和清朝统治的完全巩固，统治者强化对思想、学术的控制，康熙帝所崇尚的程朱理学被大肆宣扬，各地秉承皇帝旨意建立了大批讲求程朱理学的书院，而其他类型的书院则渐渐退出舞台。与此同时，讲会制度也因有碍统治而遭攻击或冷遇，被渐行废止。雍正晚年和乾隆之时，书院数量大增，但却是在政府严格控制下的发展，官学教育的功能也为书院所承担，即帮助士子准备科举考试的书院大量涌现，经义策论、制艺帖括之类成为书院常课。这样，严重的科举化倾向已成书院特色之一。另一倾向是官学化，除承担官学教育功能外，书院被官府控制的程度较前更为加深了，官府既掌握聘任书院掌教的权力，又对书院的经济、田产等加以控制干涉，使得书院的独立发展空间越来越小，自主讲学之风也日渐衰微。

无论是科举化还是官学化，有一点是共同的，即都奉程朱理学为圭臬。程朱理学既为官学教育之所宗，又为科举取士作标准，所以是书院讲授与学习的核心。出于科举考试的需要，书院所讲授者大体为程式化的理学，其中尤以讲朱熹所注的《四书》义理为核心，以确保书院生徒在科举考试最关键的场次中胜出。此外，为适应考试的实际需要，八股文、试帖诗、策论、律赋等皆为主要教学内容。而且围绕这些对生徒进行考课，每月三课：官课一次，由各级地方官主持；师课二次，由院长主持。这样的教学与考课，使生徒所能得到的东西必然是无学理可言的刻板教条，不仅无助于程朱理学的发展，反而会限制理学的生机，令理学之路越走越狭窄。清中叶理学的衰微，与作为理学大本营的书院丧失自主讲学之风且沦为科举考试的附庸，恐怕不无关联。

乾隆时期，汉学占据学界主导地位，理学渐被边缘化，这样的学术风尚不能不波及书院，甚至影响到书院教学的内容。当然，乾隆皇帝本人对汉学的推崇和对理学的有所厌弃，殿试策问时增加越来越多经、史内容，无疑对书院调整某些教学内容产生了影响。从当时书院的《学规》来看，部分书院似乎出现一个从教授程朱理学到博习经史辞章的转变。在这样的背景下，不少书院聘请经史研究有成的学者主讲，以强化对在院生徒经史功底的训练，如卢文弨主讲于江宁钟山书院、常州龙城书院，戴震主讲于浙江金华书院、山西寿阳书院，段玉裁主讲于江苏太仓州娄东书院，赵翼主讲于扬州安定书院，王昶主讲于江苏青浦青溪书院、浙江杭州敷文书院，钱大昕主讲于苏州紫阳书院、江宁钟山书院，章学诚主讲于直隶定州定武书院、保定莲池书院，等等。他们的讲学活动，产生了相当大的影响，培养了一批著名学者，如王鸣盛、洪亮吉、汪中、孙星衍、王引之、毕沅、周永年等，这对于乾嘉学派的形成和汉学考据的繁荣，起到了不小的作用。

嘉庆、道光年间及其以后，由于各种社会矛盾交织，不少人主张复兴程朱理学，以理学经世。在这种情形下，传授程朱理学的书院再度复苏。一些学者将书院作为传承理学的阵地，其中著名者先有姚鼐，后有方东树、唐鉴等人。姚鼐是桐城派集大成者，他以理学为宗，在书院讲学近40年，先后主讲于梅花、敬敷、紫阳、钟山等书院，对理学在书院的复苏起了重要作用。方东树是姚鼐弟子，历主庐州、亳州、宿松、廉州、韶州等地书院，以传道者自诩，既大力传播理学，又极力攻击汉学，使得理学市场进一步扩大。与方东树几乎同时，唐鉴也在书院教学中尽力为程、朱张目。正是在姚、方、唐等人的带动下，理学在书院讲学中的地位日渐上升，为晚清理学的复兴打下了一定基础。

总之，书院在清代达于鼎盛，处在教育体系的中心。直到晚清新政之时，随着新学制的开始实施（1903年起）和科举制度的废除（1905），书院才退出教育的核心位置，被现代西式教育体系所取代，但它并未彻底退出历史舞台，民国年间仍在一些地区存在，继续发挥自身的教育功能。

注　释

① 商衍鎏：《清代科举考试述录》，北京，三联书店1958年版，第223页。
② 赵尔巽等：《选举志》（一），《清史稿》卷一百零六，第12册，中华书局1976年版，第3119页。

作者简介

　　李帆，1961年生，辽宁抚顺人。北京师范大学历史学院教授，博士生导师。主要著作有：《刘师培与中西学术》《章太炎、刘师培、梁启超清学史著述之研究》等。

清朝对皇子的教育

刘小萌

　　在封建社会里，一个王朝的兴衰续绝，很大程度上取决于最高统治者个人的素质，而这种素质，需要长时间的培养，所以，历朝统治者无不把皇子教育摆在十分重要的位置。清朝的爱新觉罗皇族作为少数民族——满族的代表入主中原，为了巩固自己的统治，既要汲取历代汉族统治者丰富的政治经验，又要保持本民族"国语（满语）骑射"的文化传统，对皇子的教育不能不倾注更大的精力。

　　清朝入关后的第一位皇帝顺治帝福临，6岁即位，在孝庄皇太后（蒙古人）的训诲下，得以成长。他14岁亲政时，对汉文仍十分陌生，甚至在阅读汉臣奏章时，往往茫然不解。但他以极大的毅力苦读汉文经史，学识不断长进。可惜他英年早逝，诸子尚幼，还谈不到对他们进行系统的教育。

　　顺治帝的儿子康熙帝玄烨从培养新一代统治者的角度，开始对其皇子进行系统的教育。法国传教士白晋熟悉宫中的皇子教育，他记述说：诸皇子的教师都是翰林院中最博学的人，他们的师傅都是从青年时期起就在宫廷里培养的第一流人物。然而，这并不妨碍皇帝还要亲自去检查皇子们的一切活动，了解他们的学习情况，直到审阅他们的文章，并要他们当面解释功课。清人吴振棫《养吉斋丛录》记载说："我朝家法，皇子皇孙六岁即就外傅读书。寅刻（凌晨3—5点）至书房，先习满洲、蒙古文毕，然后习汉书。师傅入直，率以卯刻（早上5—7点）。幼稚课简，午前即退直。退迟者，至未刻（下午1—3点），或至申刻（下午3—5点）。"清朝这一教子"家法"，是在康熙朝形成，后来逐步完善的。

玄烨教育培养皇子，首重选择名师。张英、李光地、熊赐履、汤斌、耿介、徐元梦、达哈塔、顾八代、法海等人，不是汉族硕儒即是满洲名臣。玄烨为其子择师的标准十分严格，既要品行端方，又须学问优长。但他对满汉老师又有不同要求。玄烨深知"满、汉习俗不同"，担心皇子濡染汉习，特设满洲师傅，教授本族文化风俗。满、汉师傅并设，这反映了爱新觉罗皇族对满、汉两种文化的兼容并蓄，并构成有清一代皇子教育的基本特色。

玄烨培养皇子，把儒家经典作为重要的学习内容。皇太子胤礽6岁时，由汉师傅授以性理诸书。玄烨除在宫中亲为太子讲授四书五经，还要求太子必须逐日将所授内容背诵复讲，以收精熟贯通之效。待至13岁时，玄烨又仿行明代教育东宫的作法，让太子出阁读书。此后，胤礽多次在大臣们面前讲释儒家经典。一个不满13周岁的少年，竟能在满汉大臣面前，将艰深难懂的经书讲解得头头是道。玄烨对其他皇子的教育也是如此。康熙二十六年（1687）六月初十日，玄烨当着满汉大臣的面，对诸皇子的学习情况进行了一次考核。他从几案上取下十几本经书，交给汤斌，命他信手抽出，令诸皇子诵读。根据汤斌选定的章节，皇三子、皇四子、皇七子、皇八子依序各读数篇，无不纯熟，声音朗朗。接着，皇长子讲"格物致知"一节，皇三子讲《论语·乡党》首章，都能逐字疏解，又能融贯大义。这一年，皇长子胤褆

16 岁，皇三子胤祉 11 岁，皇四子胤禛（即后来的雍正帝）及皇五子、皇七子、皇八子都在 10 至 7 岁之间。玄烨自述幼年读书必以 120 遍为准，认为非如此不能融会贯通所读经典的义理，他要求诸皇子照此办理，以求在学业上打下扎实的功底。

皇子在宫中学习，有王公子弟伴读，一旦长大受封分府出居，玄烨仍指派教师入于王府，辅导学业。如玄烨命编修陈梦修侍皇三子胤祉读书，江南学者何焯被任命为皇八子胤禩的侍读。为玄烨担任过翻译的葡萄牙籍传教士穆经远神父，曾在皇九子胤禟处教授西洋文字。这从一个侧面，反映了玄烨诸子的学习情况。

玄烨还重视诸皇子的书法练习，要求他们自幼勤习苦练。在玄烨的循循善诱下，皇太子胤礽、皇三子胤祉、皇四子胤禛、皇七子胤祐、皇十三子胤祥和皇十四子胤禵等，均擅长书法。皇八子胤禩虽精明干练，在书法上与诸兄弟比却相形见绌。为此，玄烨特选派工于楷书的何焯做他的老师，以期有所长进。玄烨还要求他每日书写大字 10 幅，送上批览。玄烨自己雅好书法，并要求诸皇子研习不辍。此后，书法被作为皇室子孙的必修课。

玄烨在督促皇子研习汉文化的同时，丝毫未放松对诸皇子的"满洲礼法"的教育，而骑射与"国语"（满语）则被置于学习的首位。清太宗皇太极在位时，即以金朝女真为前鉴，表示对后世子孙废骑射而效汉人导致亡国的忧虑。从此，历朝皇帝都把"国语骑射"作为立国的根本而加以提倡。玄烨本人骑射非常精湛，曾说"自幼强健，筋力颇佳，能挽十五力弓，发十三握箭，用兵临戎之事，皆所优为"。玄烨曾告诫诸皇子说："我朝旧典断不可失"；又说："在昔金元二代后世君长，因居汉地年久，渐入汉俗，竟如汉人者有之。朕深鉴之。"正是基于这种强烈的危机意识，他在培养皇子的骑射技艺上投入了很大精力。由于诸皇子自幼演习弓箭，故无不善于骑射。玄烨还注重通过行围（即打猎）提高诸皇子的骑射技艺。康熙十八年玄烨在南苑行围，纵虎出圈，命众人追逐，为皇长子胤禔射中，胤禔（小名保清）时年七周岁。皇三子胤祉的弓箭和枪法，还要超过他的两位兄长。除骑射外，满语满文也是诸皇子每日必修的功课。玄烨对皇子的满洲师傅也严格要求，未能身体力行者难逃惩处。康熙二十五年四月，玄烨在瀛台教皇子们射箭，随去的满洲师傅徐元梦一向不善骑射，这一次又因不能挽强弓受到玄烨的诘责。当他稍作辩解，竟惹得玄烨震怒，命人将他杖责一顿，打成重伤。

要而言之，康熙时代加以规范的皇子教育体现着满汉文化兼容并蓄、"文武要务并行"的特色，其目的是确保王朝的长治久安。他的这一套做法，被以后几代皇帝奉为基本国策，严格遵循。

康熙年间，诸皇子分居宫内各处就学。雍正帝即位后，设上书房于乾清宫左楹，地近皇帝寝宫，主要是为了便于随时稽察。从此，皇子就读上书房成为制度。圆明园勤政殿东也是皇子们的学习场所，乾隆帝御书"先天不违""中天立极""后天不老"三匾额悬于该处。皇子们就读，每年除元旦、端午、中秋、皇帝"万寿"及本人生日可免去课读，除夕准提前散学，此外便没有假日。他们每日先习弓箭，后学满文、蒙古文，再学汉课。年长者午后还需练习步射。皇子读书时，每日歇息不过一两次，每次不过一刻，且须师傅批准。读书间隙许可讲书论史，但不准外出闲逛。如果功课没有完成，或罚书或罚字，也有罚下榻站立诵读的，唯无罚跪例。随侍内外人等，均在窗外或明间听差，闻唤始入，太监亦不敢喧哗。

清朝皇帝对皇子的教育不仅都很关心，并且还提出明确要求。比如，雍正帝胤禛常至上书房，并亲书"立身以至诚为本，读书以明理为先”一联，悬挂书斋，作为座右铭。乾隆帝弘历则面谕诸师傅对皇子要严格要求，指出“严有益而宽多损”。乾隆三十五年（1770）五月初七，正在圆明园书房就读的八阿哥永璇，未经奏报又未告知师傅，擅自离园进城。弘历得知后，将八阿哥及师傅、谙达分别示儆，并命将这道告谕抄成文字，贴于上书房，“使皇子等朝夕观省，知所劝戒”。嘉庆帝颙琰乃面谕师傅周系英等说“居心以忠厚为要”，不仅要教育皇子读书作文，还要教他们做人。他还以“业精于勤”的古训勉励诸子，让他们永志不忘。

清朝中叶以后，国势日衰，加之皇室汉化程度日深，皇子教育在形式和内容上都发生了明显变化。在上书房内，设立满汉师傅，原是满汉文化兼收并蓄办学方针的体现，以后，汉师傅在上书房内起着举足轻重的作用，而满洲师傅，却随着“国语骑射”的衰落而有名无实了。

清朝的皇子教育，至王朝末叶仍相当严格。但完全封闭式的教育，却使王朝的即位者对外部世界的巨大变化懵然无知。他们依旧沉湎于“中华帝国”的虚骄中，政治保守，故步自封，一步步把王朝导向覆灭的深渊。

作者简介

刘小萌，1952年生于北京。中国社会科学院近代史研究所研究员、博士生导师。著作有《满族从部落到国家的发展》《满族的社会与生活》《爱新觉罗家族全史》《清通鉴·前编》《八旗子弟》《正说清朝十二王》等。

废科举对乡村教育的影响

李世愉

中国古代的教育，城乡差别并不明显。乡村教育的落后是从清末开始的，其根本原因是中国在走向近代化的过程中，城乡发展不平衡。但是，废科举所带来的社会阵痛和负面影响也是造成乡村教育落后的重要原因之一。

一、科举制是在仓促之间被废止的

鸦片战争后，传统教育的弱点充分暴露，引进西学成为当务之急。至甲午惨败，天下愕然，群起而寻其因，遂集矢于八股和科举。康有为即称："中国之割地败兵也，非他为之，而八股致之也。"[①] 于是清政府先废八股，再停科举，以新学堂代之。显然，把战败之因归于八股和科举，并未抓住问题的实质。在头脑发热情况下做出的决定，必然是仓促的，主要表现在，清政府对废科举必须要解决的两个基本问题并没有充分的准备。

一是废了科举，教育怎么办。科举是选官制度，本与教育无关，但由于封建政府要培养忠于朝廷之士，需要以封建理论去规范他们的思想行为，从学习上引导他们，因此，科举创立不久，便与教育有了不可分割的联系，由此也埋下了隐患。明清时，科举完全左右了教育，把教育内容限制在狭小的范围之内，使众多读书人钻进了死胡同，脱离了社会与民生。依附于科举的教育并不是完整的教育，因此，改革是必然的。但是，改革不应是简单的废除，首先要搞清科举和教育各自的功能，以及二者的关系。科举的功能是保证公平取士，教育的功能是为社会培养各方面的人才。科举不应左右教育，教育也不能只为选官服务。只有让科举回到原本的、单一的选官功能，才是明智的选择，如同今天的公务员考试并未左右着教育一样。总之，教育与科举分途，才是新式教育发展的关键。然而，清政府并没有这样的认识，反而想以新学堂代替科举，对学堂毕业生授出身，一如科举之模式，反而限制了教育的发展。御史陈曾佑看到了问题的症结，指出新学堂不能发展，乃"学堂、仕进混一之弊"。他认为，学堂只授文凭，虽多至数千人不觉其滥，如尽授以官，则难以为继，"国家最利之事，在人人皆知求学，国家最不利之事，在人人皆思做官"②。以发展新学堂而普及教育是进步的，让新学堂重新承担科举的功能则是行不通的。认识上出现了偏差，所推行的政策自然难见其效。

一是废了科举，如何善后。废科举是举国之大事，理应做好充分的善后准备工作。由于仓猝定制，已容不得清政府过多地考虑善后问题。面对府州县学的停办，面对数百万科举制留下的举人、生员、童生，清政府既没能解决他们的认识问题，也没有妥善安排他们的出路。而在推广新学堂时，也看不到有效的舆论宣传、组织保证、财政支持、师资培训，全凭各地方长官的认知程度各行其是。正是由于缺乏整体规划和有效的善后措施，造成废科举后一段时间内社会思想的混乱，国人普遍缺乏对新学堂的认识。

二、废科举后面临的新问题

由于思想准备不足，措施不力，因此废科举后出现的许多新问题无法得到解决，严重影响了新学堂的发展，更使乡村教育受到严重冲击而陷于困境。

1. 旧的教育体系解体，造成乡村教育的断层

科举时代，乡村普遍设有社学、义学和私塾，与正规的府州县学形成了一个完整的教育体系。这个体系对乡村的文化教育普及起了重要的推动作用。废科举后，旧的教育体系一下子解体了，而新的教育体系一时又无法构建。最初的学堂都设在州县以上的城市，乡村子弟面临无学可上的局面。旧的教育体系中，启蒙教育在乡村占了极大比重，而没有了启蒙教育，乡村子弟很难考进城里的学堂。实际上，废科举后的一段时间内形成了乡村教育的真空。而这种文化教育的中断，哪怕只有十几年，也便是耽误了一代人。

2. 传统观念尚未转变，乡村教育难以为继

科举时代的读书观是"读书做官"。诸如"万般皆下品，惟有读书高""将相本无种，男儿当自强"一类的宣传，渗透到乡里民间，妇孺皆受其染；而"朝为田舍郎，暮登天子堂"的社会现实，更为世人树立了读书做官的样板，其影响可谓根深蒂固。科举可以立废，观念不可能一下子转变。废科举后，许多乡村人士对新学堂嗤之以鼻，纵有学堂毕业者，乡党不以为荣。许多人看不到读书做官的效果，又缺乏对新学堂的正确认识，因而产生了"学而无益"[③]的想法。正是从废科举开始，"读书无用论"出现了。在传统观念尚未转变，而新学堂又未能触及的乡村，传统的启蒙教育难以为继。

3. 教育经费严重不足，乡村教育举步维艰

新学堂与旧式学校不同，它需要政府投入大量的资金。而在晚清，中央及地方的教育经费明显不足，动员民间集资又收效甚微。因此，各地兴办学堂都受到经费的困扰，以至一县之中延至一两年不能有一完全学堂，一乡十里、数十里之中，求一旧有之蒙学馆而不得。此外，高额的学费也让众多人，特别是乡村子弟望而止步。教育经费的严重不足，限制了新学堂的发展，乡村教育更是举步维艰。

4. 师资严重匮乏，乡村教育明显滞后

在传统教育体系解体之后，原有的教师大多不能承担新学堂的教学任务。因此，新学堂面临的又一个困难是师资匮乏。当时办在城市的学堂，有的由于聘不到足够的教师而缩小办学规模，有的只能使用仅受过短期培训的速成教师，还有的"其教授法视家塾无甚差异"④。城市学堂尚且如此，又怎能顾及乡村教育呢？

三、废科举后乡村教育的状况

废科举、兴学堂，并没有达到清政府的预期目标，反而出现了另一种状况：一边是乡村教育明显落后，与科举时代形成了鲜明的反差；一边是新学堂培养了一批清王朝的掘墓人，这恐怕是清政府始料不及的。

乡村教育的落后主要表现在两个方面。一是乡村子弟没有得到受教育的均等机会。科举时代，除宗室、贵族外，城乡子弟受教育的机会大体是均等的，当时府州县学的学生大多来自乡村。废科举后，乡村子弟大多失去了受教育的机会。当时即有人指出了这一问题："科举之弊，近人详言之矣，而其中亦有至善之处，则公平是也。今学堂学生，近城镇者入之，僻远不与；有势力者

入之，微寒不与。"⑤直到民国初年，这一问题仍很突出，故有人呼吁：学校需要大大增设，"叫一般青年都能得到教育的均等机会"⑥。二是乡村读书人数明显减少。科举时代，读书人的数字是相当可观的，尤其是在乡村，"家弦户诵"是极为普遍的现象，即使在"深山密箐间，弦诵之声，不绝于耳"⑦。当时在华的外国人都盛赞中国教育的普及，如《中国与中国人》一书称："就男性人口而言，世界上已知的国家内没有一个国家的教育普及程度有中国那样广泛。"⑧而废科举之后，"乡间读书之声有减无增"⑨，读书人数明显减少，失学人数大大增加。同时，我们再也听不到外国人对中国教育的赞颂了。

四、结语

从废科举对乡村教育造成的负面影响中，我们可以得到两点启示：

1. 任何一项重大的改革都不免带来社会阵痛和负面影响，当政者的责任，应该在果断推行改革时，更要慎重、周密地考虑可能出现的问题，防患于未然，尽量把改革带来的负面影响降到最低。

2. 中国是个农业大国，在走向近代化的过程中，城乡发展是不平衡的，而废科举、兴学堂的过程中，更拉大了城乡的差距。在今天强调均衡、可持续发展时，这一历史教训同样值得我们思考。

注　释

① 康有为：《请废八股试帖楷法试士改用策论折》，载《戊戌奏稿》。

② 《御史陈曾佑奏请变通学堂毕业奖励出身事宜折》，见《光绪政要》卷三

十一。

③ 吕思勉：《考试论》，载《光华月刊》第 2 期，1928 年。

④ 宣统《呼兰府志》卷七，《学务略》。

⑤ 《举人李蔚然请变通整顿学务呈》，见《清末预备立宪档案史料》下册，第 985 页。

⑥ 天一：《考试制度》，载《教育杂志》第二十卷，第 5 号，1920 年 5 月。

⑦ 师范：《滇系》卷六之一，《人物》。

⑧ （英）亨利·查尔斯：《中国与中国人》卷二，伦敦 1844 年版，第 82 页。

⑨ 民国《宁乡县志》卷七，《学制记》。

作者简介

李世愉，1949 年生，江苏镇江人。中国社会科学院历史所研究员、博士生导师，《清史·科举志》项目主持人。主要著作有：《中国历代科举生活掠影》《清代科举制度考辨》《清代土司制度考论》等。

清末美国退款兴学真相

崔志海

　　1909 年美国退还部分庚子赔款并用于中国学生赴美留学，这是近代中美关系史上和中国近代留学史上的一件大事。并且，由于在美国退还部分庚款基础上创办的清华大学后来成为国际一流学府，因此美国退款兴学的事情迄今仍然是中美关系中不时被人们提及的一个话题。但由于对美国当初为什么要退还部分庚款以及退款是如何与兴学联系在一起的真相，人们迄今还不甚了解，因而有必要对这一问题的历史真相予以说明。

　　1901 年 9 月《辛丑条约》签订后，由于各国都蓄意高报、虚报赔款数额，申报的赔款总额高达 4.6 亿多海关两，比和约规定的 4.5 亿两多出 1000 余万两，因此各国继续就如何分配庚款问题举行谈判。在此过程中，美国政府从刚确立的对华"门户开放"政策出发，强调"更多的优惠和行政改革要比大量的金钱赔偿更合乎需要"，因此，不但表示愿意按比例削减赔款额，而且还多次指示美国驻华公使康格转告其他列强，在将各国的赔款总额削减至 4.5 亿两之后，美国愿意做进一步的削减，假如其他列强也按比例削减的话。然而，美国政府的这一倡议没有得到其他列强的响应。经过多番商讨，至 1902 年 7 月列强仅就他们之间如何分配 4.5 亿的赔款达成一致意见，而无意做进一步的削减。结果，美国的赔款额仅仅做了微调，从原先的 2500 万美元调整为 2444 万美元。

在劝说其他列强共同按比例削减庚子赔款的倡议失败之后，时任美国国务卿的海约翰和当时负责远东政策的柔克义开始考虑率先由美国单独退还庚款中虚报、高报的部分，从而促使其他列强一同退还。1904 年 12 月 6 日应海约翰的要求，柔克义草拟了一份提交国会的关于退还部分庚子赔款的备忘录。该备忘录指出：经调查，美国公民在义和团时期所遭受的损失以及美国军队的开支并非最初估计的那么多；鉴于这一事实，以及中国目前的财政困难和我们以前也有过向中国退还多余部分赔款的政策，向国会提出庚子赔款对中国是否存在不公正问题是我的职责；退还部分庚子赔款对减轻中国沉重的债务来说是十分必要的；如果这一建议获得国会的批准，我建议授权行政部门通知中国政府，此后美国只要求赔款总数的一半。1905 年 1 月间，驻美公使梁诚奉命与美国商讨庚款付金付银问题，海约翰为缓解因付金给清政府所增加的财政负担，第一次婉转表达了美国愿意退还多余部分赔款的打算。同年 4 月，柔克义为早日促成此事，在来华任公使前夕，就如何归还部分庚款征询梁诚的意见。1905 年 7 月 12 日，在海约翰病逝后第 5 天，已来华履任的柔克义立即给美国总统罗斯福写信，希望早日解决退还庚款的超额部分，指出：在过去的几年里，海约翰经常与我说起这件事，每次他都这样表达他的意见——我们必须找到某种方式履行公正。但这件事在国务院中并没有任何文字记录，只是在海约翰和我之间一再讨论，因此，"提请您关心这件事是我的责任，也是对海约翰的纪念，相信以您的智慧，您能够决定以某种方式完成这一愿望"。

1906 年初，随着中国抵制美货运动的平息，美国总统罗斯福对退款的态度转向积极。是年 4 月 3 日，他在写给美公理会传教士明恩溥的回信中承诺，只要不发生一些重大的相反的理由，他本人将会与哈佛、耶鲁等大学机构共同努力，争取国会通过退款决议。1907年6月15日，美国国务卿罗脱正式致函清政府，宣布美国总统将在下次国会开会期间要求授权修改与中国签订的有关赔款协议，豁免和取消部分庚子赔款，并声明这是美国政府的主动行为，指出"从赔款一开始本政府就有此意向，即在适当的时候，当所有的申诉均已提出，所有的开支均尽可能查清之后，原来估计的数字以及赔款支付总数应予修正，并作为与中国真诚友好的一个证明，自愿免除超出中国应向美国国家和公民赔偿之外的那一部分赔款的法律义务"。1908年5月，美国国会正式通过议案，授权美国总统退还中国庚款1078万美元，本息合计共为2892万美元。

根据目前所看到的史料，将退款用于兴学的决定主要也是出于美方的意图，而非出于梁诚的倡议和清政府的自愿。1905年初在国务卿海约翰向梁诚透露美国有退还部分庚款的意图之后，新任驻华公使柔克义在4月来华前夕，首先向梁诚提出退款用途问题，建议清政府最好将退款直接和完全用于派遣中国学生赴美留学。稍后，柔氏在来华后写给罗斯福总统的信中再次建议将退款用于教育，坚决反对当时康乃尔大学教授精琪提出的将退款用于清政府货币改革的主张，指出接受现代教育才是中国各项改革事业中所急需的。1906年初，罗斯福总统在写给美公理会传教士明恩溥的回信中也赞同将退款用于教育。1907年12月3日，罗斯福本人在为争取国会支持退还部分庚款所做的报告中公开表示："我们这个国家应在中国人的教育方面给予十分实际的帮助，以便中国这个幅员辽阔、人口众多的帝国逐渐适应现代形势；实现这一目标的途径之一，就是鼓励中国学生来我们这个国家，吸引他们在我们的大学和高等教育机构里就学。"

对于美国提出将退款用于兴学的要求，清政府虽然原则上并不反对，但并不赞成直接将它全部用于兴学。1905 年 5 月直隶总督袁世凯建议将退还的庚款先用于兴办路矿，再以其所获之余利用于兴学，认为这样"庶可本末兼权，款归实济"。外务部也认为袁世凯的意见"尤属统筹兼顾、尽美尽善之图"；并指出"办理学务，似无须如此巨款"。但鉴于庚款兴学"为美廷所乐从"，以及当时中美之间正为粤汉路权问题进行交涉，为不影响美国退还部分庚款，驻美公使梁诚和外务部都不敢对庚款兴学提出异议。

1907 年 6 月美国国务卿罗脱正式通知中方将退还部分庚款之后，用途问题再次成为中美两国争议的焦点。当时，清政府为抵御俄、日两国侵略东三省，希望将退还的庚款用于东三省实业开发，然后再以其盈余用于派遣中国学生留学美国。而美国政府则要求清政府必须将退款全部和直接用于派遣中国学生赴美留学。1908 年 5 月 25 日，柔克义在收到国务卿关于国会正式通过退还部分庚款议案的电文通知后，故意没有立即照会外务部，而是非正式地通知外务部右侍郎梁敦彦，询问清政府是否愿意履行 3 年前的诺言，将退还庚款用于兴学，强调只有中方明确保证将退款完全和直接用于派遣中国学生留学美国，才有助于美国政府早日退还部分庚款。在清政府完全满足他的要求后，柔克义才于 7 月 14 日与外务部就美国退还部分庚款问题正式互换照会。10 月 31 日，经反复协商，柔克义又与外务部拟定《派遣美国留学生章程草案》，就留美学生的资格、选拔、专业及其管理等问题初步达成一致意见。同时，美国政府还特意制定了一套繁琐的"先赔后退"的退款方案，规定清政府每月仍须按原赔款义务向上海花旗银行缴付赔款，然后由美国驻上海总领事通知银行汇往美国之数，由上海海关道代表中国政府照数购一汇票交银行汇往美国，最后才由美总领事签字核明将剩余之款退还上海海关道转交外务部。这样，一旦发现清政府将退款挪作他用，美国政府便可中止退款。

在确保退款将被用于兴学之后，美国政府接着又催促清政府尽快履约，做出具体安排。1909年3月20日，柔克义照会外务部，催促清政府尽快选拔留美学生，指出第一批赴美留学之期将至，美国方面已为接收中国留学生做好准备，"外部愿中国速选学生筹备一切，迅来美国就学为盼"。5月14日，柔克义再次照会外务部，威胁说如中国政府不按上年7月14号所云办法及草案速行酌定，"本大臣无法，只可达知美政府将现行减收之法停办，俟贵国将派生赴美留学生之章定妥，再行议订减收之法"。正是在柔克义和美国政府的一再敦促之下，1909年7月10日清政府颁布《遣派游美学生办法大纲》，在北京设立"游美学务处"，附设"游美肄业馆"，正式启动留美计划。这个培训学校"游美肄业馆"，便是今日清华大学的前身，它于成立的翌年10月即因地处"清华园"，更名为"清华学堂"。

综上所述，美国退还部分庚款是美国政府从赔款一开始就知道向清政府多要了钱，有意退还；并且，将退款用于兴学的决定主要也是出于美方的要求。在近代，美国虽然与其他列强一样，积极参与对中国的侵略，但退款兴学这件事，在近代中美关系史上还是应予实事求是的评价。

有清一代边疆政策的当代启示

马大正

边疆政策的内涵与作用

中国历史上无论哪一朝哪一代，都面临着边疆问题，统治者也都为巩固统治而制定边疆政策，展开边疆经略。边疆经略是历代王朝对边疆地区的开拓与经营。边疆政策是实施边疆经略的指导方针与具体措施，而治边思想则是制定边疆政策的重要前提之一。边疆政策的正确与否，边疆经略的成败得失，治边思想能否符合时代潮流，不仅直接影响一个朝代的兴衰存亡，而且对于作为整体的统一多民族国家的形成、发展也产生重大影响。

概而言之，中国古代边疆政策的基本内容有以下几个方面：

1. 羁縻与怀柔

羁縻，含有联系、牵制之意，是中国历史上中央王朝统治者统治边疆少数民族地区经常采用的一种政策。这种政策就是在少数民族承认中央王朝统治的前提下，中央王朝允许其实行有限自治，保持本民族原有的社会制度、宗教信仰及风俗习惯、文化传统等等，并通过加强内地和边疆政治、经济、文化各方面联系，在不改变边疆地区原有政治实体内部结构的前提下，加强中原对边疆地区的影响，促进内地与边疆一体化，从而巩固和壮大大一统的国家。汉朝以后，历代封建王朝对这一统治政策奉行不悖，清朝统治者对此政策进行创新改造，使之更加完善，"因俗而治"成为治理边疆民族的基本方针。

2. 行政管理与军事部署

历代中央王朝都设有管理边疆事务的机构。清朝中央政府设立了理藩院，专理蒙古等民族事务。在加强行政管理的同时，清王朝还通过驻扎军队，加强对边疆地区的治理。"恩威并施"是我国历朝统治者惯用的手法，对边疆民族地区尤多使用。军事部署是威的体现，是"慑之以兵"方针的具体化。

3. 从和亲到联姻

我国历史上中央王朝的统治者，为了巩固与边疆地区少数民族上层政治上的联盟，加强对边疆地区的统治，或求得边疆地区社会秩序的稳定，往往采取和亲或联姻的措施。汉、唐、清三朝在这方面具有代表性。清朝的联姻，主要在满洲贵族与蒙古王公之间进行。包括两方面内容，一是清朝统治者从蒙古王公家族中选择后妃；二是清朝统治者把公主下嫁给蒙古王公。皇太极共有15 位后妃，其中有 7 位是蒙古族，皇太极的两位皇后——孝端皇后和孝庄皇后，以及关雎宫的宸妃都来自蒙古科尔沁部。顺治皇帝有 19 位后妃，其中 6 位是蒙古族。康熙皇帝 40 位后妃中，有两位是蒙古族。乾隆皇帝的后妃中也有蒙古族。顺治初到乾隆中后期，满族贵族下嫁的公主中有 13 位是皇帝的亲生女儿，并且联姻范围也由漠南蒙古发展到漠北蒙古、漠西蒙古。据不完全统计，科尔沁达尔汉王旗下有公主子孙台吉、姻亲台吉 2000 余人，土谢图王旗下公主子孙台吉 500 余人，敖汉旗下 600 人，巴林王旗下 170 余人。清朝的满蒙联姻在发展变化过程中，逐渐形成了各种制度，主要有俸禄俸缎制、入京朝觐制、生子予衔制和赐恤致祭制。

4. 经济开发

经济发展、社会稳定是边疆治理的前提和基础，因而边疆治理的一个重要内容就是经济开发。中国封建时期的边疆地区经济开发主要有以下两种形式：一是国家行为的屯田；二是中央政府采取有效措施，推动边疆和内地的民间交往。在边疆地区屯田，又称之为屯垦戍边。历史上各个朝代都把屯垦戍边当作开发边疆、巩固边防的一项重要举措。从有清一代新疆屯垦的发展历史看，清朝前期，新疆是全国屯垦最发达的地区，清朝在新疆的屯垦成绩更为显著，主要表现在：一是开垦了大片耕地，推动了新疆社会经济的发展；二是完全解决了军粮供应，减轻了国家财政负担；三是促进了新疆文化教育事业的发展；四是为新疆的稳定提供了坚实的后勤保障。

必须指出，历史上的边疆政策具有鲜明的阶级属性，它的直接目的是为一朝一代的政治利益服务，但从统一多民族国家发展大趋势的背景观之，其历史的积极作用不言而喻。简言之，一是促进了多民族国家的巩固与统一；二是协调了民族关系，推动了多元一体中华民族的演进；三是有序展开了边疆地区的经济开发，推动了边疆内地经济一体化。

在历史演进中，统一多民族国家和多元一体的中华民族是相互依存、相互促进、同步发展的。统一多民族的中国与多元一体中华民族的同步发展，成为世界发展史上的一道独特的风景线。而促使这种同步发展成为可能、成为现实的一个重要原因，就是极富中国特色的边疆政策的实施。边疆政策的基本任务是守住一条线（边界线）、管好一片地（边疆地区），实际上包含着物与人两个要素。可以说，边疆治理是一项针对人和物综合治理的社会系统工程。在统一多民族的中国，边疆地区是少数民族繁衍生息的主要地区。因此，边疆政策的最重要内容之一即是处理民族关系，唯有调动边疆地区民族上层的积极性和为广大民族群众的生存打造一个稳定、发展的社会环境，才能推进统一多民族中国和多元一体中华民族的良性发展。

以史为鉴的启示

历史研究要面对现实和未来，这既是中国史学研究的优良传统，也是当今时代的要求。

中国的边疆和历代边疆政策是一个现实感很强的研究领域，通过研究，可获启示极多，择其要者，可有：

第一，中国作为统一多民族国家，边疆是国家不可分割的一部分，边疆的稳定关系国家的稳定大局；边疆的发展关系国家发展的大局，任何轻视、放弃边疆的想法和举措，都受到历史的谴责，成为历史的罪人。以清朝为例，"塞防"与"海防"之争，左宗棠力主收复新疆，历史会记住左宗棠这一功绩。"宁失千军，不失寸土"的古训，至今仍有现实意义。

第二，广义的边疆治理，包括管理和开发两个方面，开发即是经济发展、文化发展，是保证边疆稳定的基础之策，历代有作为的中央政府，如汉、唐、清在治理边疆时均注意到这一点，并取得了成效。但封建政权毕竟有极大的历史的、阶级的局限，如清政府在边疆地区重"稳定"，轻发展，出于阶级私利有意识保持边疆地区落后，以利统治，致使边疆地区长期仍处于落后状态，这也是不变的历史事实。

第三，中国独特的历史传统之一是中央政府的权威，这是维系统一多民族国家的重要（甚至可说是最重要）因素之一。边疆治理要依靠实力，或者可说是综合国力，实力既包括有形的军事实力，也包括不可轻视的无形的中央政府的权威。唐太宗为各族共推为"天可汗"可视为一例。

第四，历代边疆政策的治理形式，如中央集权、"因俗而治"、利用宗教、民族的事由民族的人来办等等，都有可供借鉴的成分，值得后人在创新的基础上予以认真总结。

第五，要在增强民族凝聚力、国家向心力上多做些事。清政府的满蒙联姻，对民族首领的怀柔收到有利于清政府统治的效益。边疆民族地区特别在一些与中原地区文化有较大差异的边疆民族地区，实际上存在着以下四个特征：地缘政治方面带有孤悬外逸的特征，社会历史方面带有离合漂动的特征，现实发展方面带有积滞成疾的特征，文化心理方面带有多重取向的特征。这些特征的存在，对民族凝聚力和国家向心力言，具有消极影响。历史上如此，现实生活中也是如此。

第六，边吏是否善政关系边政是否得当。边疆地区远离统治权力中心，且情况复杂，边吏的素质要求更应优于内地。应变过激会致使事态人为扩大；而过缓消极，本想息事宁人，往往适得其反。用一句大家熟悉的话来说，即：路线确定后，干部是决定一切的。

作者简介

马大正，1938 年生于上海。中国社会科学院学术咨询委员会委员，中国边疆史地研究中心研究员，国家清史编纂委员会副主任。主要著作有：《边疆与民族——历史断面研考》《中国边疆研究论稿》《新疆史鉴》，主编《中国边疆经略史》《中亚五国史》《卫拉特蒙古史纲》等，共 30 余种。

清代中国有五个称为新疆的地方

马大正　　苗普生

　　有清一代，特别在清代前期，有五个称之为新疆的地方。

　　一是云南省乌蒙府。1730 年（雍正八年），清政府在复云贵广西总督鄂尔泰的一份奏折时说："乌蒙系改土新疆，与威宁接壤。"按《清史稿·地理志》载，云南省昭通府就是过去的乌蒙府，在今昭通、永善一带，位于云南北部，与四川、贵州两省相邻。可见，这一带在雍正时期有新疆之称。

　　二、三是贵州府的古州和贵州省西部今安顺市和镇宁县一带。据《贵州通志·前事志》载，1730 年 11 月，贵州巡抚张广泗奏："上下两游新疆……宜设义学，以渐化导。"此处的"上下两游新疆"是指两个地方，一是贵州省东南部，称之为下游新疆，此处也即是 1732 年雍正谕旨中所提："新疆辽阔，直通楚、粤，非古州一镇所能管辖。"这里提到的古州，即是今贵州省南部的榕江，是苗族、侗族聚居地区。另一个是贵州省西部，称之为上游新疆，在今安顺市和镇宁县附近一带，是布依族聚居区。

　　四是四川的大、小金川。1779 年（乾隆四十四年），四川总督文绶奏称："两金川荡平，新疆事件，悉由松茂道查办核转。"此处新疆，是指大渡河上游的大小金川，是藏族聚居区，属四川省。

上述四处被清朝皇帝和官员称之为"新疆"的地方，分别在今天云南、贵州、四川地域之内，并有两个共同特点，一是这些地区历来都是中国的固有领土，自汉朝起，历代王朝就在这些地方设置统治机构，行使主权。二是上述地方都是少数民族聚居区。自元明以来，中央政府在这里实行土司制度，即分封各族首领世袭官职，让他们统治当地居民。土司制度，又分土司与土官两种。土司接受皇帝的封赐官爵，世袭继承。土官是按照内地行政制度设立府、州、县，委派少数民族头人担任知府、知县等官。清朝雍正、乾隆时期，开始委派有任期的官员（流官）统治少数民族地区，废除世袭的土官，历史上把这种统治方式的改变称为"改土归流"。这里称之为"新疆"的地区，就是指改革土司制度以后，设立新的行政机构的国内少数民族居住地区，并无"新辟疆土"的含意。

五是将古称西域之地称之为新疆。

1759 年 11 月，陕甘总督杨应琚在奏章中说："新疆效用武职人数……遇有辟展（今鄯善）等处差务，陆续委用。"次年 5 月，乾隆皇帝在谕旨中也指出："现在新疆垦种，实无劳民之事。"此时的清朝政府已用新疆来称西域之地了。但当时很多文献仍称今新疆维吾尔自治区包括巴尔喀什湖以东以南广大地区为西域。如乾隆时编纂的地方志《钦定皇舆西域图志》，还有《西域水道记》《西域闻见录》等文献。直到 1825 年（道光五年），著名思想家龚自珍仍称新疆为西域，写有《西域置行省议》名篇。可见，在清朝政府统一新疆以后一个相当长的时期内，西域和新疆两个名称是同时并存的。也许是出自区别同时存在几个新疆的实际，清政府有时也将地处西北边陲的新疆称之为"西域新疆"。1764 年 11 月，乾隆皇帝在答复有关修纂《大清一统志》事宜时指出："至西域新疆，拓地二万余里，除新设安西一府及哈密、巴里坤、乌鲁木齐设有道、府、州、县、提督、总兵等官，应即附入甘肃省内，其伊犁、叶尔羌、和阗等处，设有总管将军及办事大臣驻扎者，亦与内地无殊。应将西域新疆，另纂在甘肃之后。"所以，在《大清一统志》里，称新疆之地为"西域新疆"。嘉庆年间，祁韵士的《西陲总统事略》成书，经著名学者徐松改编后，1820年（嘉庆二十五年）由伊犁将军松筠进呈道光皇帝，赐名《钦定新疆识略》。此后，"西域""西域新疆"等称谓逐渐被"新疆"所替代。但是"新疆"作为一个固定地名并正式成为一个省名，则是1884年清朝政府正式批准设立新疆省之时。从此，新疆作为一个固定地名一直沿用至今，而其清代中国曾一度出现过的其他四个新疆的地域称谓，便逐渐弃置不用了。

但必须指出，这时的新疆的地理范围与乾隆时期西域的地理范围并不完全相同，与汉唐时期西域的地理范围则有更大区别。

汉代，西域有广义和狭义之分。广义的西域是指玉门关、阳关以西乃至中亚、西亚的一部分，以及东欧和北非的个别地方，是当时汉朝人就地理知识所及对"西方"地区的泛称；狭义的西域则是指玉门关、阳关以西，天山以南、昆仑山以北，葱岭（今帕米尔高原）以东的地方，以及乌孙游牧之地，即汉朝有效管辖的地方。可以说，"西域"在西汉时广指汉朝郡县辖区以西的广大地域，并没有太严格的界限。直到东汉班固撰写《汉书·西域传》，西域作为一个地理概念才开始固定下来。《汉书·西域传》记：西域"东则接汉，阨以玉关、阳关，西则限以葱岭"。这就是前面所说的狭义的西域。

唐代，西域作为一个地理概念，也有广义和狭义两种解释。敦煌以西，天山南北，中亚、西亚地区，乃至北非、东欧部分地区都可称之为广义的西域；狭义的西域则是指东起玉门关、西到波斯（今伊朗），北抵阿尔泰山，南至克什米尔的广大地区，这一地区大致可分为四个部分：塔里木盆地缘边诸国，阿尔泰山以西及伊犁河流域西突厥部落游牧区，阿姆河和锡尔河之间的河中地区，阿姆河以南地区，上述地区分别由唐朝安西大都护府和北庭大都护府管辖。

清代乾隆年间西域的地理范围，据《西域图志·图考一》载："其地在肃州嘉峪关外，东南接肃州，东北直喀尔喀（蒙古），西接葱岭，北抵俄罗斯，南界番藏（青海、西藏），轮广二万余里。"即指今新疆，还包括巴尔喀什湖以东以南的广大地区。我们之所以以清朝乾隆年间西域的地理范围来解释"西域"一词，主要理由有三：一是经过了近两千年的发展，中国的疆域包括西北疆域已经基本固定下来了；二是历史上，我国历朝历代对西域的管辖范围有大有小，但基本上是在今新疆包括巴尔喀什湖以东以南广大地区以内；三是，乾隆年间，近代国家观念已形成，世界各国开始以条约的形式固定各自的国界。清朝政府于1689年（康熙二十八年）就已与俄国订立了《尼布楚条约》，划定了东北部国界。18世纪中叶，清政府在取得了对准噶尔政权战争胜利后，中国西北国界得以确定，并为邻国所承认。

进入近代，沙俄先后与清朝政府签订了《中俄北京条约》（1860）、《中俄勘分西北界约记》（1864），割占了中国西北边疆44万多平方公里领土。1881年2月，中俄签订《伊犁条约》，根据该条约及其所附的五个边界子约，沙俄又侵占了霍尔果斯河以西等地的7万多平方公里的中国领土。这样，新疆建省时，与乾隆时期西域的地理范围相比，已少了50多万平方公里的土地。如果我们以新疆现在或建省时的地理范围叙述新疆的历史，显然不能反映新疆历史发展的全貌。所以，我们一般以清朝乾隆年间西域的地理范围为基础，上溯以往的新疆的历史。凡是在这个地理范围内活动过的民族，包括已消失的古代民族，都是新疆历史的一个重要组成部分，也是中华民族的组成部分；凡是在这个地理范围内建立的政权，都是新疆历史上建立的政权，也应该是中国历史上建立的地方政权；凡是在这个地理范围内发生的历史事件、出现的历史人物，都应该是新疆历史研究的内容。

作者简介

　　苗普生，男，1942 年生。新疆社会科学院副院长、研究员。主要著作有：《伯克制度》《新疆史纲》等。

福康安风雪援西藏

戴　逸

乾隆五十六年十二月初一（1791 年 12 月 25 日），有 100 多人从青海西宁出发，驰马急行，向西藏奔去。他们是什么人？有什么紧要事务？

这是乾隆帝为援救西藏派出的一支队伍，为首的是声名显赫的大将福康安，战功卓著，英名远扬。他是乾隆帝的内侄，时任两广总督，年 37 岁。

这是为抵抗廓尔喀入侵而奉命援藏的先头部队。从乾隆五十三年起，廓尔喀（即今尼泊尔）已两次侵略中国西藏，廓尔喀是喜马拉雅山南的一个小国，其民勇悍善战。当时它的大邻国印度已全部沦为英国的殖民地，英国常雇佣廓尔喀人作战，廓尔喀国王在英人唆使和支持下觊觎西藏。它拥有英人供给的先进武器，两次侵藏，藏军大败，占领了包括班禅驻锡地日喀则在内的后藏地区。清廷的驻藏大臣保宁等畏葸怯懦，竟欲挟持达赖、班禅逃往青海，丢弃西藏。乾隆帝闻讯大怒，指责保宁"丧心病狂，一至于此"，决心发兵远征，收复后藏。他说："卫藏为历辈达赖喇嘛、班禅额尔德尼驻锡之所。康熙雍正年间两次用兵，俾得安辑。予临御后复加振兴，岂因小丑频年侵扰，即可置之不顾。且此时不痛加惩创，安知贼匪占据后藏之后，不浸寻以次蚕食前藏。"①

在当时交通极不方便的条件下，大军进藏，不是一件简单的事，行军、运粮、沿途设置台站，事务繁杂。乾隆五十六年，经长途跋涉，内地已有几千官兵入藏，但却没有一位称职的统帅。前线士兵无人指挥，队伍散乱，战斗不力，不能收复失地，乾隆帝心急如焚，只得从广西调福康安回京，面授机宜，派往西藏，统一指挥战争。福康安率领1000名索伦、达呼儿兵在乾隆五十六年十一月离京赴藏。

摆在面前的难题是：前线军情紧急、无人指挥，福康安怎样在隆冬季节尽快进藏？而且乾隆帝下了死命令，必须在40天内或由成都、或由西宁到达拉萨。

当时的进藏路线有两条，一条从成都经打箭炉、巴塘、理塘入藏，一条从青海西宁南行入藏（即今青藏铁路所经）。前一条路较平坦，但有5000余里，后一条路仅4000余里，但据报"青海大道，并无人烟，山路极多，又无林木，冰雪甚大。兼之蒙古住牧遥远，缺乏马草，难以趱行"②。乾隆帝听到这个消息，非常担心。下谕说："若青海一路实有难行之势，由福康安等熟筹，当即改道由四川赴藏，不可勉强。"③但福康安为了实现乾隆帝速赴西藏、收复领土的谕旨，仍然选择了路程较短而困难甚多的由青海入藏的路线。

福康安挑选精壮百余人，亲自率领从青海西宁南行，开始了隆冬季节赴援西藏的壮举。一行人等，骑马前进，每人以三马换乘，口粮锅帐、秣草料豆以至烧饭用的柴薪俱用骆驼运载，各项准备极为宽裕。行走数日，"地势渐高，山上厚存积雪，甚觉崎岖，并有川岚瘴气，早晚行走，每致头晕气喘"④。他们努力赶路，但求早日进藏。福康安在路上于十二月初九曾发一奏折往北京，此后，愈行愈远竟未发报。乾隆帝关念甚深，忧心忡忡。他在北京怀念行军中的将士说："然以隆冬行，草枯雪过膝，未免跋涉艰，兼之山气逼。先是有烦言，胥恐行难必，予亦为之虑，率无安晨夕。"⑤ 而福康安等一路披星戴月，每天寅初（约凌晨三点钟）启程，至戌刻（夜八点）驻歇，每天驻歇牧马仅七个小时，"一日所行道路，较之喇嘛番子人等行走两日路程，尚属有余"⑥。十二月十六日行至玛楚克，因携带物品太多，马匹疲乏，骆驼行走迟缓，索性精简物品，将所带柴薪减去，骆驼全部留作后队，以便轻装速行。十二月二十四日，过黄河、长江的发源地星宿海，"数百里内，溪涧交错，泉水甚多，冬令处处凝冰，远近高下，竟无路途。且该处多系沟磡沙滩，乱石纵横，与冰坎相间层积，马足倾滑行走维艰"。二十八日，过巴颜喀拉山，"地势极高，瘴气最大……人行寸步即喘，头目眩晕，肌肤浮肿，冬间冷瘴，较之夏间尤甚"⑦。其行进道路大体上是沿着今天的青藏铁路。路上，福康安先因受寒得病，后又感染瘴疠，困顿疲乏，因在木鲁乌苏河停歇两天。乾隆五十七年正月初二日到达多伦巴图尔，该地已为西藏界，达赖派员携带牛羊食物在此迎候。但进入藏界，道路依然难行，连遇风雪，气候更冷，一路无柴草可烧，惟捡拾牛马粪便作炊，马匹疲乏，倒毙累累，幸拉萨又遣人迎接，方得换马前进。一过喀拉乌苏，地势稍平。气候转暖，兼程疾走，正月二十日到达拉萨，共计 50 天行走 4000 余里，已超过乾隆帝到达拉萨的限期 10 天。这次赴西藏冒雪冲寒，长途跋涉，为行军历史上所罕见。

此后，经过战斗，收复了聂拉木、济咙等后藏地区。为了驱赶侵藏的廓尔喀军，清军攀登号称"世界屋脊"的喜马拉雅山，展开进攻。廓尔喀军虽有英国供应的先进枪炮，仍抵挡不住清军的凌厉攻势，节节败退。清军翻越山脊，进抵山南，离廓尔喀都城阳布（今加德满都）仅数十里，其战斗详情不赘言。

　　清军虽战胜，也遭遇严重困难，气候寒冷，冰雪载途，山高路险，粮运不继，登山的 8000 名清军因战、因病、因饿而大量死伤减员，仅余 5000 人。

　　时间已到阴历八月，马上就要大雪封山，如果战争拖延下去，封山之后，山路不通，粮食不能运过来，军队也不能撤回去，势将坐以待毙。好在福康安离京时，乾隆帝嘱咐他，此战意在收复后藏，并警戒敌人，不求割占廓尔喀土地，福康安遂与廓尔喀国王议和。约定：今后不得犯边，并归还从中国后藏抢掳的金银财物和御赐班禅六世的金册，廓尔喀派遣大臣到北京进贡驯象、番马、孔雀、毡绒及乐工 13 人。福康安遂于乾隆五十七年八月二十一日率大军回国。此后 200 多年，两国边界安宁，和好无事。

注　释

① 《乾隆御制诗》五集卷七十《悉故》。
②③ 《钦定廓尔喀纪略》卷八。
④ 《钦定廓尔喀纪略》卷九。
⑤ 《乾隆御制诗》五集《奎舒奏报进剿廓尔喀兵行事宜，诗以志慰》。
⑥ 《钦定廓尔喀纪略》卷十三。
⑦ 《钦定廓尔喀纪略》卷十八。

统一多民族国家的历史见证

——承德避暑山庄与外八庙

王思治

承德原名热河。避暑山庄肇建于康熙四十二年（1703），原名热河行宫，是清帝由京师去木兰（今围场县）行围，举行"秋狝（xiǎn，古代指秋天打猎）大典"，沿途所建众多行宫之一。康熙五十年，宫殿区完工后，康熙帝写了《避暑山庄记》，热河行宫更名为避暑山庄。雍正十一年（1733），热河改称承德，同年设州。雍正皇帝之所以改热河为承德，是因为避暑山庄是其皇父康熙帝所兴建，"承德"意为承袭祖宗恩德，永志不忘。乾隆四十三年（1778），承德升为承德府。乾隆时，避暑山庄大规模扩建，前后历经80余年才最后建成。它是我国现存最大的皇家园林，已列入世界文化遗产名录。

山庄一般是指山间建筑，不饰文采，野趣横生，不尚威严壮丽。皇家园林有宫有苑，宫是处理政务之处，苑则是宴憩之地。避暑山庄的命名，表明山庄主人既要勤政，又要追求山水野趣、消夏清暑的享受。

康熙帝自康熙四十二年后、乾隆帝自乾隆六年起，几乎年年都去避暑山庄，一般四、五月出古北口，九、十月回京，军机处，内阁，各部院、司、寺等官员扈从行在。清帝在山庄处理政务，尤其关注蒙古等少数民族事务。在康乾时期，避暑山庄成为清朝第二个政治中心。

清制：蒙古各部王公分"年班"与"围班"，定期朝见皇帝。"年班"是已经出过痘的蒙古王公（称为熟身），每年轮班进京朝见皇帝。"围班"是未出过痘的蒙古王公（称为生身），因口内炎热，不能进京，每年轮班至木兰围场行围，然后到避暑山庄觐（jìn，朝见）见皇帝。乾隆时从猎行围的蒙古王公有内蒙古49旗，喀尔喀四部（外蒙古）、厄鲁特蒙古（新疆），以及青海各扎萨克，总共不下百余旗，"实史册所未见"。乾隆有诗《御营行》记其盛况云："万幕拱皇城，千山绕御营，皇家修武备，藩部输忠诚。"此外，前来避暑山庄觐见皇帝的还有藏族、左右哈萨克、东西布鲁特（柯尔克孜族），台湾原住民（高山族）。兹就高山族来承德为乾隆贺寿的情形约略述之：

乾隆五十三年，台湾阿里山等高山族各社首领34人，前来北京觐见皇帝，随同年班众部，共入筵宴，受到清廷隆重款待，备加感奋。他们回台湾后"交相荣幸"，于是未能进京的首领都请求轮流进京。乾隆五十五年，是乾隆皇帝八十寿辰，在避暑山庄举行盛大庆典。高山族首领怀目怀、乌达老域等12人，前来祝寿，乾隆帝十分重视，命福建巡抚徐嗣曾亲自率各首领驰赴避暑山庄，沿途妥为照料，赶在乾隆生日之前抵达热河。七月十三日，怀目怀等"叩觐于避暑山庄，仍入京称庆如礼"[①]。乾隆命绘制成图载入史册。高山族首领赴热河、北京祝贺乾隆寿辰记载于《皇清职贡图》。史册明文记载，高山族是中华民族大家庭的成员。

各族头人聚首避暑山庄，朝见皇帝，为皇帝祝寿，"共输忠诚"，清帝给予大量赏赐，同与筵宴，并在山庄万树园举行观火戏等各种娱乐活动，各族首领济济一堂。乾隆十九年避暑山庄丽正门进行改建，其匾额用满、蒙、汉、维、藏五种文字题写（今仍存），乾隆帝说，这是"以昭国家一统同文之盛"②。

避暑山庄表明"国家一统同文之盛"。分布在其东面、北面，有如众星拱月的外八庙，更是我国统一的多民族国家在清代进一步巩固和发展的历史见证。

乾隆二十年，清政府平定新疆准噶尔汗达瓦齐之后，乾隆皇帝令建普宁寺（大佛寺）。他在《普宁寺碑文》中说："乾隆二十五年五月，平定准噶尔。冬十月，大宴赉（lài，赏赐）四卫拉特部落旧附新归之众于避暑山庄，曰绰罗斯（即准噶尔）、曰都尔伯特、曰辉特、曰和硕特。四族台吉，各封以王、贝勒、贝子、公……至是而内外一家，遐迩同风之言允符。"③在实现国家统一之后，为了"以一众志"，加强团结，建普宁寺于山庄的北麓。此庙是仿西藏三摩耶庙的式样修建的。

乾隆二十九年，仿照新疆伊犁河北著名的固尔扎都纲（伊犁庙）的旧制修建了安远庙。乾隆帝叙述此庙修建的缘起，是因为平定达瓦齐之后，阿睦尔撒纳叛乱时，"庙乃毁废"，"因思山庄为秋蒐（同"搜"）肆觐之所"④，每年蒙古王公络绎鳞集，更为了迁居热河的准噶尔达什达瓦部人的顶礼膜拜，故而修建此庙。

乾隆三十一年，又兴建了普乐寺。此庙的兴修，是在先后平定达瓦齐、阿睦尔撒纳后，而曾经助阿睦尔撒纳叛乱的小和卓霍集占与其兄大和卓波罗尼都，又于南疆称兵反清，清廷于乾隆二十四年平定了大小和卓之乱，统一全疆，于是葱岭以西"举踵来王"，巴达克山、浩罕、安集延、左右哈萨克纷纷"遣使来庭"。国家大一统完成，属国来庭，"康乾盛世"发展到全盛。布鲁特（柯尔克孜）、哈萨克等各族首领纷纷来到避暑山庄谒见皇帝，为了尊重他们的信仰，俾（bǐ，使）便在承德期间能有瞻仰之所，故建普乐寺。乾隆帝在《普乐寺碑记》中写道："乾隆乙亥（二十年），西陲大功告成，卫拉特各部长来会时事，尝肖西域三摩耶，建普宁寺。嗣是达什达瓦属人内徙……仿伊犁固尔扎都纲庙曰安远。"[⑤] 如今"新附之都尔伯特，及左右哈萨克，东西布鲁特"，觐见以来者，摩肩接踵，"亦宜以遂其仰瞻，兴其肃慕，俾满所欲，无二心焉"。故普乐寺是尊重新疆西域各族的信仰而建。

普宁、安远、普乐三寺之命名，乾隆有深意在焉。他说："自西人（指新疆少数民族）之濒于涂炭……朕则为之求宁焉。"既宁之后，"朕则为之计安焉。既宁且安，其乐在斯"[⑥]。因此，乾隆说三寺先后建成并以"普宁""安远""普乐"命名，是因完成国家统一而自慰自勉。

乾隆三十五年，是乾隆帝六十诞辰，先期动工仿达赖所居西藏布达拉宫营造规模宏大的普陀宗乘之庙（普陀宗乘是藏语布达拉之汉译），以便内外蒙古、青海、新疆等地的少数民族王公部长，来承德为其贺寿时，"胪欢祝嘏（gǔ，福）"。乾隆四十五年，班禅六世来承德为乾隆七十岁祝寿，又仿班禅在后藏所居扎什伦布寺修建须弥福寿之庙（班禅行宫）。此二庙规制宏伟，鎏金瓦顶，金碧辉煌。乾隆帝说："盖中外黄教（藏传佛教）总司以此二人（达赖与班禅），各部蒙古一心归之，兴黄教即所以安众蒙古，所系非小，不可不保护之。"[⑦] 而普陀宗乘之庙（小布达拉宫）、须弥福寿之庙（班禅行宫）便是达赖与班禅在承德常驻的象征。乾隆之深意是以神道设教，俾使藩服皈依。清廷对蒙藏实行"因其教，不易其俗"[⑧] 的政策，因而有承德寺庙群的陆续兴建。

普陀宗乘之庙落成时，适值我国厄鲁特蒙古土尔扈特部由俄国伏尔加河重返祖国。土尔扈特部在明末迁徙到伏尔加河，在流落异域约一个半世纪后，于乾隆三十六年终于回到祖国。土尔扈特蒙古为了返回祖国，不惜蒙受巨大的牺牲，行程万余里，不断与追袭、堵截的俄国军队战斗，用马刀开辟回归之路，伤亡、疾病、饥饿，使大量土尔扈特人死于回归祖国的途中。由伏尔加河起程时的 33000 多户，近 17 万人，"其至伊犁者，仅以半计"。回到伊犁的土尔扈特部众，也是衣衫褴褛，鞋靴俱失，牲畜全无。清政府立即调集数以万计的毡庐、马牛羊、布匹、米麦、茶、棉花等物资救济。

乾隆在承德接见了土尔扈特部首领渥巴锡等。渥巴锡等随同前往普陀宗乘之庙瞻礼，与各少数民族上层人士举行盛大法会。乾隆撰写的《土尔扈特全部归顺记》和《优恤土尔扈特部众记》两块巨型石碑，至今仍矗立在普陀宗乘之庙内。

历史创造文物，文物反映历史。承德避暑山庄与外八庙，是我国统一的多民族国家在清代进一步巩固和发展的历史见证。

注　释

① （清）阿桂等：（乾隆）《八旬万寿盛典》（一），卷五十二。
② 王先谦：《东华录》乾隆朝，卷三七。
③ 齐敬之：《外八庙碑文注释》，第 8 页。
④ 《外八庙碑文注释》，第 35—36 页。
⑤⑧ 《外八庙碑文注释》，第 42 页。
⑥ 《外八庙碑文注释》，第 43 页。
⑦ 《喇嘛说》，《清高宗实录》，卷一四二七。

六世班禅朝觐乾隆皇帝

李建宏

承德，有一座仿建西藏扎什伦布寺的黄教寺院，乾隆将其命名为须弥福寿之庙。这里蕴含着一段历史的往事。

乾隆四十五年（1780）八月十三日，是乾隆皇帝的七旬寿辰。这一年，参加万寿节庆祝活动的人，除了蒙古诸部王公、扈从大臣和外国使节以外，还有一位显赫的人物，他就是不辞艰辛来到承德朝觐乾隆皇帝的六世班禅额尔德尼·罗桑巴丹益西。对于他的到来，乾隆皇帝极为重视，并做出周密细致的准备与安排。

首先，在承德度地建庙，为六世班禅准备居住、讲经之所。经过一年多的紧张施工，一座占地 37900 平方米，依山面水、秀丽清幽的庙宇便告落成。寺庙分两部分，前部分的石桥、山门、碑亭、琉璃牌坊为汉式建筑形制，沿一条中轴线对称排列布局。后部分由全寺主体建筑大红台、妙高庄严殿、御座楼、吉祥法喜殿、生欢喜心殿、金贺堂等藏式建筑组成。位于寺庙最北端的是一座汉式琉璃万寿塔，共七层，象征着乾隆皇帝的七旬寿辰。当年，庙内殿堂陈设琳琅满目，极为富丽堂皇。根据清官陈设档案统计：共有佛像 20508 尊，佛龛 578 座，供法器 2914 件，佛经 228 套 350 部 7 轴 941 块，佛画 514 轴，杂项 2054 单位。对于寺庙的修建、装饰，乾隆皇帝是不惜工本的。以主要殿堂妙高庄严殿、吉祥法喜殿镀金装饰宝顶、行龙脊料瓦片等项为例，造办处原拟只镀金一次，但乾隆特谕"须弥福寿之庙都罡殿、住宿楼铜瓦，俱照布达拉庙一样，镀金二次"。

其次，是精心安排六世班禅的旅途生活和接待工作。乾隆四十四年六月，六世班禅率领三大寺堪布、僧职人员，在驻藏大臣、僧俗官员代表约 2000 马队的护送下，踏上了东进的征程。途中，乾隆皇帝给予六世班禅无微不至的关怀，处处颁敕行赏，站站嘘寒问暖。七月，班禅一行翻过唐古拉山，就接到乾隆皇帝御容像一幅，以表示皇帝在亲自迎接他。六世班禅得知乾隆在赶学藏语以备与其会晤和在热河为之建造行宫的消息，十分高兴。八月，正在江南巡视的乾隆皇帝又颁圣谕，"汝为西方大活佛，今后对御容无庸跪拜，以示优崇，并赐稀世闹钟以供观赏"。年底，班禅一行抵达青海塔尔寺，又接到御赐朝珠、鞍马、哈达等物。因天气渐寒冷，六世班禅要在塔尔寺过冬，乾隆特赏御用水獭皮大衣、水獭皮帽给班禅，并特别嘱咐："见物如晤面，望冬季穿用，速来会晤。"乾隆四十五年三月，六世班禅等人从塔尔寺启程继续东行。至阿拉善时，气候渐暖，决定安排班禅一行在此放痘，接种天花，以备免疫。随行苏本（管活佛膳食的人）劝班禅接种，班禅说："我却无碍，惟汝等将入人烟稠密之地，恐染此疾。"六月，收到乾隆派人赠送的御用金顶黄轿一乘、红黄伞盖各二顶、幢幡四套、仪仗 40 件。自此，六世班禅由骑马改乘黄轿。到多伦诺尔时，命御前侍卫丰绅济伦"赐敕书及嵌珠帽、金丝袈裟等物"，并告知班禅，皇帝五月初已赴避暑山庄，佛的居处须弥福寿之庙已落成，寺内陈设齐备，专待驾至。七月，乾隆又派人赐西瓜、香瓜等水果。

在乾隆的热心关照之下，六世班禅一行于七月二十一日安抵承德。当日，至避暑山庄的澹泊敬诚殿朝觐乾隆，班禅等献吉祥哈达、无量寿佛。按照清朝的典章制度，"喇嘛入觐，惟令跪不受其拜"。而六世班禅却说："古佛宜行拜礼。"既跪又拜。乾隆亲自扶起，并用藏语问佛安："长途跋涉，必感辛苦。"班禅答："远叨圣恩，一路平安。"乾隆还打破宫中惯例，导引班禅到宝筏喻、烟波致爽、云山胜地等寝宫佛堂瞻拜。二十二日，乾隆亲临须弥福寿之庙拈香，同班禅一起参观寺内各佛殿，并在禅堂进膳。此后，乾隆又两次去须弥福寿之庙拈香，班禅向乾隆施无量寿佛大灌顶，还赐给小公主法名"四朗白吉卓玛"。八月十三日，澹泊敬诚殿举行万寿庆典时，班禅与乾隆携手同登宝座，接受蒙古王公、扈从大臣和外国使节的庆贺。

六世班禅在承德月余，日程安排紧凑周密、丰富多彩。乾隆为其在避暑山庄万树园举行四次大型的野宴，其中包括观看火戏、相扑、杂技、赛马、什榜等文体活动；还特命在清音阁大戏楼连续演戏十日。八月二十六日，在皇六子等人的陪同下，六世班禅离开承德，九月初一抵达北京黄寺。十月二十七日，班禅微感不适，乾隆遣御医诊视，发现天花。乾隆亲临问候，并命皇六子加倍注意病情和饮食状况。十一月初一，班禅高烧，乾隆派人送去貂皮大氅、皮褥等物。当日下午四时，六世班禅圆寂，享年42岁。

乾隆厚祭班禅，亲率王公大臣谒灵，由章嘉国师撰写祈祷文，在黄寺内建起灵堂。乾隆四十六年二月十二日，班禅的灵柩由理藩院尚书护送，三大寺堪布扶灵回藏。乾隆四十七年，乾隆为了纪念班禅，在黄寺西侧修建了六世班禅的衣冠石塔，命名清净化域塔。

六世班禅朝觐乾隆，受到如此的礼遇和优厚的赏赐，甚至当年木兰秋狝（古代指秋天打猎）的大事，都被谕令停止。究竟是什么原因促使乾隆这样做呢？

这与清中央政府尊崇、扶持、利用藏传佛教，加强对蒙藏民族的统治有着直接的关系。藏传佛教是公元7世纪，佛教从汉地、尼泊尔传入西藏与藏地的原始宗教相互融合后产生的宗教，在藏蒙地区有着悠久的历史。明末清初，藏传佛教中的黄教（格鲁派）在藏蒙民族中得到普遍信仰，渗透到人民的日常生活中，他们对于大喇嘛"尊之若神明，亲之若考妣"。特别是由于黄教在藏蒙民族中，有着巨大的政治和社会影响力，清政府则"从俗从宜"加以利用。关于这一点，乾隆在《喇嘛说》中亦有明确阐述："兴黄教，即所以安众蒙古，所系非小，故不可不保护之。"他还一再强调："卫藏为黄教兴隆之地，内外诸蒙古，无不以是为宗，所关事体大。"因此，乾隆借助六世班禅赴承德之际，特意安排原定于乾隆四十四年入觐的蒙古、新疆等少数民族上层人物改变时间与六世班禅同来陛见。而"蒙古诸藩一闻是事，无不欣喜顶戴，倾心执役"。六世班禅入觐途中为"众生"摩顶赐福，讲授佛法，特别是内外扎萨克、喀尔喀、土尔扈特、杜尔伯特蒙古王、公、贝勒、台吉等上层人物，各献礼品叩谒。乾隆皇帝的这一做法，一方面大大加强了班禅在蒙藏地区的影响，另一方面清政府通过六世班禅密切了与各少数民族上层人物的联系，收到"敬一人而千万悦"之效，取得了单纯依靠军事力量难以企及的效果。

此前，英国东印度公司和西藏的藩属不丹发生战争，英国人波格尔趁机来到日喀则，要求与西藏通商，建立联系，企图单方面与西藏建立外交关系，被六世班禅拒绝。他强调：西藏是中国的领土，西藏的一切要按中国皇帝的圣旨办理。波格尔在日喀则逗留近四月，无功而返。班禅维护国家的统一和尊严，受到乾隆的格外赞许和赏识。

再有一点，乾隆作为一位封建帝王，除了政治活动外，还有自己的个人生活与思想感情。乾隆皇帝以内蒙大活佛三世章嘉为师，听其讲受佛法并接受灌顶。他和这位国师在佛法方面发生密切联系的过程，既是他研究藏传佛教理论和教义的过程，同时也是乾隆皇帝信仰藏传佛教的历程。因此，对于六世班禅的到来，乾隆表现了超乎寻常的热情。在六世班禅主持须弥福寿之庙的开光仪式后，陪同乾隆皇帝的三世章嘉活佛，感慨万分地对六世班禅说：我在皇帝身边多年，从未见到他如此高兴过……圣上对您专程来祝寿，是十分满意的，他对您的信仰和喜爱超乎寻常！

六世班禅朝觐乾隆皇帝，密切了清中央政权与西藏地方的联系。增强了西藏地方对祖国的向心力，促进了中华民族的大团结和多民族国家的巩固和发展。这是历史发展的必然趋势，也是乾隆和六世班禅顺应历史潮流的结果。

作者简介

李建宏，1972年生于河北省承德市。承德市文物局博物馆管理科文博馆员。发表论文有《安远庙探微》《简述乾隆皇帝在避暑山庄的步射活动》《吉祥法喜殿唐卡管窥》等。

土尔扈特蒙古万里回归的启示

马大正

乾隆三十六年（1771）夏秋之交，在伊犁河流域察林河畔和承德，发生了两件轰动一时且具有深远历史影响的大事：一是东归的土尔扈特人在伊犁河流域完成了艰难险阻的东归征程；另一件是在木兰围场，渥巴锡等土尔扈特东归首领觐见乾隆皇帝。

乾隆三十六年五月二十六日，东归故土的土尔扈特蒙古前锋部队在策伯克多尔济率领下，于西陲边地的伊犁河流域察林河畔与前来相迎的清军相遇。六月初五日，清军总管伊昌阿、硕通在伊犁河畔会见了刚刚抵达的渥巴锡、舍楞，以及土尔扈特的东归主力部队和家属。这些土尔扈特人为了返回故土，经过长途跋涉，几乎丧失了所有的牲畜。很多人衣不遮体，靴鞋俱无。

但是，刚从异国他乡归来的土尔扈特首领与清朝官员初次会见时的情景是十分动人的。伊昌阿和硕通在向清朝政府报告中描述了他们会见渥巴锡时的情况："率领随从三十余人，前往渥巴锡住地观看。北面一个蒙古包，前面支起凉棚，渥巴锡坐在正中，巴木巴尔坐在一旁，我等到近前下马之后，渥巴锡、巴木巴尔同时离座而立，我等走进凉棚，伊等即跪下请大圣皇帝万安，继而便问将军大臣之安，我等走至跟前行抱见之礼，按其厄鲁特之例，坐于两边。"次日，渥巴锡即起程奔赴伊犁，十三日抵达伊犁并会见伊犁参赞大臣舒赫德。舒赫德向渥巴锡反复申述了乾隆的旨意："遣大头人来京入觐，但念尔等均未出痘，京城暑热，甚不相宜，避暑山庄凉爽，如九月中旬可到彼处，即带领前来。"舒赫德还将专门从北京六百里加急驰递的乾隆《谕渥巴锡、策伯克多尔济、舍楞敕书》交给渥巴锡等。

乾隆三十六年九月初八日傍晚，渥巴锡于当日抵承德后即赶赴木兰围场伊绵峪觐见乾隆帝，进献礼品，乾隆帝以蒙古语垂询渥巴锡，在蒙古包里以茶食招待了他们。次日，又在伊绵峪围猎营地设盛宴，参加筵宴的大臣权贵、内外蒙古王公和卫拉特诸部首领有86人。渥巴锡等东归首领还参加了规模盛大的一年一度的围猎。正好先期来归的杜尔伯特部车凌乌巴什以围班扈跸行围，舍楞与车凌乌巴什是老相识，二人在围场相见，"握手懽（huān 同"欢"）语移时，誓世为天朝臣仆"。10天之后，乾隆帝又亲自接见渥巴锡一行，之后又两次单独召见渥巴锡并与之长谈，渥巴锡向乾隆面述了悲壮的东归征程和祖辈的光荣历史。

东归故土的土尔扈特蒙古，是我国蒙古族卫拉特四部之一。17世纪30年代，为开拓新的游牧地，在其首领和鄂尔勒克率领下远徙额济勒河（今伏尔加河）流域，经历了七世八代的汗王统治，1771年1月在渥巴锡领导下破釜沉舟、义无反顾举族东归，离开生活了近一个半世纪的伏尔加河流域游牧地，历尽艰辛，付出了巨大的民族牺牲，回到被他们称之为"太阳升起的地方"。

土尔扈特蒙古东归故土抉择的直接动因，当然是18世纪后半期俄国政府的高压统治和民族歧视政策。这一点，我们下面再谈。但其深层原因，却可从近一个半世纪土尔扈特蒙古与祖国的交往历程中得到更深刻的启示。

土尔扈特蒙古作为我国多民族国家的成员，与祖国中央政府的关系源远流长，长期的经济、文化交流和彼此的友好往来，日益形成了他们对祖国中央政府的亲和力和向心力。这种力量植根于土尔扈特人民心中，形成了他们热爱自己的家乡、民族和国家的思想感情。土尔扈特蒙古西迁到伏尔加河流域后，不仅依然与祖国各方面有着紧密的联系，而且时时眷恋着祖国的故土与亲人。早在他们西迁后不久，就几次想重返故土，只是由于路途遥远，旅程艰辛，而未能如愿。康熙五十三年（1714），图理琛使团到土尔扈特探望时，阿玉奇汗就向来自祖国的亲人倾诉："满洲、蒙古大率相类，想初必系同源"，蒙古"衣服帽式略与中国相同，其俄罗斯乃衣服、语言不同之国，难以相比"。据俄国档案记载，阿玉奇汗曾"两次蓄意出走去中国"，而他的后人也有此意图。所以，乾隆三十六年，渥巴锡率其所部离开伏尔加河流域重返祖国，正是土尔扈特人民为反抗沙俄民族压迫而采取的伟大的爱国主义行动。

土尔扈特蒙古之所以能保持经常与祖国联系乃至最后重返祖国，同清政府的民族统治政策有着极为密切的关系。清朝作为统一多民族的封建国家，其对边疆地区少数民族的统治，主要采取"恩威并施""剿抚并用"的方针，特别是对少数民族上层人物竭力施以怀柔、拉拢措施。这个方针和措施可以说是在太祖努尔哈赤、太宗皇太极时代就已经确定下来了。到乾隆时，乾隆帝把这个政策说得非常明白："天朝之于外藩，恭顺则爱育之，鸱（chī，鹞鹰）张则剿灭之。"清政府正是利用这一民族统治政策，解决了与其北部和西部蒙古族的关系问题，并最终于乾隆二十二年（1757）平定了阿睦尔撒纳叛乱，安定了西北边陲的政局，完成了多民族国家的统一。尽管清统治者执行这一政策时，带有明显的民族压迫和阶级压迫性质，但从当时国家日益走向统一的历史趋势来说，这一政策无疑是符合时宜的，并取得了成功。应该看到，清政府在对远离祖国的土尔扈特蒙古关系的处理上，正是其民族统治政策中的"恩"和"抚"方面的具体体现。渥巴锡率部返回祖国正是这一政策的收效。

与之相反，俄国沙皇政府对土尔扈特蒙古一直采取的民族压迫与歧视政策，则从反面加深了土尔扈特蒙古力图摆脱沙俄控制与依恋故土亲人的感情，日益形成维护其民族独立的民族意识与向往祖国的爱国主义思想。

土尔扈特蒙古迁牧于伏尔加河下游的一个多世纪，始终保持着自己民族固有的政治体制，固有的经济、文化、语言、宗教信仰和风俗习惯。这些势必与俄国沙皇政府力图控制和奴役土尔扈特的图谋发生越来越尖锐的冲突。在阿玉奇汗统治时期，俄国与土尔扈特的控制与反控制、奴役与反奴役的斗争始终贯穿于双方关系的全局之中。1673 年至 1710 年，俄国与阿玉奇汗连续订立了六个条约，力图迫使土尔扈特蒙古就范。但阿玉奇汗明确向俄国政府宣告，土尔扈特蒙古只是他们的同盟者，而不是臣属，并"公开声称厌恶俄国"。

阿玉奇汗逝世后，俄国沙皇政府通过承认车凌端布多，取得了任命汗的权利。自此以后，土尔扈特每次汗权的更迭，都要征得俄国沙皇政府的确认。敦罗布喇什继位后，俄国沙皇政府更蛮横地迫使他交出第二子萨赖以充人质，并决定以后的汗都要遵守此制度。萨赖于乾隆九年死于阿斯特拉罕的幽禁之中。萨赖的悲惨遭遇，更成为土尔扈特与俄国关系的难以愈合的伤疤。20 年后，当俄国沙皇当局要求萨赖之弟渥巴锡交出一个儿子作为人质，同时还决定把他们最高门第的 300 个青年带走时，新仇旧恨使渥巴锡再也无法忍受，遂决定率部武装反抗，彻底摆脱沙俄控制，重新返回祖国。

土尔扈特重返祖国的伟大的爱国主义壮举，乃是我国各民族之间长期形成的巨大的凝聚力和向心力的体现，也是这种凝聚力和向心力作用的必然结果。通过对清朝前期土尔扈特蒙古与祖国关系的全面阐述，将有助于我们更好地理解：中华民族构成紧密的整体与我国统一多民族国家的形成和发展，绝不是偶然的，而是各民族之间的关系经过长期历史发展的必然结果。

穆克登查边与中朝图们江边界问题

陈　慧

自古以来，延边地区就是中国的领土。19 世纪末朝鲜挑起中朝图们江边界争端缘于穆克登碑，穆克登查边是中朝图们江边界史研究的开端。就穆克登查边问题进行深入研究，对于我国自古领有延边地区主权、朝鲜疆域从未越过图们江的论证具有重要意义。

穆克登（1664—1735），曾任清康熙帝侍卫，1698 年任第四任吉林打牲乌喇总管，1719 年任吉林副都统，1732 年赴新疆驻防，授内务大臣，1735 年病逝，被雍正帝追封为光禄大夫。穆克登性格豪放，为官清廉，但其人被后世提起，主要是缘于 1712 年奉康熙帝圣旨对长白山上中朝鸭绿江、图们江界河进行踏查，并在两江源头之间的分水岭上立碑之事。

穆克登查边立碑

康熙初年，清政府为了保护本朝"龙兴之地"，对东北地区实行封禁，严禁国内外百姓进入东北地区定居和垦种。但是，鸭绿江、图们江两江以北中国境内丰富的物产总是吸引许多朝鲜流民越境偷采，偷采有时发展为劫财害命事件，中朝两国政府多次为此进行交涉。

康熙帝认为，朝鲜人越境的原因之一在于中朝两国边界线不够明确，虽然双方明确以鸭绿江和今图们江①为界，但长白山上鸭、图两界河发源处之间有无水陆地，这一地段的边界线不够清晰，百姓无法辨别。于是，1711 年，康熙帝命穆克登前往长白山查清中朝界线，同时命朝鲜予以配合。但朝鲜认为"胡无百年之运"，猜测清廷前来查看长白山地区的实际目的在于预先寻找将来的退路，因而百般推托、阻挠，致使穆克登第一次查边没有到达鸭、图两江发源处即无果而终。

1712 年 5 月，穆克登奉旨再次查边，在朝鲜官员的陪同下，确认了鸭绿江和图们江的正源，在鸭、图两江的分水岭上立下一块石碑，碑文上写道："乌喇总管穆克登奉旨查边，至此审视，西为鸭绿，东为土门，故于分水岭上勒石为记。"穆克登还委托朝鲜在指定的两江正源之间无水处设立木栅和土堆、石堆来标明国界线。此后的 170 余年间，两国遵守着鸭绿江和图们江国界，双方基本上相安无事。

朝鲜借碑文之"土门"挑起图们江边界争端

19 世纪中叶后，朝鲜遭遇内忧外患，大量朝鲜边民越过图们江到北岸的中国境内垦土定居。清政府因无法控制朝鲜人的越界开垦，便对越境朝鲜人先后提出了限期"刷还"（回归本国）和"剃发易服"的入籍归化政策。但朝鲜既不甘于本国人口流失，又无法安置被清政府遣返的流民，同时也不愿放弃在中国境内已开垦的土地。于是，1883 年，朝鲜借口穆克登所立石碑上刻的是"土门"而非"图们"，提出今图们江非中朝国界，称朝鲜人越江垦种的土地原本就是朝鲜领土，提出穆克登碑文所示之界河土

门江是今海兰江（流经今吉林省延边地区）。1885 年，朝鲜又改
称土门江为松花江上源之一的黄花松沟子（朝鲜称伊戛利盖），
图谋图们江北岸的中国领土，并欲与中国以松花江上流分界。

　　在清政府的积极主张下，中朝两国于 1885、1887 年进行了两
次勘界和谈判。谈判后，朝鲜承认中朝两国东段界河为图们江，
自长山岭上石乙水和红土山水[②]合流处以东的图们江河段明确，
维持旧界。但双方对合流处以西地区如何分界争执不下，清政府
坚持以石乙水分界，朝鲜则坚持以最北的红土水分界。以后，清
政府屡次向朝鲜提出举行第三次界谈彻底解决该遗留问题，终因
朝鲜不响应而作罢，光绪帝下旨以石乙水为界。

　　1897 年 10 月，朝鲜国王称帝，改国号为"大韩"。与中国解
除了藩属关系的朝鲜在俄、日势力的扶持下，否定了中朝两次界
谈的成果，于当年再次提出中朝界河不是图们江；次年，朝鲜官
员吴三甲在给本国朝廷的《左开报告》中提出以"黄花松沟子
—松花江—黑龙江"与中国分界的设想。此后，朝鲜在鸭、图两
江北岸的中国境内频频制造事端，甚至于 1903 年在今吉林省延
边地区设置行政机构和官员，公然对中国领土行使管辖权。1909
年 9 月，日本代表朝鲜与中国签订《图们江中韩界务条款》（即
《间岛协约》），重新确认了图们江为中朝界河，约定江源地区以
1909 年穆克登碑所在位置和石乙水的连线来分界。

　　1962 年 10 月，中朝两国缔结《中朝边界条约》，1964 年 3 月
签订了《中朝边界议定书》，约定红土水和石乙水合流点以东以
图们江为界；红土水和石乙水合流点以西地段以 2520 高地和
2680 高地的中心点之间的直线为界，西北为中国，东南为朝鲜。
自此，长白山天池被一分为二。

关于穆克登查边的几个问题

归纳起来，后世围绕着穆克登碑进行的讨论主要有如下几个问题：

1. 碑文中的"土门"是不是今图们江？

20 世纪后半叶以来，国外个别学者重新提出中朝界河不是图们江，继续坚持穆克登碑文中的"土门"界河是今海兰江或黄花松沟子或布尔哈通河等，对今中国吉林省延边地区的主权归属提出质疑。

从穆克登查边前、查边中、查边后的情况分析，穆克登在长白山脉寻找的肯定是今图们江的源头。自 15 世纪中叶起，今图们江就已成为中朝两国的习惯边界，由于清代时今图们江就一直被称为土门江，穆克登在碑文中刻以"土门"表示界河，正是对当时客观事实的反映。朝鲜对此始终是明确的，所以在 1883 年向中国索地不成之后，于 1887 年第二次界谈前自动放弃了"土门非图们江"的观点。这一段历史是很清楚的，任何否定"土门"即今图们江的观点，都是难以成立的。

2. 穆克登查边是否定界？

韩国和日本学术界的主流观点认为：穆克登查边即为定界，穆克登定下"土门"为中朝界河，该"土门"不是今图们江，是松花江上源之一的黄花松沟子等河流。

国内学术界主要有两种观点，其一认为是定界；其二，穆克登查边是单纯的"查我边界，与彼国无涉"（清礼部令穆克登查边的咨文）的"查看"行为。

笔者认为，康熙帝派穆克登查边的初衷本为查看，但穆克登于分水岭上立碑后，还委托朝鲜沿图们江源设置了木栅、土堆、石堆等标识物，在客观上起的是"定"的作用。但是，这个"定"是以两国已经共认今图们江和鸭绿江为界河为前提的，穆克登确定的仅仅是二者的源头，划分的是二界江源头之间的无水地区，而不是去规定界河。穆克登查边是"界河既定，再寻江源"的行动，而不是在双方不知界河的情况下，在长白山上找到某一河流后将之规定为界河。明确了这一点，无论后世认为穆克登定下图们江的哪一条上源为正源，都改变不了中朝两国原本就以今图们江为界河的事实。

目前我国学术界对穆克登查边这一重大历史问题的研究仍不够深入，因此，笔者认为，深入开展穆克登查边问题的学术研究，全面、科学、客观地解读穆克登查边及其所立石碑的史实及内涵，将有助于我们进一步廓清中朝图们江边界史，从而使我们对清代东北边界史、疆域史的理论研究得以深化。

注　释

① 今图们江，清时称为土门江，朝鲜则称之为豆满江。三者虽同指一条河流，但清时的土门江、豆满江不完全等同于今图们江。今吉林省和龙市崇善（当时称三江口）以东的河段是图们江主河段。准确地说，穆克登查边之前，中朝两国东段边界明确的边界线为此三江口以东的图们江中下游河段。三江口以西的图们江上游由红土水、石乙水、红丹水、红旗河和西豆水汇流而成，两国对以何水作为图们江正源尚未确认，可以说穆克登查边前，三江口以西地区以何水分界两国政府未作过正式约定。

② 后世对穆克登指定的图们江正源提出争议的几条水由北而南分别为红土水、石乙水、小红丹水。红土水发源于长白山东麓的红土山南；石乙水位于红土水以南，发源于长白山之东，西南距小白山峰 30 多里，西北距长白山峰 60 里；小红丹水发源于小白山正东之三汲泡，西北距长白山峰 60 余里。

作者简介

陈慧，女，1975 年生，吉林延吉人。助理研究员，延边大学人文学院世界史博士生。曾发表论文：《试述清末中国朝鲜族的法律地位》《朴齐家和他的经世实学思想》《略论高丽与宋的朝贡贸易》《穆克登碑文中的"土门"即今图们江》等。

左宗棠与"新疆危机"

杨东梁

清代是我国统一得到加强、版图最终奠定的时期。但从鸦片战争以后，随着西方列强不断入侵，主权逐步沦丧，金瓯不再无缺。两次鸦片战争的结果，海疆门户洞开，甚至京师失守，有海无防的危局极为突出。正当清政府忙于应付西方的海上挑战时，西北边塞却狼烟四起，大片领土失陷，出现了震惊全国的"新疆危机"。

新疆自古是中国领土，与内地的政治、经济、文化联系绵延不断。同治三年（1864），这里爆发了反清武装斗争，局面比较混乱，这就为中亚浩罕汗国军官阿古柏和沙皇俄国的入侵提供了可乘之机。阿古柏入侵新疆后，先后占领了喀什噶尔（今喀什市）、叶尔羌（今莎车）、和田、阿克苏、库车。到同治九年秋天，又攻陷了达坂城、吐鲁番、乌鲁木齐和玛纳斯，侵占了新疆的大部分地区，并在占领区内建立一个叫做"哲得沙尔（意为七城）汗国"的外来政权，进行极端野蛮、黑暗的残暴统治。沦陷区各族民众大批沦为奴隶，南疆人民莫不痛心疾首。

新疆问题之所以严重还在于英、俄两国的插手。19世纪的英、俄是争霸世界的两个殖民大国，双方都向中亚地区推进，剑拔弩张，互不相让。阿古柏政权出现后，英、俄都想控制它。同治十年，沙俄出兵占领了我国伊犁地区，夺取了妄图鲸吞新疆的一个重要桥头堡；英国也不甘落后，加紧与阿古柏的勾结，其商品、军火、间谍源源不断地拥进我国新疆。这样，收复新疆的斗争就变得十分复杂和艰巨，因为这意味着不但要粉碎阿古柏入侵势力，还要同野心勃勃的英、俄两霸作坚决斗争。

在西北形势岌岌可危的时候，时任陕甘总督的左宗棠以垂暮之年毅然承担起收复新疆的重任。在沙俄侵占伊犁后，正准备告老还乡的左宗棠立即表示："今既有此变，西顾正殷，断难遽萌退志，当与此虏周旋！"

对于新疆问题，清政府的态度如何呢？清廷内部出现了两种截然不同的意见，这就是持续了几个月的"海防与塞防之争"。直隶总督李鸿章坚决反对出兵，他的论据是："论中国目前力量，实不及专顾西域。"并强调"海防"要重于"塞防"，认为"新疆不复，于肢体之元气无伤；海疆不防，则腹心之大患愈棘"。李鸿章对收复新疆的价值判断是："徒收数千里之旷地，而增千百年之厄漏，已为不值。"刑部尚书崇实把话说得更加直白，他认为，新疆"纵能暂时收复"，"万里穷荒，何益于事"？湖南巡抚王文韶则认为新疆地位重要，形势严峻，"我师退一步，则俄人进一步。我师迟一日，则俄人进一日。事机之急，莫此为甚"，"但使俄人不能逞志于西北，则各国必不致挑衅于东南"，因此主张"全力注重西征"。

左宗棠坚决主张出兵收复新疆。一方面，他强调"海防、塞防二者并重"；另一方面，又指出出兵新疆是当务之急："若此时即拟停兵，节饷，自撤藩篱，则我退寸而寇进尺，不独陇右堪虞，即北路科布多、乌里雅苏台等处恐怕亦未能晏然。"同时又强调："若新疆不固……匪特陕甘、山西各边时虞侵轶，防不胜防，即直北关山，亦将无晏眠之日。"并反复重申：国家领土寸尺不能让人。最后，清政府采纳了左宗棠的意见，做出了出兵收复新疆的决定。同时，任命左宗棠为钦差大臣，督办新疆军务，委以筹兵、筹饷，以及指挥西征军的全权。"暂罢西征"之议遂寿终正寝。

受命之后，左宗棠昼夜筹划，精心准备。准备工作除了集结、训练、部署军队之外，主要是筹粮、筹饷、筹运转。数万大军军粮的筹集乃是大事，左宗棠极为重视，他广辟粮源，四出采购。又指示"嵩武军"在哈密大兴军屯，以谋自给。同时还指示部下处理好"军食"与"民食"的关系，避免竭泽而渔，与民争食。当军事行动开始时，已筹到军粮4000余万斤。

西北用兵，自然条件恶劣，运输极为困难。满载军需物资的车辆、牲畜经戈壁，涉沙漠，穿峡谷，翻天山，越河流，踏泥沼，艰难险阻，可想而知！当时调集的运输工具计有：大车5000余辆，驴骡5500余头，骆驼29000余头，连作战的士兵也不得不参与运输，除自携武器、装备外，还要背负一部分粮食。

筹饷是左宗棠最头疼的事。当时清政府财政入不敷出，捉襟见肘，不但中央"部藏无余"，地方也"库储告匮"。左宗棠为筹措军饷伤透脑筋，"昼夜焦思，无从设措"，"绕帐彷徨，不知所已"。为摆脱困境，他只好咬牙去借外债。洋人借机敲诈，利息竟高达一分二厘五，超过英、法当时贷款利息的三倍多，利息总数竟超过了借款数的一半，所以《申报》批评此种贷款是"剜肉补疮""饮鸩止渴"。左宗棠自己也非常痛心，他给朋友写信说："夫用兵而至借饷，借饷而议及洋款，仰鼻息于外人，其不兢也，其无耻也，臣之罪也！"但为了使新疆重回祖国怀抱，权衡利弊得失，左宗棠只得忍痛吞下这个苦果。最后，清政府批准他借外债500万两，同时从海关划拨200万两，要求各省、关再凑足300万两，总计1000万两，算是暂时解决了军费难题。

左宗棠收复新疆的基本战略战术是"先北后南，缓进速战"，即根据敌人重南轻北的部署，首先攻击阿古柏的"软肋"；在战役发动前，认真做好各项准备工作，战斗一旦打响就速战速决，决不拖泥带水。同时，左宗棠还强调了收复失地的正义性质："西征用兵，以复旧疆为义，非有争夺之心"，要求将士"以王土王民为念"，严肃军纪，严禁扰民。此外，又制订了正确的俘虏政策，对被裹胁者"均给以衣粮，纵令各归原部"，使敌军本已不稳的军心更加涣散，加速了阿古柏政权的崩溃。

南疆收复之后，左宗棠立即着手收复伊犁地区。沙俄当然不肯轻易放弃到手的"肥肉"，它一面强迫清朝使臣崇厚签订了丧权辱国的《里瓦基亚条约》，一面又集结兵力，调动舰队，进行武力恫吓。面对沙俄的挑战，年近古稀（69岁）的左宗棠老当益壮、大义凛然。他秣马厉兵，拟订了三路出兵收复伊犁的作战计划，同时，又"舆榇出关"，把大营从肃州（今酒泉）迁到前敌的哈密，做好了捐躯沙场的一切准备。不过，清政府却没有与沙俄抗衡到底的决心与勇气，最终与俄国签订了《伊犁条约》。由于谈判代表曾纪泽的外交努力和左宗棠的积极备战，伊犁地区的大部分回归祖国怀抱，但仍有霍尔果斯河以西一万多平方公里的土地沦为异域。此外，清政府还支付了一笔900万卢布的所谓"赔偿费"。

收复新疆是左宗棠一生的得意之笔，这一壮举不但为全体中国人所赞叹，也得到某些外国有识之士的高度评价。100多年前，有位叫史密斯的美国人在1890年出版了一部名为《中国人的气质》的书，在评价左宗棠收复新疆之役时，曾说："左宗棠的'农垦大军'彻底完成了它的使命，其伟绩可以这样评价：在任何现代国家的史册上都是最卓著的。"

左宗棠的朋友和部下杨昌濬也曾赋诗一首，歌颂这一伟业，诗云："大将筹边尚未还，湖湘子弟满天山，新栽杨柳三千里，引得春风度玉关。"这首诗改造了唐人王之涣《凉州词》里的佳句"羌笛何须怨杨柳，春风不度玉门关"，并赋予了新的意境。西征的清朝大军正是沿着夹道成荫的"左公柳"，把春天带到了边塞，让春风吹到了玉门关外！

作者简介

杨东梁，1942年生，湖南岳阳人。中国人民大学清史研究所教授，博士生导师。主要从事中国近代史研究，撰写、出版《左宗棠评传》《大清福建海军的创建与覆没》等专著十部（部分合著），发表《试论左宗棠收复新疆》《"海防与塞防之争"浅析》《略论马尾船政局》等学术论文百余篇。

中俄《尼布楚条约》

薛衔天

　　《尼布楚条约》是中国与沙皇俄国签订的第一个条约，也是中国与外国签订的第一个条约。全名为《中俄尼布楚议界条约》，史称《尼布楚条约》。

　　订约时间：公历 1689 年 9 月 7 日（康熙二十八年七月二十四日，俄历 1689 年 8 月 27 日）。

　　谈判与订约地点：中国尼布楚（今俄罗斯涅尔琴斯克）。

　　订约人：中方索额图；俄方戈洛文。

一、订约缘起——沙俄对我黑龙江地区的侵略

　　沙皇俄国原是东欧国家，与中国相距遥远。16 世纪末开始征服西伯利亚汗国，势力迅速向东发展。1644 年一批沙俄武装殖民者闯入我国当时的内河黑龙江，沿江下行，出江口，于 1646 年返回雅库次克。此后沙俄殖民者先后侵入中国黑龙江流域长达数十年之久，入侵范围遍及黑龙江上、中、下游。入侵者攻占位于乌尔喀河入黑龙江河口处的我达斡尔城寨雅克萨，取名阿尔巴津，以其作为侵略据点。另一支沙俄武装殖民者窜入石勒喀河与尼布楚河汇流处，强建涅尔琴斯克城堡，对我尼布楚地区实行武

装占领。俄国武装殖民者以雅克萨和尼布楚为中心，四出抢劫黑龙江两岸村庄，勒索毛皮，奸淫妇女，策动当地头人归顺俄国。沙皇政府正式委任侵占雅克萨和尼布楚的头目切尔尼果夫斯基为"阿尔巴津管事"，即雅克萨地方长官，帕什科夫为尼布楚统领，企图永久霸占入侵土地。由达斡尔等民族组成的中国当地居民曾进行英勇反抗，但时值清军入关，一时得不到政府的有力支持，反抗斗争大都失败了。以后侵略者日益猖獗，多次拒绝清政府进行谈判的建议。

二、谈判的启动——收复雅克萨战争的胜利

鉴于雅克萨已成为沙俄侵略黑龙江地区的主要基地，康熙皇帝决定首先拔除这个据点，以战逼和。在平定"三藩之乱"后，康熙采取一系列加强东北边防的措施：储备粮食，建造仓库，增建运输船和战舰，开通辽河、松花江和黑龙江交通干线，在瑷珲（黑龙江北岸）、呼玛、额苏里建立木城，置兵屯守。1685年2月康熙命令都统公彭春、副都统郎坦、黑龙江将军萨布素率水陆军并进，收复雅克萨。俄军统领托尔布津率众乞降。彭春等准其所请，对愿回国的600余名俄军准其携带武器离去。清军撤回，并未留兵驻守。当年8月托尔布津得到大批人员、武器和物资装备，卷土重来，在雅克萨废墟上重建堡寨，企图顽抗到底。1686年3月，康熙再令萨布素重征雅克萨。7月清军进抵雅克萨城下，采取长期围困战略，在城外挖壕筑垒，断俄军水源，用大炮轰击敌垒。俄军饥寒交迫，伤病交加，死伤枕藉。至当年12月，826名俄军只剩下150人，第二年春天，减至66人，完全丧失了抵抗能力。这时沙皇政府认识到，通过武力征服是行不通的，只有讲和，平等相处，于是派出急使魏牛高投书北京，声明沙皇已经派

出使臣前来中国举行边界谈判，并要求清政府撤雅克萨之围。

三、尼布楚订约谈判与条约的签订

中俄双方对这次缔约谈判都非常重视。清朝政府派索额图为使臣。索额图，满洲正黄旗人，赫舍里氏。辅政大臣索尼之子，康熙皇后叔父。时称索三舅爷。他在康熙八年至四十年先后任国史院大学士、保和殿大学士、议政大臣、领侍卫内大臣等职，是康熙朝辅弼重臣。索额图以领侍卫内大臣头衔率领使团于 1688 年 3 月从北京出发，带卫兵 600 人，火器营 200 人，另有拉丁文翻译耶稣会士徐日升（葡萄牙人，原名托马斯·贝瑞拉）、张诚（法国人，原名费朗索阿·热比翁）随团前往。初定谈判地点为色楞格斯克。索额图一行经张家口、归化（今呼和浩特），穿蒙古沙漠，7 月下旬抵达克鲁伦河，为噶尔丹叛军所阻。谈判地点因改在尼布楚。索额图遂于 1689 年 6 月出古北口北上，增加护兵 1500 人，于 7 月 31 日抵达谈判地点，在石勒喀河南岸扎营。俄方使臣为戈洛文。他出身大贵族，历任沙皇御前侍官等职，出任使臣后，沙皇又加授布良斯克总督头衔，以突出其身份。他带领强大使团，由 2000 余名卫兵扈从，已先期在尼布楚等候。

8 月 22 日谈判开始。谈判过程中，俄方先后提出两国以"黑龙江至海为界"，"以牛满河或精奇里江为界"和"以雅克萨为界"，均为中方严词拒绝。经过半个多月的谈判，双方达成协议，于 1689 年 9 月 7 日签订了中俄《尼布楚条约》。条约分拉丁文、俄文、满文三种文本，以拉丁文文本为正式文本。共 6 条。主要内容为：（1）正式划定两国东段国界。以流入黑龙江之额尔古纳河、格尔必齐河为界，再由格尔必齐河发源处沿外兴安岭（斯塔诺夫山）直达于海为两国之界，此界以北属俄国，此界以南属中国；（2）俄国在雅克萨所建城堡即行拆除，俄国人尽行迁回俄境。两国人不得擅自越境；（3）两国不得接纳对方逃犯；（4）现在中国人居住于俄境者，俄国人居住于中国者，听其照旧居住；（5）两国人民可持护照过境来往，贸易和互市；（6）两国和好，来自边境的争端永予解除。

四、条约的意义及性质问题

中俄《尼布楚条约》的签订，消除了两国间的敌对状态，为两国关系正常化奠定了基础。条约规定中俄东段边界以外兴安岭至海、格尔必齐河和额尔古纳河为界，从法律上肯定了黑龙江和乌苏里江流域广大地区为中国领土。沙俄侵占黑龙江地区为非法。中国收复了被沙俄侵占的领土，制止了沙俄对黑龙江流域的进一步侵略，使东北边疆获得将近 200 年的安宁。

《尼布楚条约》得以顺利签订，首先是雅克萨自卫反击战胜利的结果。条约签订之前，沙俄对黑龙江地区进行武装侵略长达数十年之久，其间清政府多次呼吁俄国停止侵略，举行谈判，都被拒绝。如果没有雅克萨反击战的胜利，举行谈判是不可能的。其次，清政府是以战迫和。就在雅克萨垂手可得时，俄国同意谈判；康熙帝立即下令撤围，清军还接济俄军粮食，派出两名御医为俄军治病。这些宽大政策为谈判营造了良好气氛。第三，在谈判中中方做出了重大让步，同意将额尔古纳河和格尔必齐河以西、包括尼布楚在内的中国领土让给了俄国，同意将乌第河流域作为未定界，从而杜绝了俄使故意使谈判破裂的借口。

《尼布楚条约》是一个典型的平等条约。谈判前，清政府举行雅克萨之战是在中国土地上进行的，而且是为了和谈而不得已采取的手段。代表团所带武装力量持平。谈判地点选在两个代表团驻地的中间，谈判时双方出席人数和警卫人员相等。互相之间不存在武力威胁。谈判结果俄方极为满意。条约换文后，俄国使团举行热烈招待会，俄国全体使臣送中国使团走了一段路，并派人提着灯笼送中国使团上船。戈洛文还送来珍贵礼物：貂皮、猞猁皮表示他热忱之情；自鸣钟表示分别后声息相通；望远镜可以眺望远方朋友；银壶、银杯可以开怀畅饮，以示分别后彼此怀念。沙皇政府为表彰戈洛文使团建立的功勋，赏给他们每人一枚金质奖章，戈洛文以下直至军役人员都得到了升迁。

旧俄时代除个别学者外，一致认为《尼布楚条约》是平等条约。中苏关系恶化以前，苏联官方和学术界也一致认为《尼布楚条约》是平等条约。中苏关系恶化以后，苏联政府组织苏联学者重新评价《尼布楚条约》，说该约是不平等条约，外兴安岭以南是俄国新土地发现者开拓的土地，其目的在于为沙俄通过不平等条约中俄《瑷珲条约》和《北京条约》，割占中国黑龙江以北、乌苏里江以东100余万平方公里土地的侵略行为进行辩护。

现在中俄边界问题已经全部解决。中俄边界问题已经成为学术问题。俄罗斯学术界主流观点仍然坚持中苏关系恶化时的观点，继续出版大批论著，证明中俄《尼布楚条约》是对俄国的不平等条约；而《瑷珲条约》和《北京条约》则是平等条约，俄国据这两个平等条约，收复了根据《尼布楚条约》失去的俄国土地。关于《尼布楚条约》的性质问题仍是中俄学者争论的焦点之一。

作者简介

薛衔天，1940 年生，河北围场人。中国社会科学院近代史研究所研究员，主要著作有：《中苏关系史（1945—1949）》（专著）、《沙俄侵华史》（合著）等。

大西北的阴霾

——沙俄入侵我国西北与大片领土的丧失

薛衔天

沙皇俄国与我西北边疆本不接壤。但从 17 世纪到 19 世纪末叶，沙俄哥萨克的铁蹄不断掀起黑色风暴，对中国北部边疆地区进行全面侵略。在两次鸦片战争期间，沙俄占领哈萨克草原，侵入当时我国的巴尔喀什湖以东地区，进而逼迫清政府签订中俄《勘分西北界约记》和《改订条约》，共割取中国 51 万平方公里的土地。

一、我国西北疆域

今新疆维吾尔自治区和巴尔喀什湖以东以南一带古称西域。公元前 60 年，西汉政府在乌垒城（今新疆轮台县）设立西域督护府，管辖乌孙（天山以北、巴尔喀什湖以南）、大宛（在今乌兹别克斯坦的费尔干纳盆地）、无雷（在帕米尔地区）、休循（在阿赖谷地）以及西域其他各部，西域统一于西汉王朝。三国和魏晋南北朝时期，西域各部族政权并立，纷争不已。唐朝打败东西突厥，重新统一西域，管辖范围超过了汉朝。唐朝灭亡后，西域又进入政权纷立、时局动荡的时期，到元代才得到统一。西域真正统一并成为中国领土的一部分是在清朝乾隆年间。清政府派大军平定了噶尔丹和南疆大小和卓的叛乱，于 1759 年统一各部。后根据左宗棠的建议，清政府于 1884 年 11 月 17 日正式批准建立新疆行省，省会为迪化（今乌鲁木齐），任命巡抚等地方长官，治理悉同内地。新疆最高行政军事长官为伊犁将军，驻惠远城，其辖地包括天山南北两路和巴尔喀什湖以东和以南地区。在统一新疆过程中，清政府派员对所辖土地进行了测绘，编入《西域图志》和《大清一统舆图》。《西域图志》和《清朝通志》等典籍明确记载：巴尔喀什湖是伊犁将军管辖的边境湖泊，伊犁西路接哈萨克地界，楚河下游、塔拉斯河两岸、伊犁河南的古尔班阿里玛图（今哈萨克斯坦的阿拉木图）等地都是清朝的领土。

二、大西北的阴霾——沙俄对我西北地区的"远征"

1715 年 7 月，沙俄派遣布霍列茨中校率领 2900 多人，溯额尔齐斯河上驶，远征叶尔羌。据说，那里有丰富的黄金可供开采。中途，他们在亚梅什湖筑堡，还诱骗准噶尔部首领策旺阿喇布坦投降俄国，但被策旺阿喇布坦赶走。这伙入侵者在逃跑途中于鄂木河口建筑一个堡寨，就是后来成为沙俄侵略我大西北重要据点的鄂木斯克。1719 年，彼得一世命令近卫军少尉利哈列夫率领军队闯入斋桑湖一带。入侵者虽被准噶尔军民赶走，但他们沿着额尔齐斯河建筑了一条军事堡垒线。后来入侵者便沿着这条堡垒线向准噶尔和吉尔吉斯草原大肆扩张侵略势力，我大西北地区阴霾弥漫，各部内斗不休，叛乱频仍，沙俄居然接纳叛匪头目阿穆尔萨纳，新疆局势动荡不安。康熙、乾隆两朝经过多次作战才得以平定新疆。鸦片战争之后，沙俄利用清政府内外交困的时机，对我巴尔喀什湖以东地区实行武装占领，筑堡移民，设置军政机构。本不与中国接壤的俄国，居然成为中国的最大邻国。

三、中俄《勘分西北界约记》和《改订条约》

（一）《勘分西北界约记》

1860 年，沙俄迫使清政府签订《北京条约》。该约规定，中俄西部未定界，应顺山岭大河以及中国常驻卡伦为界，从沙宾达巴哈界牌末处起，向西至斋桑湖，自此往西南，顺天山之特穆尔图淖尔，南至浩罕为界。"应如何定立交界，由两国派出信任大员，秉公勘察"；在塔城"会齐商办"。按这一规定，清政府派乌里雅苏台将军明谊为代表，俄方派巴布科夫等人为代表在塔城举行谈判。俄国在《北京条约》提出的边界走向将历来属于中国的山河湖泊作为划界标志，就意味着沙俄对我巴尔喀什湖以东和以南领土侵略的合法化。新疆边境地区的卡伦分为常驻、移设和添设三种。这三种卡伦都距边界线很远，与边界无关。特别是常驻卡伦，距离内地更近。以常驻卡伦划界，给中国造成的领土损失更为严重。在正式谈判之前，俄方预先划定边界草案，并武装占领边境战略要点，使中国谈判代表失去了回旋余地。1864 年 10 月 7 日，明谊被迫在中俄《勘分西北界约记》上签字，确认了从沙宾达巴哈到浩罕边界为止的中俄共同边界，将边界以西的大片领土划归俄国。在被割让领土上的中国居民也随着土地的转移而被划为俄国居民。随后两国代表勘界立牌，签订三个子约。根据该约和子约中国丢失了 44 万平方公里的土地。

（二）中俄《改订条约》

就在签订《勘分西北界约记》的 1864 年，新疆发生了反清的民族起义。浩罕汗国（在今乌兹别克斯坦）军事头目阿古柏乘机侵入新疆，建立"哲德沙尔国"（七城之国），控制了南北疆的部分地区。为扩大侵占中国西部领土并预防阿古柏建立亲英政权，沙俄派军队于 1871 年 7 月强占中国伊犁地区，并将该区划归俄国七河省管辖。左宗棠力排众议，坚决主张收复伊犁。他奉清政府之命率军西征，摧毁了阿古柏政权，收复新疆大部分地区。为收复俄国占领的伊犁地区，清政府遣洋务派大员崇厚使俄。1879 年 10 月 2 日，崇厚在沙俄的威逼愚弄下，与沙俄代理外交大臣吉尔斯签订了《里瓦几亚条约》（因签字地点在克里米亚的里瓦几亚，故名）。该约规定：俄国将伊犁九城一带交还中国，中国将霍尔果斯河以西地区、特克斯河流域以及沟通天山的穆素尔山口一带割让给俄国，将喀什及塔城两处边界做出有利于俄国的修改。此外中国赔偿俄国"代收代守伊犁"军费和"补恤"俄民费用共 500 万银卢布。按此约规定，伊犁九城虽归还中国，但其西境、南境均被沙俄割去，从而处于三面受敌的境地。

　　该约签订后，中国朝野一致认为无法接受，纷纷指责崇厚丧权辱国。清政府迫于压力，将崇厚撤职拿办，定"斩监候"。同时派曾纪泽（曾国藩之子）为使俄钦差大臣，争取改订《里瓦几亚条约》，尽量挽回丧失的主权。清政府拒约，重惩崇厚，大伤俄国"尊严"。沙俄政府一面对清政府提出抗议，一面在伊犁集结兵力并向远东派出强大舰队，进行武力恫吓，迫使清政府接受条约。左宗棠等一些爱国重臣坚决主张拒约，并加强新疆军备，为谈判后盾。1880 年 7 月，曾纪泽到达圣彼得堡，开始与沙俄代表谈判。谈判过程中，俄方恣意敲诈勒索，并以对华开战相威胁，逼曾纪泽屈服。曾纪泽在极其困难的情况下，折冲樽俎，经半年多的反复交涉，于 1881 年 2 月 24 日与俄方签订中俄《改订条约》（又称《圣彼得堡条约》，中俄《伊犁条约》）。该约规定两国边界以霍尔果斯河为界，俄国割取河西 1 万多平方公里的中国领土；中国赔款增至 900 万银卢布（折合约 509 万两白银）；伊犁居民愿迁入俄国国籍者听便；中国除保有伊犁九城外，收回特克斯河流域两万多平方公里的土地。与《里瓦几亚条约》相比，中国虽然增加了 400 万银卢布的赎金，但土地损失较少。

根据中俄《改订条约》的规定，1882—1884 年中俄勘定西部边界，签订了中俄《伊犁界约》《喀什噶尔界约》《科塔界约》《塔尔巴哈台西南界约》和《续勘喀什噶尔界约》共 5 个子约。根据《改订条约》和这 5 个子约，沙俄共割取中国 7 万多平方公里的土地，获取中国边民 10 万余人。

沙俄出兵伊犁，完全是乘人之危，趁火打劫，不仅取得大片土地，还获取 10 万之众的中国居民和巨额军费赔款。反过来他们却说，此举是为中国"代收代守"伊犁。俄国外交的阴险狡诈暴露无遗。

根据《勘分西北界约记》和《改订条约》确定的中俄国界，现今已经演变成中国与中亚国家和俄罗斯联邦的国界。其中与俄罗斯联邦的国界为 55 公里，与哈萨克斯坦为 1700 余公里，与吉尔吉斯斯坦为 1000 余公里，与塔吉克斯坦为约 450 余公里。这些边界都成为联系有关国家平等交往的纽带。

双头鹰东击

——中俄《瑷珲条约》

薛衔天

中俄《瑷珲条约》，又称中俄《瑷珲城和约》。

签订时间：1858 年 5 月 28 日。

签订者：中方黑龙江将军奕山；俄方东西伯利亚总督穆拉维约夫。

签约地点：中国瑷珲。

一、双头鹰东击——沙俄向中国黑龙江流域扩张

1689 年中俄《尼布楚条约》确定了中俄东段边界，在法律上明确规定外兴安岭以南至鄂霍次克海、包括库页岛在内的广大地域是中国的领土，而且立有界碑为凭。但沙皇俄国一直觊觎这片广袤的土地。由于当时中俄国力相当，沙俄政府未敢轻举妄动。鸦片战争后，中国逐渐丧失了抵御外来侵略的能力，沙俄卷土重来，开始向这一地区大举扩张。1847 年 9 月，沙皇尼古拉一世视察图拉，发现该省省长穆拉维约夫是执行沙俄侵华政策的得力人选，于是任命他为东西伯利亚总督，并亲自就沙俄的侵华政

策做出详细指示，特别关照说："至于俄国的黑龙江，以后再谈吧！"随即又用法语补充道："对会听话的人，用不着多说。"当时黑龙江是中国的内河，把中国的黑龙江说成是俄国的河流，表明沙俄必欲霸占中国大片领土的野心。而穆拉维约夫从这些暗示的话中，完全理解了尼古拉的用意。

1848年3月，穆拉维约夫赶到伊尔库茨克上任，立即将解决"黑龙江问题"作为他"在西伯利亚活动中高于一切的中心课题"。（一）侦察中国沿边和黑龙江一带情况。他亲自考察外贝加尔地区；派人考察黑龙江上源，探明当地河流适合航行的情况；成立俄国皇家地理学会西伯利亚分会，确定该会宗旨是"为俄国夺取黑龙江服务"。（二）积极储备军粮和筹措侵华经费。他不惜对当地居民敲骨吸髓，压价购粮，使居民只得以谷糠和树皮充饥。（三）筹建军队。穆拉维约夫的信念是："目标——黑龙江；手段——外贝加尔军队；执行人——穆拉维约夫。"至1852年9月，外贝加尔哥萨克军编练完成，有近5万人，其中战斗部队17000多人。

另一路沙俄侵华武装是从水路而来。1848年9月2日，俄国海军大尉涅维尔斯科依受命率"贝加尔"号舰从喀琅施塔得港出发，前来我国黑龙江口"考察"。穆拉维约夫给他发去密令，要他特别详细绘制中国库页岛北部东西两岸、黑龙江河口的详图；如果在那里遇到欧洲人，就说俄国船经常来此考察海岸，向他们暗示这里是俄国的土地。涅维尔斯科依于1849年7月进入黑龙江河口湾进行详细侦察，还调查了库页岛西岸水道情况，又潜入黑龙江侦察。穆拉维约夫根据涅维尔斯科依的报告，建议俄国政府要毫不迟疑地占领黑龙江口，夺取黑龙江航行权，占领黑龙江左岸，并获得沙皇政府批准。1850年7月涅维尔斯科依在黑龙江口附近海岸建立了俄国第一个侵略据点——彼得冬营。他还驱船上驶，到达中国明朝努尔干都司衙门和永宁寺所在地。随后他们又窜到庙街，公然在那里升起了俄国旗，建立起尼古拉耶夫斯克哨所。到1853年秋，沙俄通过对阔吞屯、庙街、克默特湾、哈吉湾等战略要地和海港的占领，将中国黑龙江下游大片领土置于自己的军事控制之下。

二、炮口下的瑷珲谈判

1856年10月英国炮轰广州，挑起第二次鸦片战争。穆拉维约夫认为这是天赐良机，抓紧完成了以武力占领中国黑龙江北岸的部署。沙皇政府对穆拉维约夫的侵略计划完全赞同。从1857年5月末起，在穆拉维约夫的指挥下，哥萨克军主力不顾清朝官员的劝阻，自黑龙江上游直达精奇里江与黑龙江汇流处的结亚哨所，就地建造营房，屯兵驻守；在海兰泡（今俄国布拉戈维申斯克）架设大炮，对瑷珲军民进行威胁；并宣布黑龙江北岸中国居民归俄国管辖。就这样，沙俄利用第二次鸦片战争给中国造成的困境，武装占领了我国黑龙江北岸的上、中游地区。在同一年的通航期，沙俄向黑龙江流域大举移民，到1857年末，黑龙江北岸俄国移民已达6000人。

1857年12月英法联军攻占广州，战争有明显扩大的趋势。沙俄政府认为趁火打劫的时机已到，于1858年1月授权穆拉维约夫与清政府进行边界谈判，并通知清朝政府，如果中国想解决"黑龙江问题"，可与他会商。清政府派黑龙江将军奕山为谈判代表，谈判地点定在瑷珲。5月8日，穆拉维约夫自斯特列田斯克顺流东下，直抵瑷珲，随即进行军事部署。待5月17日奕山从齐齐哈尔赶到瑷珲，准备谈判时，俄国大军已经兵临城下了。

5月20日英法联军攻占大沽，天津告急，北京震动。这种局势极大地助长了穆拉维约夫的气焰。23 日会谈开始，他首先发言，宣称中英交战，英国很可能占领黑龙江口；只有订约声明上述地区归俄国所有，才能遏制英国的侵略。如英国占领沿海港湾，就会深入满洲腹地，清政府尤须尽快了结此事。中俄应当以黑龙江和乌苏里江划界，这是两国天然的疆界。说罢，将他事先画好的"边界草图"拿给奕山过目。奕山指出，根据《尼布楚条约》，中俄向来以格尔必齐河和外兴安岭为界，百数十年从无更改。"今若照尔等所议，断难迁就允准"。26 日，穆拉维约夫下最后通牒，限第二天答复。当天夜晚俄军进行武力威胁，"左岸炮声不绝，陆屯水船，号火极明"，"势在有意寻衅"。当时为镇压太平天国和反击英法联军，黑龙江和吉林军队悉数调走，奕山无力反抗，接受了穆拉维约夫的条件，于 28 日签订了失地万里的《瑷珲条约》。

三、沙俄武力威胁与趁火打劫的"杰作"
——《瑷珲条约》

《瑷珲条约》有满、蒙、俄三种文本。全约计三条：

（一）中俄以额尔古纳河、黑龙江、松花江至海口为界，江左岸为俄罗斯领土，右岸为中国领土。乌苏里江以东的土地中俄共管。据此，沙俄割占了我国外兴安岭以南、黑龙江以北 60 多万平方公里的土地。

黑龙江左岸，由精奇里江以南至霍尔莫勒津屯原住之中国人，"照旧准其各在所住屯中永远居住"，仍由中国官员管辖，与俄罗斯人等和好，不得侵犯。

（二）两国所属之人令其一同交易。

（三）条约由满、蒙、俄文缮写，两国代表画押，晓谕两国交界上的人民。

《瑷珲条约》是鸦片战争之后中国第一个损失大块土地的不平等条约。沙皇俄国彻底背弃了与中国庄严签订的《尼布楚条约》，它标志着 19 世纪中叶以后中国北部边疆危机的加深和割地狂潮的开始。

条约规定的"精奇里江以南至霍尔莫勒津屯"地方，即我"江东六十四屯"。1900 年义和团运动期间，沙俄将海兰泡和江东六十四屯中国居民计 7000 余人，赶入黑龙江中活活淹死，将江东六十四屯霸占。

《瑷珲条约》的不平等性质受到马克思和恩格斯的愤怒谴责，马克思指出："由于进行了第二次鸦片战争，帮助俄国获得了鞑靼海峡和贝加尔湖之间最富庶的地域，俄国过去是极想把这个地域弄到手的，从沙皇阿列克塞·米哈伊洛维奇到尼古拉，一直都企图占有这个地域。"恩格斯写道："当英国终于决定打到北京，当法国希望为自己捞到一点东西而追随英国的时候"，俄国"从中国夺取了一块大小等于法德两国面积的领土和一条同多瑙河一样长的河流"。

旧俄学者和前苏联的一些学者都不避讳《瑷珲条约》的不平等性质。旧俄学者承认，俄方断定清政府害怕俄国联合英国共同反对他们，"借英国人来进行恫吓，是我国采取的主要方法之一"；"这个条约使俄国获得了五十多万平方俄里富饶的领土，打开了通往大洋的水路"。前苏联历史学家则进一步指出：该约"是在俄国远征的恐吓下订立的"，穆拉维约夫使用武力威胁，"迫使对方离开并让出他们所要求的一切地方"。1926 年版《苏联大百科全书》说这个条约"是帝俄为侵占中国领土做出的第一个坚决步骤"。

从"夷务"到"洋务"

虞和平

1861 年，经受了太平天国和第二次鸦片战争打击的清朝，不仅进一步领略了西方的"坚船利炮"，而且被迫扩大了对外开放的程度，更多地受到西方文化的影响。为了挽救王朝的统治和增强自卫的力量，开始了以引进和学习西方科学技术、设立新式军队和创办新式企业为主要举措的"洋务运动"。

洋务运动的关键在"洋务"，所谓"洋务"，其本意是办理对外的事务。对外事务历朝历代均有之，但在鸦片战争之前称之为"夷务"。"夷务"一词，就其办理对外事务的含义而言，本与"洋务"无甚差异，关键在一"夷"字。中国古代史上专指居住中原以东的族群，称之为"东夷""夷人"，泛指华夏而外的四方他族，称之为"四夷""夷族"，都属于蔑视、贬义的贱称，含有尚未受到文明教化的意思。到明朝时，开始有欧洲人远渡重洋而来，"夷"的范围也就扩大到这些来自远洋的异邦之人，统称之为"海夷""外夷""番夷""蛮夷""夷人"，并以其不同的发色或肤色加以不同的称谓，如将红发赤须的荷兰人称为"红毛夷"，将白色人种的英国人称为"白夷"；也有以其不同职业而加以不同称谓者，如将商人称为"夷商"，将官员称为"夷目"，或客气一点的亦有"夷官"之称；还将其所用、所运、所驻的器物和场所称为"夷船""夷货""夷馆"。因此，将办理外国事务称为"夷务"，自然也是包含着蔑视、贬义的贱称。后来，在1858年第二次鸦片战争期间，广东在籍的户部侍郎罗惇衍说："地方官自夷人入城以来，每讳言夷务"，"不敢斥言夷字"。这也就是说，"夷"和"夷务"是一种贬斥的语言，在战胜者面前不得不"讳言"之。由此可见，"夷务"一词包含着清朝以"天朝上国"自居，妄自尊大，鄙视他国的观念和心态，既有碍于积极防御外敌入侵，也有碍于主动引进和学习外国先进文明。

　　"洋务"与"夷务"的区别，也主要在于一个"洋"字。相对于"夷"的贱称属性，"洋"应是一种中性的称谓。"洋"字在中国的使用，虽然晚于"夷"字，但亦早就有之，其最先是指海，后来包含海外的其他国家，如将欧美等西方海外国家称为"西洋"各国，将南方海外国家称为"南洋"各国，将日本称为"东洋"。把"洋"字运用于对外事务方面，在鸦片战争之前已经出现，先是使用于清朝自行的对外贸易事务上。如康熙二十四年（1686），在广州设立专门负责对外贸易的机构，称之为"洋货行"，简称"洋行"；又将洋行中的中国商人称为"洋商"，意指从事对外贸易的商人，而对外国商人仍称为"夷商"；还将洋行出海运输进出口货物的船只称为"洋船"，而对外国船只仍称为"夷船"；将洋行自行贩运的货物称为"洋货"，而对外国商人贩运的货物仍称为"夷货"。到第一次鸦片战争前后，"洋"字也开始使用在外国人及其所带来的外国物品上，如"洋人"、"洋钱"（指银元）、"洋药"（指鸦片）、"洋布"、"洋缎"、"洋参"之类，也有把外国商人称为"洋商"者。随着"洋"字在对外事务和外来事物上使用的逐渐广泛，到鸦片战争前后"洋务"这个词也开始出现，被用来表示所有的对外事务。如1839年7月，江南道监察御史骆秉章的一个奏折就以"整饬洋务"为题，内中还有斥责英商喳吨、颠地"把持洋务"的词句。1840年7月御史陆应谷的奏折中又有"于洋务不无裨益"的话。

第一次鸦片战争前后，除了清朝及其部分官员在对待外国事务中开始使用"洋"和"洋务"之外，以英国为首的外国侵略者也开始反对清朝及其官员对他们使用"夷"和"夷务"的称谓。1832年时，英国东印度公司职员胡夏米，因苏松太道吴其泰给他的批文中有"该夷船"字样，便递书抗议，说英国"不是夷国，乃系外国"，称"夷"是对他的"凌辱"。1840年，英国发动鸦片战争时，曾表示再也不能容忍用"夷"来称呼他们了。在1842年的议和谈判期间，英国全权大臣璞鼎查对清朝议和代表耆英、伊里布等人声称："夷不美，嗣后望勿再用。"当时在场的前吉林副都统咸龄回答说：孟子曾经说过，"舜，东夷之人也。文王，西夷之人也"。"夷"字载于古代典籍，有何不美？试图以文字游戏予以搪塞。但英国方面则坚持不肯撤销原议，双方"争论字义，良久未定"。其结果是：《南京条约》《虎门条约》以及后来的有关照会中，没有出现"夷"字，而在清朝内部官方文件和私家著述中，"夷"和"夷务"的字样仍在广泛使用。

到第二次鸦片战争之时，以"洋"和"洋务"替代"夷"和"夷务"的现象进一步扩大，并成为中外不平等条约中的一项规定。1858年初，英法侵略军占领广州后，清朝地方官开始在公文中"称夷务为洋务，又称为外国事件"。这在当时，还是一种地方官屈从于侵略者的直接压力，不得已而为之的事情；所以也有在籍侍郎罗惇衍的竭力反对，上奏朝廷，特意在关防内明刻"办理夷务"字样，借以抵制"洋务"一词的流行。但是，几个月之后，在6月26日签订的《中英天津条约》第51条中便明文规定："嗣后各式公文，无论京外，内叙大英国官民，自不得提书'夷'字。"自此，清朝及其官员就不能在公文中和公开场合再用"夷"和"夷务"称呼外国及其人事，否则就是违约。如同年 10 月，英国全权大臣额尔金见到《邸报》所载"上谕"中有"夷船闯入天津"字样，便指责清政府违约。为此，钦差大臣桂良一面照复额尔金，答应"嗣后仍当照约办理"，一面上奏请求凡由军机处发出有关"夷务"的文件，"饬令毋庸发抄，以昭慎密"。从此，有关上谕中"夷""夷务"字样遂被"洋""洋务"等词所取代，各级官员也自动改变用词，从只用"夷""夷务"转变为掺用"洋""洋务"。有些明智之士，则从自己新的思想认知出发，自觉改变和放弃"夷"字的使用。如太平天国的干王洪仁玕，在 1859 年所写的《资政新篇》中提出：在对外往来语言文书中，"万方来朝、四夷宾服及夷、狄、戎、蛮、鬼子一切轻污之字皆不必说也，盖轻污字样是口角取胜之事，不是经纶实际，且招祸也"。骆秉章在 1860 年径将别人旧作《英吉利夷船入寇记》改题为《洋务权舆》。魏源在他的《海国图志》中提出"师夷长技以制夷"的口号，主张以"夷"为师，改变了"夷"字的轻蔑含义，并成为洋务运动的思想源头；后来，在对其所著《道光洋艘征抚记》作重新点定时，便把初稿中所用的"夷"字一律改为"洋"字。随着中外文化交流的增多和时间的推移，"洋"和"洋务"的使用范围逐渐扩大，并成为对外事务的主体称谓。

当然，抱残守缺，绝口不谈"洋务"，坚持只用"夷务"者，直到光绪年间也仍然大有人在。就是朝廷也在力图坚持之中，奉旨分别编成于 1856 年、1867 年和 1880 年的道光朝、咸丰朝和同治朝的对外关系档案资料，都一律称之为《筹办夷务始末》，编纂者也仍在沿用"夷"和"夷务"的字样。

这种对"夷务""洋务"的不同态度，以"洋务"取代"夷务"的过程，反映了对本国和外国实况的不同认知，既是"天朝上国"传统观念的动摇和破灭，又是对世界形势的认识和承认；既有被迫接受的无奈，又有向前挪步的足迹，也成为洋务运动中洋务派、顽固派对峙、争论的一种观念上的原因。

"洋务"一词的概念，最初与"夷务"相同，主要是指对外通商、议和、接待等事务。到1861年，"总理各国事务衙门"成立以后，随着与外国交涉事务不断增多，"洋务"所包含的内容也不断扩展。仅就总理各国事务衙门这一最高"洋务衙门"所职掌的事务而言，从成立之初的"专办外交及通商事件"，逐渐扩展为"策我国之富强"的"总汇之地"，兼及朝廷六部的各项职责，如出洋大臣之考核、海关税项之拨存、租界约章之议订、战舰军械之采购、电报邮政之创设、中外讼案之处理、洋教案件之调解、船政铁政之兴建、铁路矿务之开办，统归该衙门主持。至此，"洋务"便成为清朝第一大务、第一要务，终于形成为晚清历史上历时最长、影响重大的一场"运动"。

作者简介

虞和平，1948年生，浙江宁波人。中国社会科学院近代史研究所研究员。主要著作有：《中国现代化历程》《商会与中国早期现代化》等。

晚清中国第一个外交使团

——蒲安臣使团

王晓秋

　　清政府 1868 年向海外派遣了中国近代第一个正式外交使团，可是这个使团却是由一个外国人——前美国驻华公使蒲安臣率领的，故称作蒲安臣使团。此事既表现了清政府外交浓厚的半殖民地色彩，同时也标志着清政府外交终于跨出了走向世界的第一步。

　　清政府派遣蒲安臣使团乃形势所迫，并颇具戏剧性。1858年，在第二次鸦片战争中，清政府被迫与英、法、俄、美等国签订《天津条约》，其中规定允许外国公使驻京。1860 年以后，西方列强便纷纷派遣公使常驻北京，而中国却一直未曾遣使出洋。1866 年清政府曾派前山西襄陵县知县斌椿率其儿子和三个同文馆学生，随同回国休假的海关总税务司英国人赫德赴欧洲游历，开了晚清官员出洋的先例。不过那仅仅是一次试探性的观光旅行，并非正式遣使。

　　当时，清政府已深深感觉到："近来中国之虚实，外国无不熟悉，外国之情伪，中国一概茫然，其中隔阂之由，总因彼有使来，我无使往。"尤其是 1858 年《天津条约》规定的十年修约之期将至，清政府担心西方列强趁修约之机"索要多端"，急欲事先遣使笼络各国。可是使臣的遴选和中外礼仪纠葛却成为两大难题。无论未出过国、不通外语的总理衙门官员，或是毫无外交经验的同文馆师生，都不堪当此重任。"若不得其人，贸然前往，或致狎而见辱，转致贻羞域外，误我事机。"

正当主持总理衙门外交事务的恭亲王奕䜣和文祥等大臣百般焦虑、忧心忡忡之时，在欢送卸任美国公使蒲安臣的宴会上，听到蒲安臣表示"嗣后遇有与各国不平之事，伊必十分出力，即如中国派伊为使相同"。奕䜣等不禁灵机一动，何不干脆请洋人为使呢？既可达到遣使出洋的实效，又能避免中外礼仪的纠葛。在取得蒲安臣的同意和赫德的支持之后，奕䜣正式向朝廷上奏，"请派蒲安臣权充办理中外交涉事务使臣"。奏折中赞扬前美国公使蒲安臣"其人处事和平，能知中外大体，遇有中国为难不便之事，极肯排难解纷"。而且说明由于中外礼仪不同，"用中国人为使臣，诚不免于为难，用外国人为使臣，则概不为难"。

于是总理衙门开始组建清政府第一个外交使团。前美国公使蒲安臣摇身一变，成了中国皇帝的钦差、率领中国外交使团的"办理中外交涉事务大臣"。为了维护大清帝国的面子，清政府又任命了两名级别不太高的总理衙门章京，即记名海关道志刚和礼部郎中孙家谷，"赏加二品顶戴"，也以同样的名义，会同蒲安臣办理中外交涉事务。为了不得罪英国和法国，寻求列强之间的平衡，又特地聘请英国驻华使馆翻译柏卓安和法籍海关职员德善分别担任"左协理"和"右协理"。此外，使团还包括中国随员、译员（大部分是同文馆学生）等共约 30 多人。

蒲安臣使团于 1868 年 2 月 25 日从上海出发，先乘船横渡太平洋到美国，访问了旧金山、纽约、华盛顿等城市。然后又横渡大西洋赴欧洲，访问了英国、法国、瑞典、丹麦、荷兰、普鲁士、俄国、比利时、意大利、西班牙等国，直至 1870 年 10 月 18 日回到上海，历时两年八个月，先后访问了欧美 11 个国家。

对于蒲安臣使团应该给予客观、全面、实事求是的评价。

一方面，蒲安臣使团表现了清政府外交的半殖民地屈辱色彩。近代中国第一个外交使团居然要由外国人来率领。晚清中国官员的第一次大规模集体出洋竟是在洋大人的带队和搀扶下，摇摇晃晃地迈出国门，小心翼翼地走向国际社会。美国人蒲安臣基本上操纵了使团的领导权。尽管组建使团时总理衙门曾有限制蒲安臣权限的如意算盘，向皇帝报告说："凡于中国有损之事，令其力为争阻；凡于中国有益之事，令其不遂应允，必须知会臣衙门覆准，方能照行。在彼无可擅之权，在我有可收之益。倘若不能见效，即令辞归。"使团出发前又给蒲安臣 8 条训令，要求他前往各国，所办之事，所到之处，都应与中国使臣"和衷商酌"，大小事件都要"逐细告知"。遇到重大事情，必须与中国使臣一起"咨明中国总理衙门候议，再定准否"，未授予其订约之权。可是当使团出国以后，蒲安臣便独揽大权，包办各种谈判交涉，甚至擅自订约。如在美国，蒲安臣多次单独与美国国务卿西华德秘密会谈，商订有利于美国输入华工及在华贸易、传教的《中美续增条约》（俗称《蒲安臣条约》）。中国官员直到举行签约仪式时，才被请去出席并画押、盖印，清政府事后也不得不予以批准。中国使臣志刚、孙家谷在前期几乎成了点缀品和观光客，主要活动是参观游览。直到 1870 年 2 月蒲安臣在俄国彼得堡因病去世，使团才由志刚主持。

我们还可以把蒲安臣使团与日本岩仓使节团作一个比较。岩仓使节团是日本明治维新以后向西方派遣的第一个外交使团，于 1871 年 12 月出发，先后访问考察了欧美 12 个国家，至 1873 年 9 月归国。表面上看中国清政府和日本明治政府派往西方的第一个外交使团，出访时间与路线差不多，蒲安臣使团还比岩仓使节团先走一步，出发早三年多，在外时间长近一年，只是访问国家少一个。但是两个使团的目的任务、成员、表现以及所起作用影响却大不相同。中国蒲安臣使团的任务只是了解外情，笼络各国，劝阻修约。而日本岩仓使节团却是肩负着求知识于世界，全方位向西方学习，并试图修改不平等条约的重大使命。中国使团竟请一位外国人来率领，两名中国代表也只是级别不高的官员，出发前也没做认真准备。而日本使团则集中了明治政府的权贵和要员，特命全权大使是明治政府首脑之一右大臣岩仓具视，副使则是明治政府实权人物木户孝允、大久保利通、伊藤博文等高官。此外还有一批藩主、随员和留学生等精英人物。岩仓使节团不仅规格高、规模大，而且在出发前做了充分准备，拟订了考察大纲并有分工，如岩仓重点考察各国帝室制度，木户考察各国宪政，大久保则考察各国工商业状况等。使团在欧美各国进行了深入考察并写出一批调查报告。因此两个使团的效果影响也大不一样，蒲安臣使团在推动中国近代化进程中没有产生重大影响，而岩仓使节团通过对欧美各国的认真考察调研，认清世界潮流，明确日本改革发展的方向，回国后大力提倡文明开化、殖产兴业、富国强兵三大政策，有力地推动了明治维新各项改革和日本近代化进程。

　　另一方面，我们也应看到，蒲安臣使团作为中国政府出访欧美的第一个正式外交使团，毕竟跨出了晚清官员走向世界、迈向国际社会的第一步。出洋期间，蒲安臣还为使团设计了第一面中国国旗，即黄地蓝镶边，中绘一龙，长3尺，宽2尺，"与使者命驾之时，以为前驱"。作为中国象征的黄龙旗飘扬在欧美各国，标志着中国第一次以主权国家面目出现在国际社会之中。蒲安臣使团在一定程度上完成了"笼络各国"的外交使命，得到了美、英等国政府不借修约干涉中国的表面上承诺。《中美续增条约》也在客观上对赴美华工、侨民起了某种保护作用。

蒲安臣使团也为以后中国近代外交使节制度的建立开辟了道路。当时李鸿章就指出，此次乃"权宜试办，以开风气之先，将来使回，如查看有效，另筹久远章程，自不宜常令外国人充当"。19世纪70年代清政府终于开始陆续派出驻外使节。蒲安臣使团里的中国官员也通过这次出访大开眼界，接触新事物，吸收新思想，并锻炼了外交才干。如使臣志刚不仅盛赞在法国看到的铁路、火车，"公私皆便，而利益无穷"，甚至在参观美国国会后还肯定议会制度可使"民情达而公道存"，而且深感国际交往之必要。在出访期间他的外交能力也得到了锻炼，因此能在蒲安臣病逝后担当起领导使团的重任，主持了访问俄国等国时的交涉。参加蒲安臣使团的晚清中国官员对世界的认识、见闻和思想变化，可以从他们所写的几部游记，如志刚的《初使泰西纪》、孙家谷的《使西述略》、张德彝的《欧美环游记》等书中看出来。

作者简介

王晓秋，1942年生，江苏海门人。北京大学历史系教授、博士生导师，全国政协委员，国家清史编纂委员会委员，中国中日关系史学会副会长，中日共同历史研究中方委员。主要研究领域：中国近代史、晚清史、中日关系史、中外文化交流史。主要著作有：《近代中日启示录》《近现代中国的革命》《近代中日文化交流史》《近代中日关系史研究》《近代中国与世界》《近代中国与日本》《晚清中国人走向世界的一次盛举》等。

几乎被历史遗忘的海外游历使
（1887—1889）

王晓秋

19 世纪 70—80 年代，清政府陆续向国外派遣驻外公使和外交官。第一位是 1875 年任命、1877 年正式到伦敦上任的驻英公使郭嵩焘，以后又派出了驻美国、日本、法国、德国、俄国等国的公使。1885 年，有一位御史谢祖源上奏，批评以往出使人员大多非科举正途出身，素质较差，对外国调查研究也不够，建议选拔一批文化修养较高的中央各部官员出国游历，可为国家培养外交和洋务人才。此奏得到皇帝重视，命总理衙门议奏和实施。由此引出了 1887 年清政府派遣一批海外游历使集体出洋、周游世界之举。在蒲安臣使团出洋 20 年之后，这批晚清官员的集体出洋，又跨出了近代中国人走向世界新的一步，至少打破了好几项历史记录。

首先，这次出使的全部是中国官员，清政府破天荒地第一次为中央各部保举出国的官员举行了别开生面的选拔考试。这次考试完全不同于以往的科举考试，考试由总理衙门主持，在同文馆举行。考试内容不考四书五经和八股诗文，而只作关于边防、史地、外交、洋务方面的策论。考试于 1887 年 6 月 12—13 日举行，由总理衙门大臣曾纪泽等亲自出题、监考、阅卷。吏、户、礼、刑、兵、工六部共保送了 76 名官员，实际应考者 54 人，经笔试初步录取 28 人。第一名是兵部郎中傅云龙，其试卷《记明代以来与西洋交涉大略》还被刊登在 1887 年 10 月 28 日《申报》的头版头条。初试录取之 28 名官员又经总理衙门大臣面试，"观其器识"，然后再向皇帝引见。最后由光绪皇帝亲自用朱笔圈定傅云龙等 12 人为钦定海外游历使。如果对这些人作个数量分析的话，可发现以下特点：他们都是科举正途出身，其中进士 9 名、监生 3 名；都是中央六部五六品中级官员（如五品郎中、员外郎，六品主事），而且基本上都是候补官员；籍贯以江浙籍居多，年龄大多三四十岁。

其次，清政府同时派遣 12 名海外游历使，分赴亚洲、欧洲、南北美洲的二三十个国家，进行为期两年的游历考察，最远到达南美洲的智利和加勒比海的古巴等国，其路程之远及所到国家之多，也是前所未有的。总理衙门把 12 名海外游历使及其随员、译员，分成 5 个组，分别派赴亚洲、欧洲、南北美洲，指定重点游历的国家已有美、英、法、日等 21 个国家。而实际上根据游历使们的报告和游记，他们所到的国家已大大超过这个数字。举傅云龙一组为例，他们先到日本考察 6 个月后，乘船横渡太平洋到美国，又乘火车横穿美国。然后到加拿大游历，回到美国，又乘船赴古巴考察。然后经加勒比海的海地、多米尼加和中南美洲的哥伦比亚、巴拿马、厄瓜多尔，到秘鲁游历。又绕道智利、阿根廷、乌拉圭到达巴西游历，然后经西印度群岛回到美国作第三次考察，再乘火车横贯美国东西部到旧金山，乘船再次横渡太平洋到日本又作 5 个月考察才坐船回到上海。傅云龙一行此次游历自 1887 年 9 月 2 日从北京启程，到 1889 年 11 月 20 日回到北京销差，共 26 个月，计 770 天，总行程 60422 公里，重点游历 6 国，顺途考察 5 国，往返共经 14 国。不少地方如美洲南端麦哲伦海峡，恐怕是中国官员第一次经过的。而当年蒲安臣使团只到了欧美 11 国，在美洲仅访问了美国。另一组洪勋等人从上海出发，乘德国商船赴意大利。途中曾停泊香港、新加坡和锡兰的科伦坡，经印度洋、阿拉伯海至亚丁，渡红海、苏伊士运河，入地中海，在游历了意大利之后，经奥地利至德国首都柏林，再北行游历瑞典、挪威，然后经丹麦、德国到比利时，再至法国首都巴黎，然后渡英吉利海峡到英国首都伦敦。以后又游历了西班牙、葡萄牙，再从里斯本乘船到意大利，最后仍乘德国商船回中国，总计行程超过十万里。这些海外游历使们在所到各国进行了不少外交礼仪及文化交流活动，会见了不少国家总统、国王和部长，加强了中外联系和友谊。他们还进行了大量参观访问和调查考察活动，涉及政府机关、军事设施、工厂矿山、学校图书馆、博物馆、动植物园等等。

最后，这次游历考察所取得的对外国调查研究的成果也是空前的。游历使们分别撰写了几十种对外国调查研究的著作、考察报告及海外游记、日记和诗文集。其中仅傅云龙一人就撰写了游历日本、美国、加拿大、古巴、秘鲁、巴西等 6 国的调查报告（称为《游历图经》）、游记（称为《游历图经余记》）和纪游诗，共达 110 卷之多。奉命游历欧洲的刘启彤也写了《英政概》《法政概》《英藩政概》《欧洲各国火轮车道纪略》等著作。

因此，可以把这次清政府派遣海外游历使之举称为 19 世纪 80 年代"中国人走向世界的一次盛举"。可是令人惊讶的是，这批游历使回国后却没有受到重用，更没有在外交岗位上发挥作用。这样一次出洋盛举竟然渐渐被历史所埋没和遗忘，以至过去在各种清史、近代史、中国外交史和中外关系史的教材和著作中基本上都没有记载。

为什么会出现这样的怪现象呢？分析起来原因很多。

第一，清政府 1887 年派遣海外游历使之举一开始就立意不高、目标不明确。当时总理衙门制定的《游历章程》，仅仅着眼于海外调查考察，要求游历使"将各处地形要隘，防守之大势以及远近里数、风俗、政治、水师、炮台、制造厂局、火轮舟车、水雷炮弹，详细记载，以备考查"，并没有指出求知识于世界、借鉴外国经验等更远大的动机和目标，也没有把这批海外游历使真正作为外交人才来加以培养、锻炼、使用。因此，他们回国后仍然是回到六部或是派遣地方任职，而不是考虑利用他们通过这次宝贵的海外游历实践获得的海外知识和外交经验，发挥其外交人才的作用。12 名游历使中竟没有一个出任外交官，著述最多的傅云龙和刘启彤也不过加赏二品衔以道员分派北洋，任北洋机器局和海防支应局的会办。

第二，受到保守势力和社会偏见的打击压制。早在选拔考试和派遣出洋时，已有人冷嘲热讽，讥笑这些官员是因为在六部提升无望，才冒险以海外游历为升官捷径和出路。游历使在海外期间又有人造谣诽谤，诬告他们牟取私利、行为不端。待游历使快要回国时，又有人妒忌他们可能得到格外保举、升迁太快。御史何福堃甚至专门上奏，要求"请薄其奖叙，即有佳者，只可发往南北洋当差"，以致他们回国后，总理衙门不敢提拔和重用他们出任公使等外交职务。

第三，与海外游历使本身的地位及素质也有关系。这次选拔和派遣的海外游历使级别和地位太低，只是五六品候补官员，人微言轻，其言论和著述难以产生更大影响，甚至连所到游历国家也常加以轻视怠慢。游历使们周游世界辛辛苦苦写下的调研报告交到总理衙门后，大多被束之高阁，有的书后来还是他们自己花钱印刷出版的。另外，他们基本上都是科举出身，是传统文化培养出来的旧学人才，西学和外国知识很少，更缺乏外交经验，而且不通外语，因此在国外调查与交流都遇到很多困难。

第四，受到经费的制约并与驻外使馆发生矛盾。清政府由于财政困难，拨给游历使出洋的经费不足，而且这笔4万两银子的经费还是从各驻外使馆人员经费中克扣出来的（每人节省20%薪俸），因此造成驻外使馆人员与游历使间的矛盾，有的使馆不仅不提供方便，反加以刁难。

由于以上种种原因，1887年清政府派遣海外游历使集体出洋的盛举，尽管又跨出了走向世界的一大步，甚至南美洲偏僻之地都出现了中国官员的身影，可是此举最终对中国政治、外交所起的作用和影响不大，致使这批风尘仆仆、历尽千辛万苦周游世界的海外游历使多数在历史上默默无闻，渐渐被世人遗忘。这次走向世界的盛举也逐渐被湮没于历史的尘埃之中而鲜为人知了。

清末五大臣出洋

王晓秋

19 世纪末至 20 世纪初，随着清末新政改革的需要和推动，晚清官员出国游历考察逐渐形成风气，而且出现要求王公大臣出洋的呼声，考察外国政治特别是宪政，也被提上日程。1905—1906 年的五大臣出洋，标志着晚清中国官员在走向世界的历程上又迈出了一大步。

20 世纪初，经过了义和团运动、八国联军战争，清王朝内外交困，统治摇摇欲坠。1901 年 1 月，慈禧太后被迫宣布要"取外国之长"以"补中国之短"，实行变法新政。同年，张之洞、刘坤一联名所上《江楚会奏变法三折》中也明确提出"拟请敕派王公大臣"分赴各国游历。其理由是，"亲贵归国，所任皆重要职事，所识皆在朝之达官，故其传述启发，尤为得力"。1902 年以后，逐渐出现官员出洋游历尤其是赴日本考察的热潮，对推动清末新政的进展起了一定的作用。

1905 年，由于日俄战争和民族危机加深的影响，要求立宪的舆论日益高涨，驻外公使和地方督抚也纷纷奏请仿效日本及欧美政治，实行君主立宪。清廷决定派王公大臣出洋，深入考察欧美及日本等国政治，归国报告后再做决策，于是就有了 1905—1906 年的五大臣出洋。

这次五大臣出洋的特点是级别高、随员多、目标明确、效果显著。

清廷所派考察政治出使大臣的人选几经变动，最初曾想派贝子载振、军机大臣荣庆、户部尚书张百熙和湖南巡抚端方，后因荣庆、张百熙不愿去，改为军机大臣瞿鸿機与户部侍郎戴鸿慈。以后又因载振、瞿鸿機公务在身，不能出洋，改派镇国公载泽、军机大臣徐世昌，不久又追加商部右丞绍英。1905年9月24日，正值使团在北京正阳门车站上车准备出发时，遭革命党人吴樾炸弹袭击。绍英等受伤，徐世昌兼任巡警部尚书也走不了，又改派山东布政使尚其亨和顺天府丞李盛铎。因此，最后真正出洋的五大臣是载泽、戴鸿慈、端方、尚其亨、李盛铎，全部是高级别的一二品大员。镇国公载泽，姓爱新觉罗，满洲正黄旗人，是嘉庆皇帝第五子惠亲王之孙，其妻与光绪皇后隆裕是姐妹，属近支王公，宗室贵胄，故出洋后常被外国报纸称为"亲王殿下"。他是深得慈禧太后宠信的满族亲贵，出洋前任盛京守陵大臣，回国后不久就升任御前大臣、度支部尚书。户部侍郎戴鸿慈与湖南巡抚端方都曾在慈禧西逃时护驾有功，获慈禧赏识，刚出洋就分别被升为礼部尚书和闽浙总督，回国后端方更调任两江总督兼南洋大臣。尚其亨是二品布政使，汉军旗人，并与慈禧沾亲。而李盛铎原是慈禧宠臣荣禄之心腹，此时被任命为出使比利时大臣兼考察政治大臣。可见五大臣都是地位显赫之高级官员。

五大臣出洋还选调了大批随员，选拔标准是"必须择其心地纯正见识开通者，方足以分任其事"。随员不仅人数众多，而且级别较高、素质较好，不少人后来成为政坛和外交界的风云人物。他们先是奏调了38人名单，实际上后来分两路出发时，仅载泽一路在其日记上提到的随行或先遣人员已达54人。戴鸿慈一路，其日记所记同行随员也有48人。随员中包括部分京官，如御史、内阁中书、翰林院编修，各部郎中、员外郎、主事等，还有地方官员，如道员、知府、知县，海陆军官如参将、都司，以及地方督抚派的随员和留学生等，有些是精通外语和外国情况曾经留学欧美、日本的归国留学生。其中包括后来在民国时代当过内阁总理或部长、公使的熊希龄、陆宗舆、章宗祥、施肇基等人，还有袁世凯的长子袁克定。随员们各有分工，分别担任先遣联络、考察、翻译、编撰等任务。

五大臣出洋目标远大，任务明确，调研细致。1905 年 7 月 16 日，上谕规定目的是"分赴东西洋各国，考求一切政治，以期择善而从"，并要求在国外"随事谘询，悉心体察，用备甄采，毋负委任"。临行之前，慈禧太后和光绪皇帝连日召见考察大臣，认真听取了端方演讲《立宪说略》，并让考察大臣带上些宫廷御点路上充饥。光绪帝还面谕军机大臣：考察政治是今天当务之急，务必饬令各考察大臣速即前往，不可任意延误。

载泽、尚其亨、李盛铎一行于 1905 年 12 月 11 日出京，1906 年 1 月 16 日抵达日本，后经美国赴英国、法国，最后到比利时，7 月 12 日回到上海。戴鸿慈、端方一行于 1905 年 12 月 7 日出京，也先到日本参观，1906 年 1 月 23 日抵美，后取道英、法，抵德国，然后考察奥地利、俄国、意大利，并游历丹麦、瑞典、挪威、荷兰、瑞士，7 月 21 日回到上海。实际上前者重点是考察日本和英国、法国，后者重点则是考察德国、美国和俄国。

戴鸿慈与端方出洋途中在船上与随员详细讨论和制订了考察方针和计划，立宗旨以考察各国政体、宪法为中心；并作分工，专责任，定体例，勤采访，广搜罗，以图"他山攻玉"，"纲举目张"。

两路考察大臣出洋为时半年左右，前后到了 14 个国家。每到一国游历结束时，都及时向清政府奏报考察经过和心得，并介绍该国的政治体制和统治得失、经验教训。他们考察虽以政治特别是宪政为中心，但实际调查范围很广，包括议会、政府机关、工厂、银行、学校、警察、图书馆、博物馆、动植物园，以至监狱、浴池等，并请外国政治家、学者讲解宪政原理和各种制度，还大量收集、购买、翻译各类图书、资料。

五大臣出洋收获丰硕，效果显著，推动了预备立宪的决策。1906 年回国后，载泽等编辑了书籍 67 种 146 册，并将其中 30 种分别撰写了提要，进呈光绪和慈禧御览。另将购回的 400 余种外文书籍送交考察政治馆备考。戴鸿慈、端方也带回许多书籍、资料，并赶写出介绍欧美各国政体制度的《欧美政治要义》供朝廷采择。以后又编写了介绍各国政治源流和概况的《列国政要》133 卷。这些书对清末新政和预备立宪的各项改革和制度建设具有重要参考价值。

五大臣出洋所起的最重要作用是推动了清政府预备立宪基本国策的确定。他们一回到北京就直奔颐和园复命，慈禧太后和光绪皇帝立即召见他们。前后计召见载泽、戴鸿慈各 2 次，召见端方 3 次，尚其亨 1 次。他们在召见时力陈"中国不立宪之害及立宪之利"，并一连上了好几份奏折，详加阐述。其中最重要的是载泽的《奏请宣布立宪密折》，为解除慈禧太后对立宪的思想顾虑，着重指出君主立宪有三大利，即"皇位永固""外患渐轻""内乱可弭"，为维护清王朝的统治开了一副包医百病的药方，令慈禧读后颇为动容。端方也上了《请定国是以安大计折》，洋洋万言，阐述考察欧美各国政治的结论："东西洋各国之所以日趋强盛者，实以采用立宪政体之故。"因此，"中国欲国富兵强，除采取立宪政体而外，盖无他术矣"！1906 年 8 月 25 日，清廷命醇亲王载沣和各军机大臣、政务处大臣及北洋大臣袁世凯等共同阅看考察大臣的条陈各折并会议讨论。这实际上是决定国策的重臣会议。会上多数人赞同立宪，少数人尚有保留。8 月 29 日，慈禧太后与光绪皇帝召见诸大臣，决定预备立宪。三天之后，即 1906 年 9 月 1 日，清廷正式颁布"仿行立宪"的上谕。然而，清王朝的腐败专制统治已像一座基础腐烂快要倒塌的房屋一样不可救药了。虽然清政府在预备立宪以后又推出了改革官制、颁布宪法大纲、设立谘议局和资政院等一系列措施，但 1911 年后它又倒行逆施——镇压立宪派国会请愿运动、成立皇族内阁、宣布铁路干线国有等，最终引发了保路运动和武昌起义。1912 年 2 月 12 日，清帝正式宣布退位，统治中国 268 年的清王朝终于寿终正寝。

《辛丑条约》谈判
李鸿章迁延北上原因浅议

史革新

　　中日甲午战后，李鸿章因负战败之责而受到国人的谴责，被朝廷撤去北洋大臣、直隶总督的职务。后来，他虽被清廷任命为总理衙门大臣上行走，赴俄国签订了《中俄密约》，但已明显受到冷落，一度养闲京师。1899 年 12 月，清廷起用李鸿章，外放广东，署理两广总督，为他再次崛起提供了契机。义和团运动兴起后，中国北方的局势发生急剧变化。对此，李鸿章的基本态度是：主张朝廷坚决镇压"拳匪"，保护各国列强的在华利益，维持中外"和好"的局面。1900 年 6 月 18 日，他在接到清廷"迅速来京"的命令后，知道朝廷让他主持"和议"之事，但他口头上表示"立刻遵旨北上"，实际却抗旨不遵，观望迁延了一个月，到 7 月 17 日才迟迟离开广州前往上海。到上海后，他又拖延了两个月，直到 9 月 15 日才由沪乘轮启程北上，于当月 18 日到达塘沽。其时，慈禧太后已经挟持光绪帝"西狩"出逃多日，京津一带早被八国联军蹂躏成人间地狱。在国事危急、朝廷催促再三的情况下，一贯标榜"公忠体国"的李鸿章为何一拖再拖地迁延三个月之久，迟迟不肯复命呢？概括起来有以下几个原因：

　　首先，李鸿章接到"北上"的朝命时，北方及朝中局势尚不明朗，义和团运动正处于高潮阶段，慈禧受到守旧派的怂恿，利用团民排外。团民发誓要杀"一龙二虎三百羊"，李鸿章即"二虎"之一，是团民捕杀的目标。在这种情况下赴京，无异于飞蛾投火。为自身安全计，他决定不顾朝廷下诏"严谴"，暂缓"北上"。他在给朝廷的密奏中表达了这一苦衷："每读诏书，则国是未定，认贼作子，则人心未安。而臣客寄江南，手无一兵一旅，即使奔命朝阙，道途险阻，徒为乱臣贼子作菹醢（zū hǎi，剁成肉酱）之资，是以小作盘桓。"[1]他的这段表白强调了两点：第一，指明朝廷并未确定诚意求和的方针；第二，强调朝中为"乱臣贼子"即自己的政敌所把持，个人安全无保障。这种情况如不改变，他就不能北上复命。在这里，他既有迫使朝廷改变不利于议和的方针的意图，又是在为自家性命打算。

其次，给朝廷施加压力，迫使慈禧彻底放弃"支持"义和团的政策，回到镇压团民、"睦邻友邦"的轨道上来。李鸿章多次给清廷上奏，强调"但能保住使馆，尚可徐图挽回，否则，大局不堪设想"[2]，要求朝廷实行"先清内匪，再退外兵"的策略。他在7月31日上的一道奏折就把联军入侵归咎为义和团"仇教攻洋"所致，称："北方起衅，皆由乱兵与土匪合为一气，仇教攻洋，焚杀无忌。"随即提出四条应对办法：一是护送各国公使出京赴津，二是保护在华外国人和传教士，三是"认真剿办"义和团，四是赈济灾民。奏折威胁说：如不照此办理，"而使臣不出，土匪不靖，其兵到齐，遏之不止，宫阙受惊，官民荼毒。且恐一国变其宗旨，各国悍然不顾，祸在眉睫，莫可补救"[3]。为了维护自己的地位，慈禧在西逃途中，即于9月7日匆忙发布"剿匪"上谕："此案初起，义和团实为肇祸之由，今欲拔本塞源，非痛加铲除不可。直隶地方，义和团蔓延尤甚，李鸿章未到任以前，廷雍责无旁贷，即着该护督督饬地方文武，严行查办，务净根诛。"④ 这道上谕明确了清政府镇压义和团的方针，正与李鸿章的一贯主张合拍。慈禧对义和团的政策"由抚为剿"，固然有多种原因，但李鸿章施加的影响无疑是不可忽视的一个因素。

再次，积极参与"东南互保"的策划。义和团运动兴起后，在各国列强的压力下，长江流域及东南各省督抚与列强联手，发起旨在遏阻义和团运动向南蔓延、保证外国人安全及利益的"东南互保"。这一活动的牵线人就是多年追随李鸿章办洋务的买办官僚盛宣怀。李鸿章尽管不是互保活动的发起人，但由于互保宗旨与李鸿章的政见完全一致，以及李在官场中的地位和威望，使他成为这一活动中的核心人物之一。《李文忠公全集》保存了大量李鸿章与盛宣怀、张之洞、刘坤一、袁世凯等人商讨此事的电稿。清政府于 6 月 21 日发布"宣战"上谕后，李即给盛宣怀发去密电，称该上谕为"矫诏"，表示"粤断不奉"，并让盛"将此密电致岘、香二帅（刘坤一字岘庄、张之洞号香涛）"⑤，催促盛加快与各国驻沪领事进行磋商。6 月 25 日，盛宣怀、上海道余联沅同各国领事正式会商，订立《东南互保章程》，规定上海租界归各国共同保护，长江及苏杭内地均由各督抚保护，两不相扰。章程订立当日，盛宣怀立即发出《寄粤宁苏鄂皖各帅》密电，告知有关各督抚，列名首位的就是粤督李鸿章。

其四，打探各国对华政策的动向和底细，为即将进行的"和议"作准备。滞留期间，李鸿章不仅与各国驻华领事保持密切联系，而且与中国驻各国的公使声气相通，往还电报频繁。《李文忠公全集》收录的电稿部分就保存了李氏与各驻外公使互通消息的大量电文。与李通电较多的公使有：驻俄公使杨儒、驻德公使吕海寰、驻英公使罗沣禄、驻美公使伍廷芳、驻法公使裕庚、驻日公使李盛铎、驻朝公使徐寿朋等。李鸿章与英国驻沪总领事司格达等外国公使也多有信函、电文来往。英国政府关于该国"各色人受有丝毫伤害，必将其罪归于北京当权立谋之人”的照会，就是通过李鸿章转交清廷的。

其五，向朝廷索要更大的权力。清政府调李鸿章“北上”参与“和议”事宜，他原来担任的两广总督一职便由广东巡抚德寿兼署，新的职务因朝局纷更不已而一时未明。这使他大有腰杆不硬的感觉，于是便寻找借口滞留在广州迁延观望。7月8日，清廷终于任命李鸿章为直隶总督兼北洋大臣，使他的名望、地位恢复到中日甲午战前的显赫时期。他这才放心踏实地启程离穗赴沪。来到上海后，他又裹足不前，以“触暑腹泻……元气大伤，夜不成寐，两腿软弱，竟难寸步”⑥为由向朝廷告请病假。当然，这里不排除李鸿章确有年迈多病、行动不便等合理性的缘由，但等待清廷授予“全权大臣”的正式任命也是他的谋算所在。8月7日，清廷在接到李鸿章请求赏假继续留沪的奏折之后，立即授他为“全权大臣，与各国外部商办一切”。8月24日，清廷又给了李“便宜行事”的特权，命其“将应办事宜，迅速办理”，表示朝廷“不为遥制”⑦。这样，李鸿章就获得了处理一切与“和议”有关事宜的军政大权，具备了充分的进行“和议”的个人政治资本。后来，清廷出于体制上的考虑，任命庆亲王奕劻同为“和议”全权大臣，名位在李鸿章之上，但奕劻的声望和才能均逊色于李，“凡和议之事，奕劻一以让之鸿章，不敢置一词”⑧。李鸿章遂为清政府与各国“和议”谈判的实际首脑。

从参加《辛丑条约》签订谈判的准备阶段看，李鸿章采取了实用、利己的态度，为确保个人身家性命的安全，不惜迁延观望、讨价还价、抗旨不遵。他的所谓“公忠体国”不免要大打折扣。对于李鸿章这番表现，当时就有朝官提出批评：“李鸿章奉旨来京，迁延观望，养疴海滨，及闻全权之授，则疾顿瘳矣。”⑨这话可谓一针见血。

注　释

① 《义和团运动史料丛编》第 1 集，中华书局 1964 年版，第 18 页。

② 《两广总督李鸿章电报》，《义和团档案史料》上册，中华书局 1979 年版，第 186 页。

③ 《大学士李鸿章等折》，《义和团档案史料》上册，第 415 页。

④ 《上谕》，中国史学会主编：《义和团》（4），上海人民出版社、上海书店出版社 2000 年版，第 52 页。

⑤ （清）李鸿章：《寄盛京堂》，《李文忠公全集·电稿》卷二十二，光绪三十一年（1905）金陵刊本，第 40 页。

⑥ 朱寿朋编：《光绪朝东华录》（4），中华书局 1984 年版，第 4534 页。

⑦ 朱寿朋编：《光绪朝东华录》（4），第 4537 页。

⑧ （清）宋玉卿：《戊壬录》，《清代野史》第 1 卷，巴蜀书社 1998 年版，第 268 页。

⑨ 《翰林院编修夏寿田呈》，《义和团档案史料》下册，第 878 页。

李自成对清战略防御失误的思考

王冬青

李自成是一位在农民战争的漩涡中几起几伏的杰出领导人，在斗争的坚定性和百折不挠方面具有可贵的品质，但在驾驭全局方面还显得视野过于狭窄。至于他手下的文臣武将，刘宗敏、牛金星、宋献策、顾君恩等人，都被后人说成是"井窥之智""瘈（zhì，疯狂）犬之猛"。从他们决策西安为首都，然后进军北京来看，说明这个智囊团在经济、政治和军事的分析能力上，的确表现得十分有限。

山海关战后的形势

大顺军在山海关的失败，最主要的原因在于农民军领导人骄傲自满、麻痹大意，以为从此天下太平，完全没有预料到清朝入关作战的可能性。

崇祯十七年（1644）四月二十九日，李自成在武英殿匆匆举行即位大典，次日便撤离北京。从五月一日到八日，大顺军在和清军、吴三桂军的一系列交战中屡战屡败，从涿州退至保定，再退至庆都。由于大顺军在畿辅的平原地区已经无法立足，所以经井陉进入山西，留精兵扼守固关，从此开始了山区作战。而清军由于连续作战，需要巩固占领区的成果，同时人困马乏需要休整，双方的主力因此脱离战场接触。

此时，最令李自成烦恼的是内部的倒戈和分裂。北京的陷落，对激发明朝官绅反叛具有风向标的意义，他们纷纷捕杀大顺政权刚刚派出的官员。顷刻间，大顺政权即将建成的大厦便在官绅反叛的烈火中焚毁。在这些叛乱中，对农民军政权威胁最大的当属已经窃据高位的前明朝地方实力派。许多大顺军老营将士还蒙在鼓里的时候，便被突然袭击缴了械。这也正说明农民军们普遍对防备外来入侵缺乏经验，对应付内部叛乱缺乏警惕性。这些反叛活动几乎都是在北京陷落后两个月内发生的。

李自成退到山西后，立刻召集高级官员商议对策。从当时形势看，农民军由于连遭失败，已经处于敌强我弱被动防御的地位。他们的主要作战对象已经不是吴三桂军，开始受到清军和反叛武装的混合进攻。虽然反叛武装的进攻给大顺政权造成了很大麻烦，打乱了军事部署，但是他们进攻的力度并不可怕。在华北，明朝的遗民们虽然倒向清朝，但也属于暂时的，犹豫和观望的风气十分浓厚。在此情况下，哪一方取得一两次决定性意义的重大胜利，哪一方就会赢得这些骑墙派的支持。所以李自成的军事部署不应该是战略防御，而应充分利用休整期，重新组织兵力对清军实施进攻。只要能在进攻中获胜，就能在很大程度上打掉反叛的气焰，战胜清军也就成为战胜反叛的有效武器。

关于李岩的建议

正是在这种情况下，李自成的谋士李岩提出自请两万人马前往河南，一是将那里发生的叛乱事件平定下去，二是开辟反清的第二战场。但是这个建议不但没能得到李自成的称许，反而引来杀身之祸，随即引发了农民军内部的分裂。明清之际很多重要的史料都记载了李岩在大顺军中的若干活动，似乎证明他在李自成身边有着重要的地位。尤其在北京期间，他慎重地提出了保护明朝皇室等四策，和刘宗敏拶（zā，逼迫）官助饷、牛金星"太平宰相"等的执政策略迥然不同。由于他和牛金星等人有矛盾，因此牛金星在李自成面前进行挑拨和陷害。李岩的被杀不仅是个人的悲剧，也是整个大顺军的悲剧。

李岩在大顺军中到底任何职务？史书上说他被拜为制将军。清代史学家谷应泰在《明史纪事本末》中认为，李岩是替李自成出谋划策之人。而且从他进京之后的表现来看，的确符合这样一种身份。

至于李岩的这个建议，在当时的形势来看，不失为是一个积极防御的策略，并且在防御中包含了某些进攻因素和迫使对方分兵的长处。姚雪垠曾对李岩的这个建议给了一个很低的评价。他说："给李岩两万人马去河南，断不会扭转当时的历史形势。何况，山西很快被清军占领，豫王多铎的大军很快从孟津过河，加上河南地方势力已经纷起而反对大顺军，又很快投降清朝，两万大顺军随李岩（假若确有其人）到河南根本没有机会站立脚跟。"实际上李岩提出建议的时候，正是大顺军在山西暂时得到安稳，而清军退回北京进行休整，有一个多月没有发动军事进攻。姚雪垠所说的几件事实际上都是在七月到九月之后发生的，而李岩的建议应该早于六月。

消极防御是李自成战略最大的失误之处

李自成在山海关之战后固然面临着种种压力，但暂时守稳了山西，是用消极防御还是积极防御的战略来固守山西，成为一个至关重要的问题。此时对大顺军来说，虽然还是处于敌强大我弱小、敌主动我被动、敌进攻我防御的大格局之中，但是李自成应该考虑的不是退回陕西，而是从西北各省迅速征调兵力，强化在山西的军事形势。一方面阻止清军从畿辅地区进攻山西，同时也使之成为进攻清军的滩头堡垒，威胁北京。如果李自成能在山西加强军事力量，在这个基础上，如李岩的建议，派遣一支偏师到农民军力量薄弱的豫东，一旦清军南下试图消灭这支农民军，则山西的军队可以相机出击，威胁北京进行钳制。这样不但可以巩固这块阵地，还牵制了清军对山西的军事压力，对大顺军保卫山西、开辟河南都是有积极作用的。

想立足河南并不容易。河南处于清军、大顺军和南明军三大集团的压迫之下，但还都没有进入，地方势力出于安全自保，各派林立，混乱的局势有死灰复燃的迹象。相对来说南明在一开始有一定优势，这是山海关之战失败后，拥明的官绅大肆杀戮农民军派来的官员，在政治上他们是亲南方的。但是南明小朝廷政治腐败内部分裂，根本完成不了统帅河南的重任。而清军由于兵力有限，正在畿南、山东一带巩固自己的地盘，力量还没有发展到黄河以南。所以在李自成退守山西之后，迅速派出一支部队进入河南应是最好的时机。如等清军休整结束，开始新一轮进攻之后，这个时间上的优势就随之丧失了。

李自成在山西正确的做法是：由他或者至少是刘宗敏这样能够担当总指挥的将领留在山西，火速从陕西等地调集军队入晋，加强山西防务，这已经是退而求其次的防御措施了。但是情况却相反，他和刘宗敏等高级官员以山西的缙绅富户可能反叛为由，率领主力悉数迁回了陕西。虽然他在山西留下了数量可观的军队和不少战将，但他们分兵守山西诸隘，无法协调军事上的统一指挥，既无主力部队，更无机动部队，甚至连一支像样的预备队都没有，完全摆出被动挨打的防御策略。

当李自成还在太原时，大同的原明朝降将姜瓖开始反叛，杀害了留守的张天琳。把晋西北让给清军，山西就这样丧失了第一个阵地。但即便是这样严重的事件似乎都没有能促成李自成必须坚守山西的认识。事实上，农民军越是撤离，反叛活动相应地就越猖獗。大顺军面对危机，李自成不但不加强和巩固在山西的势力，反而在挫败了一些反叛后继续西撤，还分兵开赴汉中去和农民军的另一支张献忠部作战，军事计划之荒唐真是到了匪夷所思的地步。

总体而言，李自成从北京败退到西安前的防御部署过于消极。大顺军既没有分兵进军和夺取河南，也没有固守地形有利的山西，战线收缩太小而放弃又多。由于农民军战士在军事素养上并不及清军，在武器装备等方面也属落后，这就更需要战略上的统揽全局能力和战术上机动灵活。可是这些都被李自成忽略了。

作者简介

王冬青，1969年生，陕西西安人。中国人民大学清史所、国家清史编纂委员会博士后。主要研究方向为明清中外关系史、军事史。发表论文有：《明朝海禁政策与近代西方国家的第一次对华军事冲突》《论郑和下西洋与明成祖的威慑外交战略》等。

以战逼降

——施琅统一台湾的决策

陈在正

康熙二十二年（1683）清政府实现了台湾与大陆的统一，这是中华民族发展史上的一个重大的历史事件。作为实现这一任务的前线军事指挥官、福建水师提督施琅，也为中华民族的发展做出了重大的贡献。现拟着重探讨施琅一贯坚持以战逼降统一台湾的决策的形成过程，并从其军事的实践来论证这一决策的正确性。康熙三年郑经退守台湾后，清政府曾数次派官前往招抚，力争实现大陆与台湾的和平统一。如康熙六年清政府派总兵孔元章渡台招抚，康熙八年，遴选兴化知府慕天颜、都督金事季俭再次渡台招抚。但当时郑经恃台湾海峡有波涛之险，为清军兵力所不及，安于据守一隅，议竟不成。而数年间，海上亦相安无事。

康熙十三年郑经趁吴三桂、耿精忠先后在云南、福建倡乱之机，侵扰闽粤沿海，破坏了和局，清郑之间又处于战争状态。康熙帝当时主张对吴三桂厚集兵力征剿，而对耿精忠、郑经则采取区别对待的方针，谕示："海寇宜用抚，耿精忠宜用剿或用间，相机便宜以行。"以便实行各个击破。在三藩之乱期间，为配合军事进攻，康亲王杰书及闽督姚启圣又对郑经进行了六次招抚活动，但郑经错误估计了当时的形势，又以无理要求，借词拒绝。直至康熙十九年郑经再次退守台湾之前，谈判终无结果。

施琅不同意对台湾郑氏集团一味主和，主张应"因剿寓抚"，即以战争为主，配合招抚。在康熙三年、四年两次出兵攻打澎湖因遇风而受挫后，康熙四年五月施琅又上疏提出"澎湖乃通往台湾之要冲，欲破台湾，必先攻取澎湖"的战略方针。指出："倘蒙天赐良机，使臣飞渡澎湖，则将扼据咽喉，进逼巢穴……届期方可论定相机进剿之策。"①

当康熙六年孔元章招抚失败后，施琅又于是年十一月上疏称："盖澎湖为台湾四达之咽喉，外卫之藩屏，先取澎湖，胜势已居其半。是役也，当剿抚并用。舟师进发，若据澎湖岛以扼其吭，大兵压近，贼胆必寒。遣员先宣朝廷德意，如大憝（duì，坏，恶）势穷，革心归命，抑党羽离叛，望风趋附，则善为渡过安插，可不劳而定。倘执迷不悔，甘自殄绝，乃提师进发，次第攻克，端可鼓收全局矣。"②

康熙七年正月初十日奉旨：着提督施琅作速来京，面行奏明所见，以便定夺。施琅于四月上京前夕，上疏称："郑经得驭数万之众，非有威德制服，实赖汪洋大海为之禁锢。如专一意差官往招，则操纵之权在乎郑经一人，恐无率众归诚之日。若用大师压境，则去就之机在乎贼众，郑经安能自立？是为因剿寓抚之法。大师进剿，先取澎湖以扼其吭，则形势可见，声息可通，其利在我。仍先遣干员往宣朝廷德意，若郑经迫之势穷向化，便可收全绩。倘顽梗不悔，俟风信调顺，即率舟师联综（zōng，船）直抵台湾，抛泊港口以牵制之。"③

施琅的主张未被采纳，遵旨留京，乃裁福建水师提督，授以内大臣。施琅在京 13 年中，仍密切关注台湾形势的变化。康熙二十年正月郑经病逝，监国郑克塽（zàng）旋被绞死，扶年仅

12 岁的郑经幼子克塽继位，由其叔郑聪摄政。时郑氏集团内部"叔侄相猜，文武解体，政出多门，各怀观望"④。康熙帝遂断然决定出兵台湾，并于七月任命施琅以右都督充福建水师提督总兵官，加太子少保，前往福建，克期统帅舟师，进取澎湖、台湾。十月，施琅抵达厦门视事，并于康熙二十一年三月上疏密陈征台战略等有关事宜，仍主张先攻取澎湖。认为："澎湖一得，更知贼势虚实，直取台湾，便可克奏肤功。倘逆孽退守台湾，死据要口，我师暂屯澎湖，扼其吭，拊其背，逼近巢穴，使其不战自溃，内谋自应。不然，俟至十月，乘小阳春时候大举进剿，立见荡平。此乃料敌制胜所当详细一一披陈者也。"⑤

施琅经过十七八年的"日夜磨心熟筹"，提出首先攻克澎湖，"因剿寓抚"，即以战逼和统一台湾的战略方针。据此，制订了具体的作战方案。第一步，以清军水陆部队首先攻克澎湖，消灭郑军主力，"扼据咽喉，进逼巢穴""大兵压近，贼胆必寒"，他认为这样"胜势已居其半"。第二步，占领澎湖后，引而不发，"遣员先宣朝廷德意"，使台湾郑氏集团"望风归附"，"使其不战自溃，内谋自应"，争取实现以战逼和、和平统一台湾。第三步，若郑氏集团"顽梗不悔……即率舟师联艚直抵台湾，抛泊港口以牵制之"。并分兵南路打狗港口（今高雄港）和北路蚊港（今云林台西乡）、海翁窟港口（今台中县大安港），"使其首尾不得相顾"，然后"登岸次第攻击"。若郑军"踞城固守"，"则先清剿其村落党羽，抚辑其各社土番"，"大举进剿，立见荡平"。这是施琅经过多年的调查研究，深思熟虑而后提出的符合客观形势的战略方针和作战方案。

军事实践证实了施琅所拟定的统一台湾的战略方针和作战方案的正确性。康熙二十一年十月，清廷批准了施琅专征台湾的请求后，施琅即于康熙二十二年六月十四日率水陆官兵两万多人，大小战船200多只，出征澎湖，经过十六、二十二日两次激烈的海战，歼灭郑军水师主力万余人，守将刘国轩遁归台湾，澎湖岛上4800多名陆兵也不战而降，遂克澎湖诸岛。

攻克澎湖后，闽督姚启圣上奏称："是贼今日之败几成全军覆没，则乘胜直捣台湾，似不宜迟。"⑥而施琅则坚持出兵前的作战方案，奏请缓攻台湾，一面修葺船只，补充兵员；一面通过安插投诚，抚绥地方，使民人乐业，鸡犬不惊，台湾兵民闻风解体，对台湾郑氏集团开展和平攻势。施琅宽待伤残及归附官兵，以示宽大，同时，派将前往劝抚刘国轩。当被送归的官兵到台后，"辗转相告，欢声动地。诸伪将伪兵闻之，争欲自投来归，禁之不能止。刘国轩自澎湖败还，固已胆落，至是见人情大率已解散，始决计劝克塽归附矣"⑦。郑克塽亦泣告曰："民心既散，谁与死守？浮海而逃，又无生路，计唯有求抚之着耳。"⑧于是先后两次派差官到澎湖施琅军前求抚。康熙帝虽明知郑克塽等系因窘迫之极才被迫来归，但他认为："若不许其投诚，则彼或窜处外国，又生事端，不若抚之为善。"并谕示："更念以兵力攻取台湾，则将士劳瘁，人民伤残，特下诏招降。倘其来归，即令登岸，善为安插，务俾得所。"⑨批准了和平招抚方案，欢迎郑克塽率台归清。施琅遂于八月十三日抵达台湾，时"各乡社百姓以及土番，壶浆迎师，接踵而至"⑩。施琅向郑氏集团宣读赦诏后，郑克塽等欢呼踊跃，望阙叩头谢恩，并于十八日削发归顺。施琅即广贴《谕台湾安民生》告示，劝谕台湾地方官员、百姓、土番人等知悉："各宜乐业，无事惊心。收成在迩，农务毋荒。贸易如常，垄登有禁。官兵违犯，法在必行。人民安生，事勿自缓。"台湾与大陆比较顺利地实现了统一。康熙二十三年四月十四日清政府决定在台湾设一府（台湾府）三县（台湾、凤山、诸罗），设官驻兵。并取消战争年代所实行的迁界、禁海政策，先后谕旨展界与开禁。此后，我国的海防进一步得到巩固。而施琅统一台湾的战略方针和作战方案，也得到了圆满实现。

康熙年间清政府统一台湾的过程又一次证明，只有兵力达到足以攻克对方城池，以武力为基础和后盾，进行瓦解敌军的和平攻势，加上客观环境及人心趋向等条件，和平统一才有可能实现。正如施琅所指出的，如在武力不及的条件下，"如专一意差官往招，则操纵之权在乎郑经一人，恐无率众归诚之日"⑪。这是一条符合历史发展规律的唯物主义原则，可供后人借鉴。

注　释

① 《康熙统一台湾档案选辑》，福建人民出版社1983年版，第51页。

② 《康熙统一台湾档案选辑》，第78页。

③⑪ 《康熙统一台湾档案选辑》，第80页。

④ 《康熙统一台湾档案选辑》，第232页。

⑤ 《康熙统一台湾档案选辑》，第242页。

⑥ 《康熙统一台湾档案选辑》，第281页。

⑦ （清）杜臻：《澎湖台湾纪略》，《台湾文献丛刊》第104种，第10页，台湾银行经济研究室印行。

⑧ （清）阮旻锡：《海上见闻录（定本）》，福建人民出版社1982年版，第78页。

⑨ 《康熙起居注》第二册，中华书局1984年版，第1034—1035页。

⑩ 《康熙统一台湾档案选辑》，第303页。

作者简介

陈在正，1926 年生，福建闽清人。厦门大学台湾研究院教授。先后兼任厦大历史系主任、厦大台湾研究所所长。参加主编《清代台湾档案史料丛刊》《台湾历史研究丛书》，专著有《台湾海疆史研究》《台湾海疆史》《李友邦传记与台湾近代史》，先后发表有关台湾政治史、海防史、移民史及民间信仰等方面的论文 60 多篇 80 多万字。

清代八旗兵衰败原因探析

李尚英

　　八旗兵是满洲赖以兴起和发展的根基。明神宗万历二十九年（1601），随着建州部社会生产力的不断发展，势力不断强大，努尔哈赤"以徕服者众"，正式创建旗制，即黄、白、红、蓝四色。万历四十三年，努尔哈赤又以"既削平诸国"，在原有四旗基础上，"参用其色厢之"①，即镶黄、镶白、镶红、镶蓝，黄、白、蓝旗均镶红边，红旗则镶白边，合称为八旗，亦称"八旗满洲"。八旗由努尔哈赤及其子、孙、侄分领。八旗内壮丁"出则为兵，入则为民"②，"无事耕猎，有事征调"③。八旗兵实行薪给制，每人每月都有一定的"饷银"，每年有一定的岁米，数额多寡不等。

　　清廷入关前后，八旗兵在努尔哈赤、皇太极、多尔衮的领导下，不仅执行一套正确的战略方针和战术原则，而且有着严格的纪律，一切按领袖们的"预画胜负谋略"行事，"克城放敌之后，功罪皆当其实"，故"将士各欲建功，一闻攻战，无不忻然，攻则争先，战则奋勇……一鼓而胜"④。由此八旗兵成为建州女真统一东北女真各部和统一全国的主要武装力量，战功赫赫。万历四十七年与明朝的萨尔浒之战即为明证。

　　明万历四十七年四月，明廷以杨镐为辽东经略，率 10 余万明军（对外号称47万大军）四路征讨后金。而当时努尔哈赤领导的后金军队只有6万人，在敌强我弱的不利形势下，努尔哈赤采取了集中优势兵力各个击破的战术，遣大贝勒代善、四贝勒皇太极率八旗兵主力截击明军主力杜松一军，两军在萨尔浒山进行了殊死战斗，"明兵出阵发枪炮，我兵仰射之，奋力冲击，不移时，破其营"，杜松全军覆没⑤。随后，明其他三路军队也为后金军击败。努尔哈赤由此取得了历史上著名的以少胜多的战役——萨尔浒战役的胜利。萨尔浒战役的胜利为后金——清占领全辽、进军中原打下良好的基础。

清统治者定都北京以后，为巩固政权，竭力使八旗旗人长期保持他们精于骑射的特长，为此制定了一系列优待八旗旗人的制度和措施，其中主要有：

第一，对八旗旗人在生活上给予多种优待。顺治元年（1644）清廷下令："凡八旗壮丁，差徭、粮草、布匹，永停输纳。"⑥免去了他们除兵役之外的全部义务。同时还发给口粮赡养其家属："七岁以上即食全俸，六岁以下为半口，减半给粮。因是不劳而食，坐享厚利，如待哺之鸟。"⑦此后，又将京畿500里内圈占的土地拨为旗产，强迫汉民交纳繁重的租税。顺治二年，清廷又制定了赈济八旗的条例，从各方面对旗人给予优待。从顺治开始，清代历朝皇帝都以发放帑金和赏给八旗兵丁钱粮的方式优待旗人。仅康熙一朝，清廷就以"赈济"旗人为由先后发放帑金1200万两白银。

第二，赋予八旗旗人在诉讼方面以法定特权。旗人犯法，普通的地方官吏不敢管，也没有权力管，而由步军统领衙门和慎刑司审理。量刑时，他们还享有"减等""换刑"等等特权。再有，清统治者虽然也公开谴责旗人不该因其奴仆小有过失即"殴责毙命"，但还是允许旗人随意处置自己的奴仆。

第三，扩大旗人升官途径。清廷定都北京后，王公贵族身居各种要职，享尽荣华富贵。一般旗人既可通过考试入仕，也有其他各种机会做官。如康熙十年（1671），"奏准八旗满洲监生识满汉字者，考试翻译；只识满字，考试缮写。优者授为正八品，以部院笔帖式补用"⑧。

然而，历史进程却与他们的愿望相违。由于八旗旗人获得了种种特权，其子弟受到了严重腐蚀，由他们组成的八旗军队也很快腐败起来。他们在衣着上"竞尚鲜华，多用绸缎，以穿著不及他人为耻"；又"往往耽于口腹，饷银一经入手，不为度日之计，辄先市酒肉，以供醉饱，不旋踵而贵用业已告竭。又支领官米，随即贱价售与铺家，只顾目前得银使用，不肯稍为储蓄，而家中食米转零星用贵价向铺户籴买"⑨。有的当月钱粮不敷花销，遂将次月钱粮典当出去，形成了恶性循环。如此久而久之，八旗军队的素质日趋低劣，战斗力大为减弱。三藩叛乱时，吴三桂就说过："清朝军中向者旧臣皆勇猛，今甚衰弱矣，焉能及前人哉？"⑩事实也正是这样。康熙时期，"从龙入关"的老一辈皇族贵胄相继故去，他们的后代，由于多年养尊处优，大多数人已成为纨绔子弟，渐渐失去勇敢善战的精神和高超的骑射技艺。康熙平定三藩之初，尽管康熙帝全心全意依靠皇族出身的王、贝勒，令他们挂帅，统兵出征，但他很快就发现，这些满族将帅的作为令他大失所望。他们没有"励忠贞之谊，早奏戡定之勋，以副朕爱民至意"。自用兵以来，大将军、王、贝勒、将军、大臣等，"亦有观望逗留，不思振旅遄进，竟尔营私适己，希图便安，或诿甲兵之不全，或托舟楫之未具，借端引日，坐失事机者。甚而干预公事，挟制有司，贪冒货贿，占踞利薮。更有多方渔色，购女邻疆，顾恋私家，信使络绎。尤可异者，新定地方，亟需安辑，乃于所在攘夺焚掠，种种妄行，殊乖法纪"⑪。而尤其令康熙不能容忍的是，一向为其所信任的多罗顺承郡王勒尔锦、多罗贝勒察尼在率兵出征湖南时，竟然"不速扼要害，乃退缩不前，老师糜饷，坐失事机"，"但敛取督抚司道等官财物，希图肥家，贻误国事，疲敝兵马，困苦民生"⑫。将帅如此，广大八旗兵的战斗力更可想而知。康熙十六年，清安亲王岳乐、征南将军穆占统领十九路"皆经简择"的"精兵"⑬，在浏阳将吴三桂部将王绪"围之数重"，连观战的吴三桂都以为吴军"全没矣"；然而风云突变，"少顷，闻交枪连发如急鼓，清兵纷纷堕骑。王绪军冲突无前，莫有撄其锋者，深入敌境，获全胜而返"。在这场战斗中，吴三桂侄吴应贵为流矢所中，翻身落马，被吴军救回城中。穆占追至城下，三桂伏兵"起而冲之，清兵披靡而走"⑭。这一仗充分暴露了八旗军的腐败衰弱。如此腐败的八旗军虽不能打仗，但在骚扰百姓、抢劫财物、拐卖妇女儿童等方面却变本加厉，八旗兵丁"慓悍，窝盗为匪，肆无忌惮"，而地方官"深知满营骄悍，不敢追究"⑮。军纪之败坏，军心之涣散，战斗力之削弱，必然使清朝海防武备空虚，并逐渐丧失了抵御西方殖民主义侵略的力量。因此，从一定意义上可以说，八旗军队的腐朽，成为中国在鸦片战争中失败的重要军事原因。

八旗兵的衰败与清朝吏治腐败有着密切的关系。官吏的贪污受贿，是封建社会中十分普遍的现象。清朝统一全国后，满洲贵族和封建官僚、地主阶级骄奢淫逸、贪婪残暴的阶级本性恶性发展，导致他们疯狂敛取钱财，贪污受贿盛行。顺治、康熙及其后诸帝虽然采取了不少措施，力图澄清吏治，抑制腐败，但收效甚微。官吏的贪污受贿必然影响着八旗将帅。八旗将帅在平定吴三桂叛乱中，就不断发生向地方督抚收取贿赂、聚敛财产和隐匿掠卖三藩妇女、儿童的事例。这从一个侧面反映了八旗兵衰败愈演愈烈的趋势。

　　清朝八旗兵衰败的根本原因在于清朝统治者所采取的"崇尚满洲"的国策。清朝是在军事上征服先进民族而建立起来的，特别是此后长达 30 余年的民族征服战争，使清统治者以为，只有进一步依靠满洲八旗军，才能维持和加强自己的统治。因此，他们采取了前述一系列保持和维护八旗满洲优越地位的政策和措施，而这恰恰腐蚀了八旗兵，大大削弱了其战斗力。平定三藩时期，康熙帝不得不任用张勇、赵良栋、王进宝等绿营将领进军四川、湖广、贵州、云南的事例就是很有说服力的证明。

注　释

① （清）蒋良骐：《东华录》卷一，乙卯年。

② 《清太宗实录》卷七，天聪四年五月。

③ （清）魏源：《圣武记》卷一。

④ 《清太祖武皇帝实录》卷二。

⑤ 《清史列传》卷一《代善传》。

⑥ 《清朝通志》卷八十六《食货略六》。

⑦ 萧一山：《清代通史》卷中。

⑧ 《清朝通志》卷七十二《选举略》。

⑨ 《清仁宗实录》卷一百，嘉庆七年秋七月癸未。

⑩ 《康熙起居注》第三册，第 2040 页。

⑪ 《清圣祖实录》卷七十一，康熙十七年正月戊戌。

⑫ 《清圣祖实录》卷九十三，康熙十九年十一月辛酉；卷九十二，康熙十九年九月丁未。

⑬ 《清圣祖实录》卷七十一，康熙十七年正月庚辰。

⑭ （清）刘献廷：《广阳杂记》卷二。

⑮ （清）张集馨：《道咸宦海见闻录》，第 38 页。

作者简介

李尚英，男，1942 年生，辽宁人。中国社会科学院研究生院教授、清史纂修工程"中华文史网"主编。主要著作有《清代政治与民间宗教》等。

关于宣统年间清军水师
对西沙群岛的巡视

李国强

　　南海诸岛南起北纬 3°40′的曾母和亚西等暗沙，北至北纬 21° 的北卫滩，西起东经 109°30′的万安滩，东至东经 117°50′的黄岩岛，北接我国台湾、广东、海南和广西等省区，东面和南面分别隔着菲律宾群岛和加里曼丹群岛与太平洋、印度洋为邻，西南和越南、马来半岛等地相连。南海面积约为 360 万平方公里，大约是 16 个广东省面积的总和，由东沙群岛、西沙群岛、中沙群岛和南沙群岛组成。在四个群岛上，分布着 287 个岛屿、沙洲、暗礁、暗沙和暗滩。南海诸岛是连接太平洋与印度洋、东亚与大洋洲的"海上通道"和"空中走廊"，具有重要的战略地位。20 世纪 60 年代末、70 年代以来，周边国家围绕南海诸岛主权所展开的争端日趋激烈，南海诸岛争端已经成为目前世界上涉及国家最多、情况最为复杂的争端之一。

　　南海诸岛历来都是中国行政区划中不可或缺的组成部分。中国政府对南海诸岛的管辖及行使主权，经历了一个较为漫长的历史发展过程。在这样一个循序渐进、逐步形成乃至完善的过程中，主权地位的确立有其特定的运行形态和独特的表现方式，而在不同的历史时期，中国政府行使主权和实施管辖的方式也不尽相同。

从秦汉以来直到宋、元、明时期，中国人民历经最早发现、最早命名以及最早开发经营南海诸岛，而成为南海诸岛唯一的主人。到清代，清政府不仅将南海诸岛正式列入中国版图，而且派出水师加以巡视，其中宣统年间清军水师对西沙群岛的巡视，集中体现了清朝对南海诸岛所行使的有效主权管辖。

清朝派出水师对南海诸岛进行巡视，延续了历代对南海诸岛的管理方式，但其巡视的范围和频率超过了以往各个历史时期。

康熙年间创修和续修、民国时重修的《感恩县志》卷十二《海防志》环海水道条，把包括南沙群岛在内的"千里石塘、万里长沙"列入广东省琼州府，认为是"琼洋最险处"。1838 年严如煜《洋防辑要》卷一《直省海洋总图》，1842 年俞昌会《防海辑要》卷首《直省海洋总图》，均明确地将南海诸岛四个岛群作为海防要地列入我国版图中。而 1842 年成书、1852 年刻印的魏源《海国图志》卷三《东南洋沿海各国图》，1894 年马冠群《中外舆地丛钞》中的《东南洋沿海岛岸国图》，佚名《八省沿海总图》等，均分别将南海诸岛中的岛屿列入我国版图，并注明属于万州所辖。

值得注意的是，在 1843 年郑光祖所著《一斑录》卷一《中国外夷总图》中，在绘有"落际""东沙""石塘"和"长沙门"的同时，也标绘了"西沙"，在中国的地图上第一次出现了"西沙"这一名称。结合郑光祖在《海国闻见录》中的记述来考证，他在图中所绘"落际"指今东沙群岛，"东沙"即今中沙群岛，"石塘"和"长沙门"均指今南沙群岛的不同区域，而"西沙"确指今西沙群岛。该图对南海诸岛四个岛群的标绘十分细致，而且还有航道，将我国地图对南海诸岛的标绘大大地向前推进了一步。

在清代《泉州府志》和《同安县志》两部史籍中，均记载了广东水师副将吴升（康熙四十九年至五十一年在任）巡治"七洲洋"的史实："吴升，字源泽，同安人，本姓黄。为总旗，御贼于果塘。授千总，又从征金门、厦门、澎湖、台湾，以功授陕西游击，擢广东副将，调琼州。自琼崖，历铜鼓，经七洲洋、四更沙，周遭三千里，躬自巡视，地方宁谧。升定海总兵官，设法捕盗，奸宄屏迹。"[①]"七洲洋"即今天的西沙群岛，吴升巡视西沙群岛及其附近海域，一方面是宋代以来我国水师行使管辖权的继续，另一方面其范围较之以前历代有所扩大。

至清代后期（1840—1911），把南海诸岛纳入海防范围，在南海诸岛行使军事守卫的职责，已经逐步成为清政府的惯例。

清政府在海南岛南部设崖州协水师营，据《琼州府志》记载："崖州协水师营，分管洋面。东自万州东澳港起，西至昌化县四更沙止，共巡洋面一千里，南面直接暹罗、占城夷洋。"[②]在《崖州志》中也有大致相同的记载[③]，可见崖州协水师营的职责和权限范围。

史料记载至清晚期，广东水师继续在"七洲洋"即西沙群岛巡海[④]。而1909年广东水师提督李准在西沙群岛的巡视，则是有清一代在南海诸岛行使主权方面有着极其深远意义的行动。

鉴于西沙等南海诸岛岛屿屡遭外人侵扰，为了捍卫清朝在南海诸岛的主权，广东总督张人骏命广东水师提督李准前往西沙群岛巡视。宣统元年（1909）四月初一日，李准率广东补用道李哲濬等官员和官商、测绘人员、化验师、工程师、医生、工人等共计170余人，分乘伏波、琛航、广金三艘兵船，从广东出发，至十八日抵达西沙群岛罗拔岛（今甘泉岛），随即在各岛上展开了物产调查、测绘等工作，至二十二日返回。此次巡视，对西沙群岛岛屿的分布、地理、资源等情况进行了较为深入的调查，据此充分认识到西沙群岛所具有的重要意义。张人骏在奏报中指出："其地居琼崖东南，适当欧洲来华之要冲，为南洋第一重要门户。"不久之后，广东政府便成立了"筹办西沙群岛事务处"，以图进一步办理西沙事宜。该事务处制定了复勘西沙群岛"入手办法大纲十条"和"筹办处开办办法八条"，对开发、建设、保卫西沙群岛做了详密的计划。

李准巡视西沙群岛，无论从其行动本身，抑或从其所带来的后期效应，在我国南海诸岛主权演进的历史中都有着重要的意义。它不仅是中国历代在南海诸岛行使主权的继续，而且将中国在南海诸岛的行政管辖又向前推进了一步，充分显示了中国在南海诸岛不可动摇的主权地位。同时，中国在南海诸岛的管辖已不限于巡视，而是强调将开发、经营和建设融入其中。尽管当时对西沙群岛或对整个南海诸岛的认识仍不能说是全面和完善的，但是至少中国在南海诸岛的有效管辖已经逐步扩展到了军事、行政、经济等各个方面。

清军水师巡视西沙群岛给我们带来多方面的启示：

其一，中国拥有南海诸岛主权是历史发展的必然，具有历史连续性。事实上，中国对南海诸岛行使主权管辖至少从宋代即已开始，历朝历代的管辖方式虽然有所不同，但都把派遣水师、巡视海疆作为主要的形式之一。正是由于连续不断的行政管辖，才使我国得以在法律上进一步确立了主权地位。而清军水师巡视西沙群岛更是集中体现了这一管辖形式的实质。

其二，只有依托军事力量，才能在维护主权问题上取得主动。随着清军水师对南海诸岛巡视的不断加强，为清政府维护南海诸岛主权、管理南海诸岛事务奠定了良好基础。1907—1909年清外务部调查东沙岛被日本人侵占和为此展开的交涉，是中国历史上就南海诸岛问题进行的早期外交交涉的重要事件之一。清政府经过不懈努力，于 1909 年迫使日本承认了我东沙岛的权益，从而确保了我国在这一海域的主权地位。清政府在这一问题上的胜利，可以说与清军水师巡视西沙群岛所产生的影响不无关系。

其三，深入研究清代与南海诸岛的关系，对于维护我国南海诸岛主权有着重要的学术价值和现实意义。清代是中国确立南海诸岛主权历史进程中承前启后的重要历史时期，有关的史料、舆图数量多而散。以往的学术研究对海疆问题有所忽视，无论是对资料的整理，还是对历史本身的研究均显不足，今后，通过深入研究全面揭示清代与南海诸岛的关系是十分必要的。

注　释

① （清）黄任、郭赓武修：《泉州府志》卷五十六《国朝武迹》，第 43—44 页，同治九年本。又见（清）吴堂纂修《同安县志》卷二十一《武功》，第 72 页，光绪十一年（1885）据嘉庆三年（1798）本重刻。

② （清）明谊：《琼州府志》卷十八《海防》，第 5 页，道光辛丑年（1841）刊本。

③ （清）钟元棣：《崖州志》卷十二《海防志一·海防·环海水道》，第 178 页。民国三年（1914）据光绪三十四年（1908）本排印，1962 年重印。

④ 李翰章：《广东舆地图说》卷首，录例，第 4 页，宣统元年（1909）据光绪十五年（1889）原本重印，粤东编译公司承印。

作者简介

李国强，男，1963 年生。中国社会科学院中国边疆史地研究中心副主任、研究员。中国海洋法学会理事，中国海洋发展研究中心兼职研究员。主要著作：《南中国海研究：历史与现状》《中国边疆史地研究综述，1989—1998》（主编之一）等。

努尔哈赤对汉文化的吸收

史革新

　　吸收汉文化，因袭明制，并非是新崛起的满族统治者的权宜之计。早在入关以前，努尔哈赤在政权建设的问题上，就注意吸收汉文化，开创了"清因明制"的先河。

　　明万历十一年（1583），25 岁的努尔哈赤因祖父、父亲被明兵误杀，以"十三甲起兵"，迈出了统一女真族、建立后金政权艰辛征战历程的第一步。经过 30 多年的征战，努尔哈赤先后统一了建州女真全部和海西、野人女真的大部，基本上结束了女真族社会长期分裂、动荡的局面。明万历四十四年，努尔哈赤在赫图阿拉（今辽宁新宾县）登上汗位，建号金（亦称大金国），建元天命，创立起后金政权。明万历四十六年，努尔哈赤以"七大恨"誓师攻明。从此时起到明天启六年（后金天命十一年，1626）的八年间，努尔哈赤统率剽悍善战的八旗部队把主要的进攻目标指向明朝，经萨尔浒、沈阳、辽阳等战役，攻占了辽东及辽西部分地区，把后金政权的势力从白山黑水之地推进到经济文化水平较为先进的辽沈农耕地区。

　　伴随着军事上的胜利进军，女真族社会在政治、经济、文化等方面也都发生了新的变化，取得了明显的进步。其原因在于，以努尔哈赤为首的统治者采取了在军事上与明朝对抗，而在发展经济、政权建设、文化建设等方面注意学习汉族、吸收汉文化之所长的方针。

女真族崛起之初，对于征战中俘获的汉族男丁采取一律屠杀的野蛮政策。后来，努尔哈赤逐渐认识到利用俘获汉人的手艺和劳力为自己服务，可以带来更大的利益，便把杀戮政策改变为"收养"政策，即保全性命，充作劳役奴隶。以后，努尔哈赤进一步认识到汉族文化除工艺技术之外，还有一套典章制度，更是发展中的女真族迫切需要学习的内容。在这一思想的支配下，努尔哈赤在经济生活、政治制度和文化建设三个方面都进行了一些体现吸收汉文化的改革，并取得一定的效果。如在经济方面，努尔哈赤认识到发展农业生产的重要性，发布了一些有利于农业生产的命令，下令禁止牲畜入田，保护农田作物。他还命令开采金银矿，"在耕田时期不要挖掘，恐怕耽误耕田"[①]。天命六年（1621）七月，努尔哈赤颁布了"计丁授田"令。"计丁授田"令尽管还保留着相当浓厚的农奴制色彩，但对于正在从奴隶制向封建制转变的女真族社会而言，这一政令则确立了后金政权的土地所有制关系，反映了农业在后金政权经济部门中地位的提高，有助于女真族内部封建性因素的增长。

努尔哈赤在政治建设方面最重要的建树，就是在改造旧牛录制基础上创立了适合于征战、具有军政合一特点的八旗制度。努尔哈赤注意仿照明制设立都堂，制定官员服饰、官场仪仗和相见之礼等，丰富了它的内容。除此以外，后金政权对一部分被俘的汉族文武官员委以官职，开启了清朝任用汉员的先例。天命三年四月，努尔哈赤攻下抚顺，守将李永芳投降，成为"归附最先"的明朝降将。继李永芳之后，又陆续起用了一些战败被俘的明朝官吏、武将、生员。

努尔哈赤在发展女真族文化的过程中，既保持了本民族文化的基本特色，又在一定程度上吸收汉族、蒙古族等民族文化的成分，体现出一定的兼容性。以创制满洲文字为例，最初，女真族没有本族的文字，于思想语言交流极为不便。明万历二十七年二月，努尔哈赤决意"以蒙古字编成国语"。其属下额尔德尼、噶盖均认为此事难行，表示"我等实不能"。努尔哈赤不以为然，阐述了创制本族文字的重要性，指出："汉人念汉字，学与不学者皆知。蒙古之人念蒙古字，学与不学者亦知。我国之言，写蒙古之字，则不习蒙古语者不能知矣。何汝等以本国言语编字为难，以习他国之言为易耶？"② 在他的坚持下，额尔德尼、噶盖等人以蒙古文字母为基础创制成满族文字，史称老满文。诚如史书所论："创制满洲文字，自太祖始。"③ 与皇太极时期经过改进的新满文相比，老满文尽管不尽完善，但确是满族社会文化向前发展的一个重要里程碑。

努尔哈赤对八旗贵族子弟的教育颇为注意。天命六年七月，努尔哈赤命钟堆、博布黑等八人为八旗巴克什（师傅），要求他们"认真地教书，使之通文理，这就是功。如入学的儿童们等不勤勉地学，不通文理，就要治罪。入学的徒弟们，如不勤勉学，你师傅向诸贝勒报告"④ 。除了任命满族教师外，朝鲜《李朝实录》记载他还起用被掳的汉族文人充当满族贵族子弟的教师。这些作法揭开了女真族社会实行贵族教育的第一页。

在思想观念方面，后金统治者也很注意从汉族文化典籍中汲取精神营养。努尔哈赤早年就喜好《三国演义》《水浒传》等小说传奇，受到汉族通俗文化的熏陶。以后，随着阅历的丰富，他接触到更多的汉文典籍。《满文老档》《清太祖武皇帝实录》等书记载的努尔哈赤谕令中提到的汉族典籍就有《论语》《孟子》《史记》《资治通鉴》等。他能够比较恰当地引用其中的语句，表达自己的思想主张。如他在起兵伐明发布的"七大恨"誓言，

"策反"明朝将官的谕令、书信中，大讲"皇天无亲，惟德是辅""天道循环"的道理，认为自己是"上天之命"的体现者，"合天心者胜而存，逆天意者败而亡"⑤。他还熟知"成汤代夏""武王伐纣""圣人孔孟"等历史典故与人物。

努尔哈赤还像中原王朝的君主一样，建立"君尊臣卑"的统治秩序，提倡"忠直"奉上的政治道德。他认为，君主是应天命而立，诸臣则由君主而定，他们之间应该保持主从、尊卑的关系。为臣者应该恪守"忠直"的道德，尽心尽力地侍奉君主。后金政权建立后，努尔哈赤不仅要求其臣民都要恪守"忠直"之道，而且还要遵循"礼治"，以礼安民。努尔哈赤还把"有才德"、虚心纳谏、遵行君道作为"有道明君"的标准，并以此标准来确定自己的继承人。天命七年三月初三日，八固山王问努尔哈赤关于王位继承的问题："上天所予之规模何以底定，所赐之福祉何以永承?"他回答说：

> 继我而为君者，毋令强势之人为之。此等人一为国君，恐倚强恃势，获罪于天也。……尔八人可为八固山之王，如是同心干国，可无失矣。八固山王，尔等中有才德能受谏者，可继我之位，若不纳谏，不遵道，可更择有德者立之。⑥

努尔哈赤对儒家关于"以孝道治天下"的信条十分欣赏，视之为约束臣民的伦理规范。天命八年二月，努尔哈赤谕侍臣："人君之心，能贞固不二，感召天和，风雨时，黍谷登，民安物阜，则永保天位，世祚绵长。凡为民者，能持敬谨之心，罔干国典，急公奉上，孝弟力田，则获福而家道昌矣。"这就是他对臣民的一种道德要求。

吸收汉文化、改革本民族内部的落后面，是努尔哈赤取得成功的重要原因之一。然而，努尔哈赤实行的汉化改革仅是初步的。就总体而言，在努尔哈赤统治时期，后金政权、女真族社会在经济生活、政治制度、思想文化等方面，都保留着大量的牧猎氏族社会的落后面，多数族人对汉人及汉文化抱有很大偏见，尤其在女真族贵族上层排斥汉人及其文化的保守势力相当强大。这不能不对努尔哈赤产生一定的影响，使他对汉文化的吸收大打折扣。如努尔哈赤尽管起用明朝降官降将，但实行的却是"用小不用大"的政策。努尔哈赤招纳的对象主要是汉官中的基层人员，而对其中上层人员怀有很深的猜忌。可见，他起用汉员的政策具有很大的局限性。更为严重的是在努尔哈赤晚年发生过屠杀汉人的惨案，恶化了后金政权统辖下的满汉民族关系，使他实行多年的吸收汉文化政策几乎夭折。

注 释

① 辽宁大学历史系编：《重译满文老档（太祖朝）》第3分册，清太祖天命八年三月条，辽宁大学历史系1978年编印，第13页。

② 《清实录·清太祖高皇帝实录·满洲实录》卷三，第1册，中华书局1986年影印本，第110—112页。

③ 《清实录·清太祖高皇帝实录·满洲实录》卷三，第1册，第112页。

④ 辽宁大学历史系编：《重译满文老档（太祖朝）》第2分册，第40页。

⑤ 《清太祖武皇帝实录》，《清入关前史料选辑》第1辑，中国人民大学出版社1985年版，第339页。

⑥ 《清太祖武皇帝实录》，《清入关前史料选辑》第1辑，第374页。

努尔哈赤与明朝的人参商战

闻性真

清太祖努尔哈赤（1559—1626），不但是满族历史上的民族英雄，也是中国多民族大家庭历史上的杰出政治家。世代久居东北地区的各部满族人民，正是在他的领导下，由分散到统一，由衰弱而强大；并在他死后不久，抓住历史机遇，挥师南下，最终统一了全中国。

努尔哈赤的确是一个天赋不凡的人物。他不但是一个杰出的政治家、军事家，能指挥千军万马在战场上冲锋陷阵，大败明军；还是一个颇具经济头脑的商战专家，在对明朝的人参贸易战中取得辉煌的胜利，而且是不用武力，不用谈判，就使明朝政府束手无策，明朝商人甘拜下风。

我国人参的医用与保健有悠久的历史。在古代中医宝典里，人参被列为药中"上品"，并有"神草""土精""地精"之名。历代医家认为它有补五脏、安精神、定魂魄、止惊悸、除邪气、明目开心益智、久服轻身延年、治男妇一切虚症等功效。由于它生长在深山密林之中，其根深埋地下数尺，形状又一如人体，四肢毕备，因而又有许多神话传说，更增加了它的神秘性。由于人口众多，需要量大，只开发不栽培，到明代后期，人参资源出现了危机。与努尔哈赤同一时代的大医药学家李时珍在《本草纲目》中记载，内地人参的主要产区上党，"民以人参为地方害，不复采取。今所用者皆是辽参……辽参连皮者黄润色如防风，去皮者坚白如粉。伪者皆以沙参、荠苨、桔梗采根造做乱之"。这种情况表明，由于货源危机，当时造假现象已十分严重。民间医用人参主要是依赖东北地区的野生人参，当时人称之为"辽参"。"辽参"的挖掘采集者主要是满族人。那时，今日的黑龙江、吉林、辽宁各地的野参资源非常丰富，每年采挖数量巨大。位于辽东抚顺以满族商人为主的贸易市场，不仅是中国的也是全世界最大的人参贸易市场。满族人对明朝的人参年交易量均在若干万斤。在辽东的贸易市场上，人参、毛皮、蜂蜜、蘑菇、木耳、榛子、松子都深受内地人民欢迎，其中尤以人参最受欢迎。而人参价格昂贵，几乎与黄金等价，故人参贸易不仅是满族人民生活的重要经济来源，更是努尔哈赤政权实力扩大的重要经济支柱。当时，不仅明朝的人参来自辽东，连朝鲜卖给明朝的高丽参也是从辽东进口的。据学者研究，当时或稍晚的人参价格，大约每斤在15两—20两白银上下。如以每年交易量几万斤计算，年交易额就是几十万两。这是一个相当大的数字。所以明人说"奴酋（指努尔哈赤）擅貂参之利"。明朝在辽东的地方官也向朝廷报告说"努尔哈赤日骄"。可是，聪明的努尔哈赤一面在辽东不断兼并，扩大势力；一面继续向明朝纳贡称臣，甚至多次进京，佯为入贡，实则探听虚实。

明朝政府对东北女真人的日益强大，除了加封努尔哈赤官职以示羁縻（如万历十七年封其为建州左卫都督佥事，万历二十三年封其为龙虎将军），在军事上加强防御之外，在经济贸易领域也采取了一些限制其发展的措施。万历中后期，明朝官吏就向朝廷献策，建议对努尔哈赤实行经济制裁。他们认为，既然人参贸易是努尔哈赤的重要经济支柱，限制人参贸易的规模，压低商价，就可以削弱女真人的经济实力。他们甚至勾画出一幅经济制裁后的美妙蓝图：辽东的人参贸易"商贩日稀，参斤无售。彼（努尔哈赤）之财源不裕，自将摇尾乞怜"①。因此，明政府决定发动一场人参贸易"战争"，想用经济制裁削弱乃至整垮日益强大的努尔哈赤政权。果然，明朝对女真人商战的初期，在人参制裁上取得了不小的胜利。努尔哈赤对明的人参贸易几乎停市，大量潮湿的人参卖不出去，一两年间就腐烂十几万斤。

明政府在人参贸易上是怎样打压努尔哈赤的？这要从人参的保存方法上说起。人参的挖掘程序、技术十分复杂，挖出来后要用水冲洗干净，因此在潮湿气候条件下极易发霉变质。当时，大多数满族人还没有掌握一种可以长期存放又不腐烂变质的人参储存方法，时间长了，发霉变质在所难免。自然，这种洗过又潮湿的人参在称量时压分量，如能及时卖出，获利更丰。但明朝商人也不是傻瓜，他们抓住潮湿的人参容易发霉这一弱点，在收购时极力压低价钱。他们或"佯不欲市"，或"嫌湿推迟"。于是，窝在满族人手中的人参大量腐烂变质，有时一烂就是数万斤。满族人无奈，只有向明朝商人屈服，忍痛廉价出售，还唯恐不能先期脱手。因此，在明朝与女真人的人参贸易战中，女真人曾经付出过惨重的代价。

然而，努尔哈赤并没有像明朝廷预期的那样向明朝"摇尾乞怜"。为了改变商战中被动不利的局面，他经过苦思冥想，或许是根据自己的经验或请教有经验的挖参人，终于发明一种先用沸水焯过再晒干的保存方法。经过这种方法加工过的人参，可以较长时间存放而不发霉变质。据《清太祖武皇帝实录》卷二记载：

> 曩时，卖参与大明国，以水浸润。大明人嫌湿推延。国人恐水参难以耐久，急售之，价又廉。太祖欲煮熟晒干，诸王臣不从。太祖不徇众言，遂煮晒，徐徐发卖，果得价

倍常。

不难看出，努尔哈赤的办法一是先在沸水中焯一下，可能有杀菌的作用，可以防止霉菌滋生；二是经过"煮晒"后的人参存放时间较长，可以"徐徐发卖"，因此，明朝政府在人参贸易上对努尔哈赤的打压就失去了作用。史书记载，努尔哈赤的人参加工方法不仅使他渡过了难关，而且"所济甚众，民用益饶"，他的政权自然也更加巩固。

努尔哈赤下令推行人参煮晒法，大约是在公元 1605 年（万历三十三年），距今已经 400 多年了。今天，浸烫晒干仍然是人参炮制的方法之一。当然，应该指出的是，所谓"煮熟晒干"，仅是指用沸水烫焯过再晒干，而不是明代医学家李时珍在《本草纲目》卷十二中所批评的那样："近又有薄夫，以人参先浸取汁自啜，乃晒干复售，谓之汤参，全不任用，不可不察。"李时珍死于 1593 年。努尔哈赤推行煮晒法是在 1605 年，距李氏之死已经 13 年。显然，《本草纲目》中揭露的那种恶劣做法，与努尔哈赤的人参炮制方法毫不相干。因为到辽东收购人参的明朝药材商人，凭借自己多年的经验常识，决不会收购那种先煮浸取汁再晒干复售的药渣。

努尔哈赤虽然是一个智慧超群的人物，但他发明和推行人参煮晒法绝不是凭空想象出来的。他少年丧母，经历过山林中挖参、打猎的生活；青年时代又曾多次出入于辽东贸易中心抚顺马市，对明朝商人在交易中如何欺诈当地人，当地人如何对付明朝商人，以及交易中的种种内情，可以说了如指掌。生活、生产和经商的实践，使他对人参的采挖、保存和经营积累了丰富的经验。这些经验经过政治家头脑的思考，无疑又得到了新的升华。这应该是他发明和推行人参煮晒法的主要原因，当然也是他能战胜明朝经济制裁的根本原因。

努尔哈赤挫败明朝的经济制裁之后，在胜利面前，他没有被冲昏头脑，对明朝政权，表面上仍维持原来的君臣关系。明朝对努尔哈赤无可奈何，只得继续实行羁縻政策，待机进剿；努尔哈赤也照旧接受明朝的赏赐，甚至还多次入京朝贡，实际是麻痹明朝，等待时机。他不愧是一个能屈能伸、高瞻远瞩、深谋远虑的政治家。

努尔哈赤发明和推行人参煮晒法，不但打破了明朝削弱他的计划，壮大了自己的实力，促进了满族社会经济的发展，也是对中药学的一大贡献。他的贡献与成就，既是属于满族人民的，也是属于中华民族的。在当今国际贸易领域商战日烈、经济制裁常常替代军事打击的时代，研究努尔哈赤与明朝的人参贸易商战史，无疑具有一定的启示和借鉴意义。

注　释

① 《明神宗实录》卷五三一。

顺治帝论为官四戒

李文海

　　清世祖即顺治皇帝曾经写过一部《御制人臣儆心录》（以下简称《儆心录》），这部书收入了最近出版的由乔立君主编的《官箴》中。读一读这部作品，对我们了解一位封建帝王心目中的好官（书中称为"纯臣"）标准，很有好处；其中有些议论，在今天也并没有失去它的历史借鉴意义。

　　顺治帝首先并且始终着力强调的，是皇帝至高无上的独断权威，以及人臣对君主的绝对服从和无限忠诚。《儆心录》反复说："夫万乘之君，至尊也。百官兆民，罔不从令。"① "人君执八柄，以驭其臣。人臣持一心，以事其主。此千古不易之常经也。"② "臣之事君，一切智术，皆无所施，而惟以区区之衷，可相得而罔间者无他，曰诚而已矣。"③ "君为臣纲"本来是封建意识形态的核心内容和封建伦理道德的最高准则，顺治帝在对百官们讲为臣之道时，着重强调这一点，当然是毫不足怪，完全可以理解的。但这种"愚忠"思想，同传统文化中的民主性精华相对立，正是封建政治观念的糟粕所在。

　　尽管封建政治从本质上说是一种专制统治，同人民群众存在着根本的对立，但帝王为了追求皇权的永固，王朝的长治久安，也往往努力使自己的政治运作更有效率、吏治更加清明。——虽然这种努力的成效如何，在很大程度上要受着王朝兴衰周期律的制约与支配。

为了整饬吏治，提高行政效率，顺治帝对臣工们提出了一些戒律，目的是"教忠奖善，励天下人臣之心"，使各级官吏对那些"有玷官德"的现象能够"慎思之""明辨之""深戒之""力改之"，免得"毒酿一时，秽流万世；势权有尽，唾笑无穷"④。那么，《儆心录》对官吏们提出了哪些告诫呢？

一曰戒贪。贪黩之徒，往往营私而害公，循利而枉法，所以，"古来人臣之败名、丧德、亡身、覆宗，蔑不由此"⑤。贪欲是腐蚀灵魂的毒剂，对个人，它可以使人变得鼠目寸光，寡廉鲜耻。"嗜欲胜，则神智昏。昧久大之图，而计不出乎眉睫。其始也，亦未尝无砥砺之志，而一为利夺，即顿丧其所守，不惜寡廉鲜耻以求之。"⑥对他人，则冷漠无情，锱铢必较，拔一毛利天下而不为。"循利之徒，其处心积虑，昕夕图维者，惟利而已。大则纵其谿壑之欲，而细不遗夫锱铢。念一注于丰腴，而遂不复有及人之惠。"⑦对老百姓，则百计搜刮，巧取豪夺，"或机械巧设，欺世以遂其侵渔；或残虐横加，戕物以行其饕餮"⑧。《儆心录》特别强调高官贪黩的危害性："大臣不廉，无以率下，则小臣必污。小臣不廉，无以治民，则民俗必坏。层累而下，诛求勿已，害必加于百姓，而患仍中于邦家。欲冀太平之理，不可得矣！"⑨也就是说，高官如果贪黩，一会败坏社会风气，二会破坏社会稳定，后果极为严重，是决不可以掉以轻心的。

一曰戒伪。这里所说的"伪"，也就是捏饰诳骗，弄虚作假。《儆心录》强调："不诚则伪，不伪则诚"，诚、伪之间，"纤介之差，谬乃千里"。而对于为政而言，"一诚有余，百伪不足"，因为一有作伪之心，"小则挟术以文奸"，"大则藏欺以误国"。顺治帝警告说："有臣如此，诚国家之大蠹哉！"⑩那么，为什么有些人那么热衷于"作伪"呢？说到底，无非是为了希恩邀宠，沽名钓誉，用不正当的手段达到加官晋爵的目的。有的"身居枢要，而中怀欺蔽，欲以智巧，惑主上之聪明"；有的"素承优渥，而心惧衰替，思以迎合，永固其恩宠，遂乃颠倒是非"；也有的"外通请谒，而苟且是徇；或有内庇知交，而互为掩饰，情殷私室，念薄公家，虽至身蹈欺蒙，而不遑自恤者"⑪。特别是有些人"不崇实效，纯务虚名"，这种人"欺世盗声，匿情干誉"，"其行必矫，其意必浮"。顺治帝提出一个尖锐的问题：如果大家都务虚名而不图实效，"则国家之实事，又将谁倚"⑫。所以他说："不崇实效，纯务虚名，上则误君，外则误世，内则误身。"⑬

一曰戒骄。《儆心录》认为，"骄"之一字，是为官之大忌，"盖骄则自盈，自盈则惰慢之气存于中，傲肆之形见于色，虽有善焉，莫之能盖矣"⑭。书中归纳了导致骄傲的几种根源：有的是"恃夫勋劳者"，有的是"矜夫才学者"，还有的是"挟夫权势者"。不同的心态，造成不同的危害。居功自傲的人，"苟有侈然自诩之心，则恣意而行，鲜所顾忌。节制之，则觖望之念生；优而容之，则又渐滋其跋扈"。最后，终不免因"德不胜骄"，而落得个"功不胜罪"的下场。恃才矜己的人，自认为"天下之莫己若也，于是发论必以为嘉谟，创法必以为成宪。谀之则以为贤，而拂之即以为不肖"。对于别人的聪明才智，"自彼视之，皆无足取"。结果必定是"佞人日亲，正士日疏"，才学也就在自傲心理中变得荡然无存。仗势弄权者，自以为位高权重，"习为倨傲"，不免"颐指当世，凌轹百僚"，甚至一手遮天，指鹿为马，擅权枉法，胡作非为。总之，骄的根源在于"自盈"即自满自足，而其流弊，"岂第无益于身，抑将贻误于国"，实在是值得为官者时刻警惕的⑮。

一曰戒怠。百官之中，勤谨国事、恪尽职守者固然不乏其人，但"縻禄素餐，尸位溺职"，玩忽职守，敷衍塞责者，也所在多有。《儆心录》列举了这种庸官的几种类型：一种是"怠弛之人"，他们只知满足于高官厚禄，胸无大志，一味"玩愒岁月"，"耽于逸豫"。一种是"庸鄙之人"，他们"碌碌取充位，以为莫非王臣，我何独劳为？于是堕国事于因循，而泄泄然，曾无所表见于世"。一种是"邪曲之人"，他们"遐弃正业，若不相涉然，乃持智计以徇私，则弗遗力，逮王事埤我，惟苟焉塞责，不恤其他"。还有一种是"恣傲之人"，他们"虽材足有为，而高自矜诩，惬其意则殚力任之而不辞，少拂抑焉，即倦懈心生，而故为不克胜任之状"。这些人表现虽然不一，但共同之点，就是"以之治事，则多败事；以之图功，则鲜成功"。所以顺治帝认为，这类人是万不能用的，"得百庸臣，不如得一能臣；得百能臣，不如得一尽心之臣"[16]。因为只有尽心尽责，才能有所作为。

除以上数端外，《儆心录》还针对官员们结党营私之弊，写了《植党论》；针对趋炎附势之弊，写了《附势论》，这里就不详述了。

顺治皇帝的《御制人臣儆心录》颁行于清初，到了晚清，李伯元的一部《官场现形记》，写尽了宦海百态，其中魑魅魍魉的种种鬼蜮伎俩，却大体跳不出"贪""伪""骄""怠"等几个字。这当然不是说顺治帝有什么先见之明，而只是说明《儆心录》中所提出的种种弊端，确确实实是官僚政治的痼疾顽症，就像鲁迅所说："官场伎俩，本小异大同。"[17]不过，这些弊端，过去尚且为封建政治所不容，到了今天，当然更同社会主义政治文明的发展方向相对立，需要我们坚决予以摒弃。

注　释

① 《官箴》，九州出版社 2004 年版，第 277 页。

② 同上，第 281 页。

③⑪　同上，第 279 页。

④⑫　同上，第 274 页。

⑤⑦　同上，第 276 页。

⑥⑧⑨　同上，第 277 页。

⑩　同上，第 279、280 页。

⑬　同上，第 275 页。

⑭⑮　同上，第 278 页。

⑯　同上，第 281、282 页。

⑰ 《中国小说史略》第二十八篇《清末之谴责小说》，见《鲁迅全集》第 8 卷，人民文学出版社 1963 年版，第 241 页。

清太宗喜欢读史

李治亭

自孔子著《春秋》，特别是司马迁的名著《史记》传世以后，史学已成为中国古代社会的一门"显学"。历代王朝将历史列为学校教育的必修课，从皇帝到王公大臣都把前朝的历史典籍作为必读书。有的皇帝不只读史，还组织学者编纂史书。史学巨著《资治通鉴》，就是宋神宗指令司马光编纂的。神宗认为，此书"鉴于往事，有资于治道"。因而赐此书名。短短两句话，表达了一个十分可贵的思想：以史为鉴，可用于治国。具体说，"善可为法，恶可为戒"。历史是一面镜子。读史可以广见识，增智慧，明辨是非，通晓治国之道。

长期以来，流行一种说法，说满族文化落后，全凭"武力征服"中原。此话说得不完全对。只要看看清太宗如何读史，如何借鉴历史的经验与教训，就可以从一个侧面明白清朝最终获得胜利实非偶然。

清太宗皇太极，是努尔哈赤第八子。据朝鲜《李朝实录》，努尔哈赤的 16 个儿子中，只有皇太极识字。后来，他在实践中努力学习，很快提高了文化水平。他从少年时代就投身行伍，跟随父亲奔驰于战场。在即位后的 17 年中，战争更加频繁，战争规模更加扩大。但他与众不同，无论政务多么繁忙，军事活动多么紧张，仍坚持读史！

他读史的兴趣，来源于父亲的影响。努尔哈赤喜读《三国演义》，他把此书当作是一部奥妙的兵书来读，凡打仗，必仿效该书中的军事战法，而且总是取得胜利。皇太极受其父亲影响，也喜欢上了《三国演义》，读了一遍又一遍。还有一部《三国志传》，皇太极也读了。他从这部书中，学习"治国"之道，学习军事。

皇太极读史，当然不限于三国史，历代所修正史，他都涉猎。如《汉书》《隋书》《唐书》《辽史》《宋史》《金史》《元史》《资治通鉴》等，凡是他感兴趣或以为有用的部分，他都认真研读。读后，他还召集臣属谈自己的读史体会。天聪九年（1635）正月二十日，他向文馆大臣发表自己的想法：

> 朕观汉文史书，殊多饰词，虽全览无益也。今益于辽、宋、金、元四史内择其勤于治而国祚昌隆，或所行悖逆而统绪废坠，与夫用兵行师方略，以及佐理之忠良、乱国之奸佞，有关治要者，汇纂翻译成书，用备观览。至汉人正史之外，野史所载，如交战几合、逞施法术之语，皆系妄诞。此等书籍传之国中，恐无知之人信以为真，当停其翻译。[①]

这段话的意思是说，他认为历代汉文史书，其中大多巧于掩饰、避讳，全都阅读，没什么必要。只需选择《辽史》《宋史》《金史》《元史》四部史书中有关治国用人的内容，例如勤政治国而使国家繁荣昌盛、倒行逆施而使国家衰败，以及用兵行军方略、佐理国政的忠良之臣、乱国乱政的奸恶之人的有关记述，辑录出来翻译成满文，汇纂成书，以备学习与阅读。至于那些野史所载什么施行法术之类，都属荒诞不经的东西。此类书如在国中流传，恐怕那些无知之人信以为真，因而应停止其翻译。

皇太极读史的范围广泛，从远古唐尧虞舜，直到他生活的明清之际，其中有汉人在中原建立的汉、唐、明等王朝，也有少数民族建立的辽、金、元等王朝，有关这些王朝盛衰兴亡的历史，皇太极如数家珍，道之能详。在中国历史上，这样的帝王实不多见。

皇太极从读史中，慢慢悟出了历史不依人的意志而演变的道理，并据此批驳明朝的崇祯皇帝及其大臣对自己的责难。天聪三年，皇太极率八旗将士突入关内，通过其将领，向明朝守城的百姓们宣传："如果明帝认为我们占有的地区太小，不应当称帝；那么，古代的辽、金、元都是小国称帝，谁能禁止他们！就是你们的朱（明）太祖，曾经当过和尚，靠天保佑，建立了一代帝业，难道有一姓为帝，永久不变吗？""自古相传，有兴有废，纵观历史，古往今来，很少传至二十世。难道明朝皇帝的子孙们就能百世为君吗？现在已到了明亡之时，一切征兆都已显现。"②

有一次，他向文馆官员阐发他对历史的认识，说："天下者，非一人之天下，惟有德者能居之，亦惟有德者可称为天子。"③他进一步解释："匹夫有大德，可为天子；天子若无德，可为独夫。"他列举辽、金、元本来都是东北地区的弱小民族，他们以自己的"大德"而称"天子"，曾经达到强盛，但看看现在，他们还存在吗？早就不复存在了！他由此得出结论：自古以来，任何朝代既没有一贯衰败的，也没有一贯强大的，更没有久盛不衰、长存至今的！④朝代之兴亡，帝王之更替，是必然的，不可避免的，唯有行德政，才可以延长其存在而已。

大抵因为同属汉族以外的少数民族，皇太极偏爱阅读辽、金、元史，而尤钟情于《金史》。他经常把诸王贝勒、固山额真（八旗长官）、都察院等各官员召到凤凰楼，集体学习《金史》。这里，只举其中一次：崇德元年（1636）十一月十三日，他命内弘文院大臣读《金史·世宗本纪》。读完，他先发表看法："你们都听着：金世宗这个人，是蒙古、汉人中名声最好的一位贤君，当时及后世，都称他是'小尧舜'。我看了他的事迹，特别羡慕，不胜向往！耳目倍加明亮。"他最钦佩世宗遵守祖制，保持女真服饰与语言，时时练习骑射，因而要求臣工效法世宗，坚持本民族的文化传统。他表示还要学习金世宗"勤求治理"国家的勤奋精神，把国家治理好。他说："从古至今，懈于治国者，国必败；勤于治国者，国恒存。"⑤

凤凰楼现在完好地保存在沈阳故宫博物院内，此楼正是当年皇太极与诸臣共同学史读史之处。清宁宫也是他与内院诸臣读《金史》《元史》的地方。

皇太极读书的方法，一种如上所述，是召集诸王大臣集体学习，相互谈学习体会；一种是命几个汉官给他们读讲，然后集体讨论，务求正确理解；或者是个人读书，有不明白的地方，再提请汉官讲解。这些学习方式方法，都收到良好的效果。

皇太极读史，绝非是为了消遣解闷。他一再强调读史重在应用。他每当遇到军国大事需要决策时，总是阅读史书上的有关内容，从中寻找答案。有时，读史顿有感悟，马上制定新政策、新措施。有的大臣或将领犯了错误，他就找来史书，读其中有关联的内容，然后，用历史的教训、经验，对其进行教育。天聪五年正月，有一天，皇太极来到文馆，满文学者达海正在翻译《武经》。皇太极便翻看起来，书中有一段记述，引起了他的注意：古代有一良将，他想把一瓢酒赠给士兵喝，但酒太少了，怎能够数千人喝？于是，他将酒倒进河里，使一河的水都带着酒味，他便与士兵们临河同饮。这位将军连一点点酒也要与士兵分享，士兵们大受感动，在战斗中出死力去赢得了胜利。皇太极看到了这里，马上联想到：额驸顾三台在一次战斗结束后，竟然用绳子拴在战死的士卒的腿上，将其遗体拽回来。主将如此轻蔑部下，岂能激发士兵的战斗力！⑥他找来诸将领，以上述史实为教材，对顾三台及诸将进行批评教育。借此机会，他还讲述春秋名将吴起爱护士卒的故事：吴起与士卒同甘共苦，穿一样的衣服，睡不设席，行不乘马，亲带干粮。有一部下得了脓疮，他用自己的嘴去吮脓。吴起的高尚精神，感动了全军，打起仗来，没有一个不拼命的！皇太极教育他的将领要向吴起学习[7]。

皇太极把学习历史看成是学习谋略、智慧的捷径，当作政治与人生的教科书。他坚持学习历史，以提高自己的素养；又用历史为教材，不断地教育诸臣与将领。《清太宗实录》记录他学史用史，多达 50 多处。事实证明，读史使他与众不同，帮助他获得了辉煌的成功！

注　释

① 《清太宗实录》卷二十三，第 140 页。

② 《清太宗实录》卷二十，第 26 页。

③ 《东华录》天聪九年五月。

④ 《清太宗实录》卷二十八，第 46 页。

⑤ 《清太宗实录》卷三十七，第 10 页。

⑥ 《清太宗实录》卷八，第 6 页。

⑦ 《满文老档》太宗天聪二十三，第 313 页。

作者简介

李治亭，1942 年生，山东莒南人。吉林省社会科学院历史研究所研究员，国家清史编纂委员会委员，传记组特聘专家。主要著作有：《吴三桂大传》《清康乾盛世》《中国漕运史》，主编《清史》（上、下）等。

从洪承畴说明清之际的"贰臣"

李尚英

"贰臣"之说，是清高宗于乾隆四十一年（1776）十二月初三的一份诏书中首先提出的。他在诏书中将明清之际弃明投清的"胜国臣僚"称为"贰臣"，并为他们立《贰臣传》。从此，"贰臣"成了投降变节臣僚的同义语和代名词。

"贰臣"一词在清代的出现，有着深刻的社会背景。原来，清廷自乾隆中叶始，已从鼎盛局面开始下滑，国内阶级矛盾、民族矛盾日趋尖锐，汉族和少数民族的反清斗争风起云涌，此起彼伏，清廷犹如坐在火山口上。在这种情况下，乾隆皇帝为加强封建统治，从儒家的思想宝库中重新撷（zhí，摘取）拾"忠君""忠贞不贰"等理念，指斥降清汉官、汉将"大节有亏"，将其统统编入《贰臣传》中。

清代"贰臣"自然有贪生怕死、变节求生的共性，但具体到每个人又有所不同。一般而言，可分为下列几种情况：有纯属贪生怕死者（如李永芳），有怀有个人野心者（如郑芝龙、吴三桂），有对明朝统治不满者（如洪承畴），有因明廷内部矛盾而降清者（如陈名夏）。因此，我们对"贰臣"应作具体分析。我以为，上述四种人中，除对洪承畴等那些因"对明朝统治不满"而降清者应有分析地批判外，都应予以否定。

为什么要对洪承畴一类降清者要有分析地批判呢？下面，我们以洪承畴为例，就他降清前后的思想和活动，作一阐述。

据传说，洪承畴年少时，一次与学馆教书先生洪启胤对对联，他以砚台做答随口说出："黑砚台，砚台黑，为官铁骨叮当当包黑。"[①] 短短的 15 个字，表明了他自幼憎恶贪官污吏、欲作清廉有为之人的不凡抱负。降清之前，洪承畴对明廷可谓忠贞不贰，效尽犬马之劳。崇祯十一年（1638），他奉命"专督关中"，残酷镇压农民起义军，俘获闯王高迎祥，将李自成打得"大败，以十八骑走商洛。关中贼略尽"[②]。然而却因权臣杨嗣昌的一纸"屡战无功，有纵敌之罪"的诬告信，被崇祯皇帝削去兵部尚书之职，改赴辽东，主持抗清事宜。明清两军松山之战时，洪承畴等"竭力死守，如士兵每日食米一碗，督抚提镇亦每日食米一碗"[③]，他为此连续上疏 18 道，请求明军迅速增援。不料，这些求救书均为监军、太监高起潜私自扣下，导致洪承畴等人兵败被擒。这些事，在洪承畴的头脑里一定是打上了深深的烙印，挥之不去。所以当他被生擒后，皇太极亲自出马，问寒问暖，"解所御貂裘衣之"，问："先生得无寒乎？""承畴瞠视久，叹曰：'真命世之主也！'乃叩头请降"[④]。这里的"瞠视久"和"叹"四个字，充分显露了洪承畴当时的矛盾心情和激烈的思想斗争。此时此刻，他必定会联系自己的亲身经历和所见所闻，也必定会把崇祯皇帝的刚愎自用、猜忌心重、动辄屠戮臣僚的性格和作法与皇太极的以诚待人、礼贤下士的品质做出比较，从而说出"真命世之主"的话。洪承畴降清后，与皇太极在朝廷上有一番对话，皇太极说："朕观尔明主，宗室被俘，置若罔闻。将帅力战被获，或力屈而降，必诛其妻子，否亦没为奴。此旧制乎，抑新制乎？"洪承畴回答说："旧无此制。迩（ěr，近）日诸朝臣各陈所见以闻于上，始若此尔。"[⑤] 从洪承畴的话语中，可以看出他对崇祯皇帝滥杀臣僚的做法是不满的。可见,笼统地说洪承畴的降清是贪生怕死似乎不足以服人。

洪承畴降清后,先后受到摄政王多尔衮和顺治帝的重用。从顺治二年至十五年(1645—1658)的十余年间,洪承畴身膺(yīng,承当)重命,摧毁了腐朽已极的南明诸王朝,消灭了残明势力,击败了农民军的联明抗清。他指挥的清军,所到之处,注意"招徕抚辑"⑥,使饱受战乱之苦的农民和下层民众稍得复苏;对边疆少数民族实施"因俗而治""用安远人"的"一劳永逸之计"⑦。洪承畴在顺治帝亲政前后,多次希望顺治帝学习汉文,熟读六经,并促使整个清统治集团加速了尊孔崇儒、习学汉文化的进程。所有这些,有利于减少社会经济的破坏,减轻农民的负担,缓和阶级矛盾,同时对于清初统治者的锐意图治,迅速促进满汉与边疆少数民族的融合,对于促进清朝一统局面的迅速到来,均有裨益。这是洪承畴一生的重要功绩和重大贡献,是应该而且必须予以充分肯定的。

由此可见,我们今天对于洪承畴一类"贰臣",应该站在整个中华民族和大一统的立场上,实事求是地予以评价。

众所周知,"大一统"思想和"华夏文明",数千年来一直浸润着中国人民的思想感情,这是一种巨大的向心力,促使人们具有无比的自豪感和自信心,成为全体中国人不断前进的精神力量。

"大一统"思想,要求人们统一于"华夏",统一于"中国"。然而,这"华夏"与"中国"却不能简单地理解为大民族主义,而是多民族间的融合体。正如历史学一代宗师杨向奎先生所总结的:《公羊》中的"中国""夏"与"夷狄",不是狭隘的种族概念,它定义于政治与文化的水平,夷狄可进为"中国","华夏"可退为"夷狄"⑧。

按照公羊学派的这一理论，我们就不难理解清廷入主中原这样的重大历史事件了。明朝末年，广袤的中国大地上出现了三股政治势力：明朝中央政权、农民起义军（主要是李自成和张献忠两部）、满族贵族建立的后金政权（崇祯九年即1636年，皇太极改国号为"大清"，自立为帝）。显然，这三股势力，不论哪一方，只要能结束明末以来的严重内乱而统一全国，都是符合人民意愿的，有利于社会的安定和抵御外来势力的入侵，有利于维护大一统和祖国领土的完整，因此都应予以肯定。那么，这三股势力，谁能担此重任呢？

明朝当时危机四伏、行将倾覆和灭亡，仅靠这样一个封建朝廷是不可能担当统一中国的大任的。而由李自成和张献忠领导的两支农民起义军，不是新的生产力的代表，这一自身因素加之两支起义军内部矛盾重重，企图互相吞并，都决定了他们也不能担当统一大业的重任。后金——清政权，在皇太极的领导下，依仗八旗制度为清军的崛起所奠定的社会基础，又积极采纳汉族先进的政治、经济、文化制度，社会经济日趋繁荣，军事实力比明廷、农民起义军均为强盛，加之皇太极求贤若渴，礼贤下士，又具有较高的军事指挥才能，满族贵族内部上下协调，步调一致。所有这些，都使后金——清政权处于蓬勃向上的发展阶段。历史事实充分证明，明清之际的三股势力中，只有被称为"夷狄"之类的清政权才能"匡王室而尊尊"，即担当统一中国的大任。

由上所述可知，洪承畴于崇祯十五年降清，既是无奈之举，同时又在一定程度上顺应了历史发展趋势，应加以肯定。

我们今天评价洪承畴，充分肯定其为统一局面的形成所采取的行动、所作的贡献，而没有必要跟在乾隆皇帝的后面，大骂其"大节有亏"，是"贰臣"。当然我们今天肯定洪承畴，并非说他一生无瑕，而是有批判的（例如他镇压人民群众和有正义感的士大夫);肯定洪承畴,并非否定历史上的岳飞、文天祥、史可法、郑成功等民族英雄(他们的民族英雄的历史地位是不能撼动的),他们对旧皇朝虽有"愚忠"的一面,但行动上却反对清朝统治者民族压迫和屠戮,具有正义性,同时也符合当时广大人民的利益。

注 释

① 转引自王宏志《洪承畴传》,红旗出版社 1991 年版,第 5 页。

②④⑤ 《清史稿》卷二三七《洪承畴传》。

③ 以上引文分见《明清史料》乙编,第四本,《兵部题御前发下原任宁夏镇标参谋官汪镇东奏稿》;计六奇《明季北略》卷十八《洪承畴降大清》。

⑥ 《清史列传》卷七十八《洪承畴传》。

⑦ 《明清史料》甲编,第六本,《经略洪承畴揭帖》。

⑧ 杨向奎:《杨向奎学述》,浙江人民出版社 2000 年版,第 108 页。

康熙帝八拒尊号

李文海

　　康熙帝曾经说自己"凡事但求实际，不务虚名"①。这倒不是康熙的自诩之词，而是他在治国理政中时刻遵从的一项准则。他曾经先后八次拒绝群臣们为他上尊号的请求，就从一个方面为我们提供了切实的例证。这八次拒受尊号的时间分别是：康熙二十年（1681）平定"三藩之乱"后；康熙二十二年台湾郑克塽归降后；康熙三十六年平定噶尔丹后；此外还有五十、六十、七十寿辰（1702、1712、1722）之时共三次；登基五十、六十周年时共两次。

　　在封建时代，给皇帝上尊号是一种"大典"，所谓"加上尊号，典礼甚大"②。因为对于一个乾纲独断、至尊无上的封建君主来说，权力和地位都已经臻于巅峰，无可再增，所以"上尊号"便是扩大政治威望、提高历史地位的重要举措，具有重大的政治象征意义。康熙皇帝拒绝这类活动，究竟出于什么样的心态？有着什么样的政治考虑？我们可以拿第一、二两次的情形做一点剖析。

　　康熙初，镇守云南的平西王吴三桂、镇守广东的平南王尚可喜、镇守福建的靖南王耿精忠拥兵自重，对清朝中央政权阳奉阴违，形同割据。康熙十二年，康熙下定决心撤藩，吴三桂及耿精忠、尚可喜子尚之信起兵与清对抗，这就是历史上所称的"三藩之乱"。三藩兵力一度占领云南、贵州、广西、广东、福建、四川、湖南等省及江西、浙江、湖北、陕西、甘肃一部，对清政权的统治构成了极大的威胁。经过整整八年的艰苦战争，终于在康熙二十年十一月取得了平定"三藩之乱"的胜利。两年以后，一直占据台湾奉明朝正朔的郑克塽在清军大兵压境的情况下归降清朝，实现了台湾的统一。这两件事无疑意义重大，正是以此为标志，开启了长达百余年的著名的"康乾盛世"。所以在这两次重大历史事件之后，群臣们提出要给康熙帝上尊号，应该说也是适逢其会。

我们来看一看当时的具体情形。

平定"三藩之乱"后最早提出要给皇帝上尊号的是监察御史何嘉佑，他的理由是："今天下荡平，皆赖皇上一人功德所致"，所以"应加皇上尊号，以彰功德"③。此后，有的人也许出于真诚爱戴，有的人也许出于对权力崇拜，有的人也许出于阿谀逢迎，有的人也许出于从众心理，总之，大臣们从亲王、内阁大学士、九卿到詹事、科道等官员，凡是身份和地位具备向皇帝进言资格的，无不争先恐后，纷纷上奏，掀起了一场请上尊号的热潮。

有些人重复着何嘉佑提出的理由，强调"三藩之乱"的平定是皇上一人之功。如裕亲王福全说："吴逆反叛以来，臣忝列议政，常见一切调度，将士督进，各路官兵剪除逆寇，非臣等意见能及，皆奉上谕遵行所致。此实系皇上功德，理应崇上尊号。"康亲王杰书、安亲王岳乐也说："凡恢复城池，剿御贼寇，尽出自皇上庙算，筹画周详。凛奉饬谕，遵行而已。非臣等意虑设施，克收成效。理应加上鸿称，以显功德。"④康熙帝明确否定了这种说法，说："所奏称天下荡平，皆朕一人功德所致"，"这所奏无益"⑤。他多次同大臣们回顾了平三藩的决策情形，表示这一场斗争经历了复杂的过程，如"事有错误，朕亦自任，断不归咎于人"。现在取得了胜利，乃是"荷上天眷佑，祖宗福庇"，将士用力，"疲于征调"；百姓困苦，"敝于转运"，连官员也裁减俸禄，以供军需。这是上下一心，共同奋斗的结果，"若遂侈然以为功德，崇上尊称，滥邀恩赍，实可耻也"⑥。

另外一些官员则强调，"今三藩殄灭，后患尽除"；"海宇宁谧"，"天下乂安"。有的甚至用了"当此盛世"这样的字眼⑦。既然天下已经太平，皇帝"功德巍巍，自古圣君所不逮，理宜恭上尊号"⑧。对于这样一些议论，康熙帝却按照另外一种思路，讲了另外一番道理。他跟太皇太后说："自寇乱用兵以来，将士罢（pí）劳，民生困苦，疮痍未复，喘息未苏。虽兵戈乍戢，疆宇初平，国家纪纲正宜整顿，地方元气正宜培养，臣何敢宴然自处，以为太平无事，受纳尊称。"⑨他跟大臣们说："顷虽贼乱削平，地方底定，而民困未苏，疮痍未起。君臣之间，正宜各加修省，息兵养民，布宣教化，务以廉洁为本，用致太平。"⑩"独念数年之中，水旱频仍，灾异叠现。师旅疲于征调，被创者未起；闾阎敝于转运，困苦者未甦。因军兴不给，裁减官员俸禄及各项钱粮，并增加各项银两，仍未复旧。每一轸念，甚歉于怀。若大小臣工人人廉洁，俾生民得所，风俗淳厚，教化振兴，天下共享太平之福，虽不上朕尊号，令名实多，如一切政治不能修举，则上尊号何益？朕断不受此虚名也！"⑪

当大臣们一而再、再而三地奏请时，康熙帝斩钉截铁地说："朕意已定，决不允受。如受之，则前言为虚矣。"⑫"其上朕尊号之事，断不可行，此乃朕实意，非粉饰之词也。自今以往，大小臣工各宜洗心涤虑，砥节励行，休养苍黎，培复元气。尔等可向九卿各官悉谕朕意，不必再行陈请。"⑬

两年后，群臣因台湾统一，"神功圣德，超越千古，非加上尊号，无以慰臣民仰戴之愿"，再一次请上尊号。康熙帝同上次一样，坚决拒绝。他说："治天下之道，但求平易宜民而已，何用矜张粉饰？""朕但愿以平易之道，图久安长治，不愿烦扰多事，可将朕意传谕九卿、詹事、科道知之。"⑭

一些评论者往往把康熙皇帝拒受尊号的行为，归之于他的谦逊。例如《康熙政要》的执笔者在谈及此事时就说："群臣请上尊号，至于再四，而谦让弥坚，至德益广。"⑮《康熙政要》也把这些事迹纳入《论谦让》这一卷的内容之中。这当然并非没有一点道理。但把全部问题归结为个人的品德修养，似乎还没有完全说到点子上。其实，我们如果认真读一读详细记录皇帝言行的《康熙起居注》这部书，就可以发现，康熙帝对于大臣们一些"颂圣"的话，有时明明是言过其实，也常常会欣然接受的。所以，他的拒受尊号，更为重要的还是反映了他所具有的宽阔的政治胸怀，反映了如本文开头提到的"凡事但求实际，不务虚名"的政治风格。如果把问题提高了来看，可不可以说，正是这种政治胸怀和政治风格，使他在历史舞台上扮演了"康乾盛世"开拓者的角色。如果他一味追求虚名，受到损害的将恰恰是他的政治实绩，他在历史上的地位也许会打一个很大的折扣。

注 释

① 《清圣祖实录》卷二六八，中华书局 1986 年版。

②⑭ 《康熙政要》，中央党校出版社 1994 年版，第 242 页。

③⑤ 《康熙起居注》第一册，中华书局 1981 年版，第 787 页。

④⑥⑩ 《康熙起居注》第一册，第 792 页。

⑦ 《康熙起居注》第一册，第 786 页。

⑧⑫ 《康熙起居注》第一册，第 800 页。

⑨ 《康熙起居注》第一册，第 798 页。

⑪ 《康熙起居注》第一册，第 792、793 页。

⑬ 《康熙起居注》第一册，第 793 页。

⑮ 《康熙起居注》第一册，第 803 页。

康熙重视督抚的选任

王思治

清初的统治者鉴于明季吏治败坏，招致国家败亡，常常引以为戒。摄政王多尔衮说："崇祯也是好的，只是武官虚冒功赏，文官贪赃枉法，把天下失了。"[①]顺治帝说："明季诸臣，窃名誉，贪货利，数朋党，肆排挤……用人行政，颠倒混淆，以致寇起民离，祸乱莫救。"[②]亲身经历、目睹明朝灭亡的清初君臣，对明末吏治败坏、民心丧尽，李自成、张献忠领导农民大起义，其间关系的认识，应该说是相当深刻的，因而痛恨贪官之误国。史称："世祖（顺治帝）恶贪吏，犯赃十两以上籍没。"[③]

康熙对贪官污吏同样是深恶痛绝。他说："朕历观前史，于此等背公误国之人，深切痛恨。"[④]这是因为，殷鉴不远，吏治贪廉、良酷、好坏，对于新建立的清王朝来说，是生死攸关，安危所系的。

面对清初社会凋敝，人口锐减，民生困苦，清初的皇帝励精图治，关注国计民生，重视整饬吏治。

康熙六年（1667）五月，康熙帝命大小臣子对时政各抒己见。谕吏部："近闻直隶各省，民多失业，疾苦颠连，深为可悯"，"其原因何在"，"或官吏贪酷，惨削穷黎；抑或法制末便，致民失业？尔大小各官，切念民依，各抒己见，毋隐！"[⑤]康熙恳切求言，希望各官"切念民依"，知无不言。于是，侍读熊赐履、顺天府尹李天裕、礼部尚书黄机、左都御史王熙等人，纷纷条奏疏言，指出民生疾苦是由于"私派倍于官征，杂项浮于正额"⑥。民人"苦于杂派之无穷"⑦。黄机指出："杂差私派，或掊克以养上官，或巧取以充私囊"，故"民穷之源，而责任全在督抚"⑧。

此次各官疏陈民间疾苦，多称因督抚贪酷之故，于是康熙谕吏、兵二部："前因民间疾苦，谕大小各官，各陈所见。据各官奏称，民间之疾苦，皆由督抚之贪酷。"⑨

民生如何？吏治如何？关键在督抚，故清人说："民生安危视吏治，吏治贪廉视督抚。"⑩康熙命议政王、贝勒、九卿科道，就如何简选贤能，会议具奏。

总督、巡抚沿自明代，明宣宗朱瞻基宣德时，各省有事，中央派大员巡抚，安抚军民，弹压地方，事毕复命即撤，后逐渐成为固定官职。代宗朱祁钰景泰时，因军事用兵涉及数省，又派重臣出任总督，可节制巡抚，兵事结束即撤。清代督抚成为省级最高长官，巡抚管辖一省，总督一般管辖二省。

清代督抚由九卿会推保举，皇帝简任。但保举未必能得人。康熙二十四年九月，左都御史陈廷敬疏称："上官廉则吏自不敢为贪，上官贪则吏虽欲为廉而不可得。"其所加派私征、朘削小民，为的是贿赂上官，因此，"吏之为之者，督抚使之然也"⑪。这样，问题的症结，经过十八年之后，又回到康熙六年提出的老问题上来，即如何简选贤能，督抚任用得人，所谓：当今要务在于督抚得人。为督抚者不以利欲动其心，然后能正身以董吏⑫。督抚必须首先廉洁自律，身正不歪，先正己然后才能正人，察吏而安民。

康熙说："朕临御以来，孜孜图治，夙夜不遑，惟期吏治肃清，民生康豫。"⑬而选任督抚之不能得人，说明九卿保举的督抚人选，其操守未必可靠，与康熙的期望不符。因此，在选任督抚时，康熙尤其注意于会推保举之外，察访其人贤否贪廉。他说："简任督抚之时，又必详加察访，盖一方大吏贤能，自足以表率僚属。今贪墨之风，未必尽除，然激励澄清，正欲使之潜移默化也。"⑭任职清廷、教授康熙自然科学的传教士白晋（法国人）说："皇帝为了选拔重要官员，尤其是各省巡抚所费苦心，以及为了监督他们的行为而费的心机，达到了令人难以想象的程度。皇帝并不满意吏部提供的情况及他们推荐能尽职守的人，而派他的亲信去进行秘密调查，然后亲自向他们查问了解到的情况，所以皇帝根据各人的才能任命一些与吏部推荐完全不同的人。"⑮白晋因教授康熙自然科学知识，与康熙经常接触，写成《康熙帝传》。他的叙述与康熙所说"简任督抚之时，又必详加察访"一致，因而可信，兹举一实例：

康熙三十三年六月，江南江西总督傅拉塔卒于任，员缺。以吏部尚书熊赐履为主，九卿保举吏部左侍郎布彦图等人，请康熙裁定简任。江南乃财赋之区，康熙对两江总督人选特别慎重，他说："朕以江南地方紧要，欲得一端方之人，命尔等大臣保举。"他心目中的人选首先是端方，操守清廉，前任总督傅拉塔，就能"仰体朝廷委用之意，爱恤军民，甚属可嘉"。此前之两江总督于成龙，更是被康熙称为"天下第一清官"。康熙对布彦图之贪婪早已知晓，而众人竟然保举，于是命大学士究问何人主使，越日，大学士等覆奏："系吏部尚书熊赐履保举。"康熙对众人妄行保举痛加申斥，并予惩处。

康熙首先责问吏部满尚书库勒纳："布彦图与尔同旗"，既然知道"布彦图品行秽恶，非可保举之人"，众议时"何不阻之"。"布彦图贪婪秽恶，举国共知，何得听人妄行保举？"库勒纳叩头请罪。康熙对众官说："因布彦图任职理藩院时，塞外犹能效力，渐升为侍郎，其人不思图报，所行贪婪秽恶，朕甚恶之。"而众人保举，"意欲欺朕"？显然是"结为党类。各援引同党之人，已欺其上"。康熙任命督抚时，必详加察访。他早已调查清楚，因此众人妄行保举"焉能欺朕！"命令将布彦图革去侍郎，降调理藩院员外主事，"服劳以愧之"⑯。同时谕侍郎等，如不奋勉尽职，如布彦图者，必加惩处，断然不予宽贷。

两江总督人选，康熙早有定见，谕曰："原任云贵总督，今升左都御史范承勋，行事坚定，为人平易，著补授江南江西总督，令驰驿速赴就任。"

此次两江总督简任过程，足见康熙访察人选，慎之又慎。

康熙还命部院大臣时时察访督抚之"贤否贪廉"。谕九卿曰："尔等俱为大臣，天下督抚之贤否贪廉，俱应平日留心细访，以备顾问，秉公奏陈，虽门生故旧，不少庇护，庶督抚等皆知畏惧而勉励矣！"⑰因而在康熙朝出现了一批廉能督抚，如于成龙、张伯行、赵申乔、萧永藻、张鹏翮、施世纶等。康熙巡行各地，也注意考察吏治民风，尤为关注督抚能否公忠尽职，常常御笔条幅颁赐督抚，以资鼓励并示警惕。如南巡视河，先后赐予直隶巡抚李光地、山东巡抚王国昌、河南巡抚徐潮等人御书"督抚箴"各一幅，有的还另赐御笔"凛天清风"，以示鼓励。康熙奖廉去贪的各类举措，对激励官风，确也起到相当作用。他说："往者浙江、山东等处地方，以朕不时巡幸，各加勉力，操守皆优。"对贪官，则是"国法具在，必不轻恕"⑱。康熙三十九年，陕西发生众多官员贪污政府借给农民"籽粒银"大案，康熙派刑部尚书傅腊塔前往审办。傅腊塔严办贪官及失职督抚，"侵扣籽粒银入已"的州县官多人，著监候秋后处决。西安知府等多人分别降级、惩俸，或调用。巡抚党爱，未能将属员贪赃情弊确查题参，革职。川陕总督佛伦"不将各官侵扣挪用等项确查，即列名会题",著以原官致仕（退休）。即使是已病故的贪官，也不轻恕，"其侵扣之银，俱应照数追还原项"。傅腊塔回京复命，康熙对其大加赞赏，称其"所办案件，靡不得当"，并勉励他："当坚持此心，勤勉不二。"⑲ 康熙鼓励执法大员严惩贪官，正如他所说："此等贪官，不加诛戮，众不知警。"⑳ 此后督抚有犯赃案件，多次派遣张鹏翮前往审理。

由于康熙特重督抚的选任，康熙一朝的吏治相对较为清廉。当然，远非弊绝风清。

注　释

① 《多尔衮摄政日记》，第 3 页。

② 《清世祖实录》卷一八，第 14 页。

③ 《清史稿》卷二四四，《王命岳传》。

④ 《清圣祖实录》卷一五三，第 18 页。

⑤ 《清圣祖实录》卷二二，第 6 页。

⑥ 同⑤，第 12 页。

⑦ 同⑤，第 13 页。

⑧ 《清史列传》卷五，《黄机传》。

⑨ 《清圣祖实录》卷二二，第 7 页。

⑩ 《清圣祖实录》卷三〇，第 17 页。

⑪⑫ 《清史列传》卷九，《陈廷敬传》。

⑬ 《清圣祖实录》卷一九八，第 18 页。

⑭ 《康熙起居注》第 2 册，第 1250 页。

⑮ 白晋：《康熙帝传》。

⑯ 《清圣祖实录》卷一六四，第 2—4 页。

⑰ 《清圣祖实录》卷二五六，第 8—9 页。

⑱ 同⑰，第 25 页。

⑲ 《清圣祖实录》卷一九八，第 4—7 页。

⑳ 《清圣祖实录》卷一八三，第 21 页。

康熙帝读书

李治亭

　　康熙帝，姓爱新觉罗，名玄烨。顺治十八年（1661）即位，时年 8 岁，取年号康熙，于康熙六十一年（1722）去世，在位 61 年。

　　康熙帝一生，勤苦为政，励精图治，在中国封建社会历史上开创了一个政通人和、空前统一、经济与文化繁荣昌盛的新时代。他去世前，曾自评其人生："数十年来，殚心竭力，有如一日。此岂仅'劳苦'二字所能该（概）括耶！"[①]

　　康熙帝不仅"劳苦"治国，就是读书，亦达到"劳苦"的地步。他执政时期，正是国家多事之秋，可谓"日理万机"。但无论军机政务多么繁忙，他仍坚持每天读书不止。

　　康熙二十三年十一月初四，他南巡至南京，在停泊于燕子矶的船上过夜，读书至三更，还未就寝。侍讲学士高士奇劝道："皇上南巡以来，行殿读书写字，每至夜分，诚恐圣躬过劳，宜少自节养。"康熙帝便对高士奇忆起以往读书的情景："朕自五龄即知读书，八龄践祚，辄以学庸训诂，询之左右，求得大意而后愉快。日所读书，必使字字成诵，从来不肯自欺。及四子之书既已通贯，乃读《尚书》，于典谟训古之中，体会古帝王孜孜求治之意，期见之施行；及读大《易》，观象玩占于数，圣人扶阳抑阴、防微杜渐、垂世立教之精心，朕反复探索，必心与理会，不使纤毫扞格。实觉义理悦心，故乐此不疲耳……"[②] 康熙帝把读书看成是一件乐事，每读书，必有所得，开茅塞，增智慧，因而总是以读书而心悦。他到晚年，每天仍手不释卷，即使外出巡视，总是携带大批书籍，不管到了什么地方，就是不废读书。

康熙帝一方面自己苦读，一方面继承历代传统，开设"经筵"，即由当时的博学硕儒给他系统讲授经史。他把"经筵"作为一项典制而明确规定下来。康熙六年、七年，著名儒臣熊赐履就先后两次上疏，建议康熙帝请选耆儒硕德、天下英俊于左右，讲论道理，并强调说："讲学、勤政，在今日最为切要。"[③] 因受权臣鳌拜阻挠，讲学之事，迟未实行。康熙十年，在保和殿隆重举行"经筵礼"，即举行"开学典礼"，告祭先师孔子。康熙帝时年 18 岁，首次即以熊赐履等 16 名儒学之士为老师。自此，每年分春秋两季举行，在规定学期之内，皇帝要按规定"上学"读书。讲课的老师，名为"经筵讲官"，简称"讲官"。还有的称为"日讲起居注官"，除了讲课，还负责记录皇帝每天的活动。开始时，在弘德殿听课，每隔一天，一早进讲一次。自康熙十二年二月，改为每天讲读一次，以后天天如此，年年如此，康熙帝一天也不耽误，始终认真听讲，"有疑必问"，老师则有问必答。康熙帝每天还要到乾清门听政，处理政务后，即到懋勤殿听课。当天气渐寒时，老师讲课可是件苦差事，康熙帝通情达理，特赐貂皮、缎匹制衣御寒。为进讲方便，又设一南书房，命各讲官分别轮流入值。南书房就成了皇帝专门读书、日讲官传授文化的专门场所。南书房为内廷机构，在此任职的官员，还负责给皇帝起草谕旨，或备咨询。康熙帝说："朕不时观书习字，欲得文学之臣朝夕置左右，讲究文义，给内庐居之，不令与外事。"[④] 意思是他要朝夕问学，让他的讲官搬到内城来住，不参与外面的事情，可保证专心专意尽到讲官的责任。他们向皇帝进讲《四书》《五经》等儒家经典，兼及其他。"经筵"制度一直延续到清末。

康熙帝学习的内容十分广泛，儒家经典及各学派著作，几乎无所不包。历史也是他学习的一门主课，如《史记》《资治通鉴》《春秋》等，都是必读之书。记述他的先辈的实录，如太祖、太宗实录，也是每日必读。甚至大臣的著作，他也要大臣本人亲自讲授给他听。著名的理学大臣熊赐履著《学统》《闲道录札记》，他要求拿来讲给他听。康熙帝听完课后，总是与讲官展开讨论。有时，君臣之间也讨论些很有趣的问题。有一次，康熙帝戏问："天下何物最肥？何物最瘦？"有一大臣抢先说："莫瘦于豺狼，莫肥于牛羊。"康熙帝转而问张玉书："你意思如何？"张玉书不慌不忙，说："臣以为莫肥于春雨，莫瘦于秋霜。"康熙帝不禁感叹："此真宰相之言也。"⑤

康熙帝读书，极其认真，绝不"自欺"，务求读懂，明其义理。国事再忙，还是认真读书。当吴三桂发动叛乱时，凡出师、运饷、划谋制胜，无不由康熙帝一人决断，但他仍于繁忙中"孜孜于经史之学"。他为什么如此辛苦读书呢？有一次他读《尚书》时，说出了其中的缘由："观《尚书》内，古来君臣，无不交相劝勉。如此，何忧天下不治？"⑥他读此书所得到的认识，应是他对历代包括自己为政经验的总结。

康熙帝一生刻苦读书，不仅精通中国古代传统的各学科知识，同时也深悉兴文教、重教化是为治国之根本。他说："朕惟至治之世，不以法令为亟，而以教化为先……盖法令禁于一时，而教化维于可久。若徒恃法令，而教化不先，是舍本而务末也。"

康熙帝数十年如一日，坚持读书、学习，终于成为一代精通经书易理的大学问家。与此同时，他还努力学习掌握西方近代自然科学，诸如数学、物理、天文、地理、医学等。这一切，都为他修身、齐家、治国、平天下提供了丰富的思想理念，并付诸于治国的实践中。

注　释

① 《清圣祖实录》卷三〇〇，第7—11页。
② 《清圣祖实录》卷一一七，第19—20页。
③ 《清史稿》卷二六二《熊赐履传》，中华书局校点本，第9892—9893页。
④ 《国朝先正事略》卷七。
⑤ 《旧闻随笔》卷一，"真宰相之言"。
⑥ 《清圣祖实录》卷八九，第16页。

康熙与清初历法之争

闻性真

中国传统历法到了明末，误差日益严重，以致出现历法危机。有识之士如徐光启、李之藻等人，都主张修改历法。一些通晓自然科学的西方传教士，为了巩固在华的立足之地，也积极参与中国的历法改革。但历法改革是废旧立新的大事，既要动摇某些传统观念，又不可避免地要损害一部分靠旧历维持声望和俸禄的人之利益。因此，修改历法乃至废除旧历法必然引发一场斗争。从崇祯二年到明亡前一年（1629—1643），新旧两派以测验日食、月食、水木星运动为题，进行了多次较量，每次总是有西方传教士参与和支持的改革派一方获胜。崇祯帝终于批准了历法改革。但由于当时动荡的政治形势，新历书还没来得及颁行，明朝就灭亡了。

清朝定都北京后，西方传教士汤若望等人投靠清廷，并以他们在自然科学方面的知识，特别是天文历法方面的专长，受到清政府的重用，因而能够在钦天监供职。汤若望等人把明末历法改革的成果加以改造，编成一部新的历书，并由摄政王多尔衮定名为"时宪历"，决定从顺治二年（1645）开始颁行天下。然而，新旧历法的争议仍未终止，因为钦天监中还有一些依靠旧历维持俸禄的人，他们认为中国历法由外国人主持修订是不能接受的。

因此，新旧历法之争又在清廷定鼎之初拉开了新的一幕。

顺治元年六月，汤若望上书说：自己依据新历法，推断该年八月初一有日食，现将"京师及各省所见食限分秒并起复方位、图像进呈。乞届期遣官测验"。实际上，汤若望是以测日食为题向旧派挑战。八月一日，清政府派大学士冯铨等人与钦天监两派人到观象台测验，结果是：只有汤若望的新法一一吻合，"大统书"与"回回历"都不准确。这样，清政府便在十一月正式任命汤若望为钦天监负责人。在此后数年中，清政府又给汤若望以太常寺卿衔。到顺治十年，又赐汤若望"通玄教师"名号，给予极高评价。

汤若望主持钦天监后，原有的"回回科"被撤销。应该说，这其中除了学术上的原因外，也包含汤若望排斥异己的因素。所以，丢官失势的旧派星象学家们，自然对汤若望心怀不满，并不时给他制造难题。但每次较量的结果，总是汤若望取得胜利。

康熙即位时年仅8岁，"主少国疑"，权臣当道，新旧历法的争议又掀起新的更大波澜。当时反对新历法的主要代表人物是新安卫官生杨光先（1597—1669）。此人年近古稀，性格倔强，崇祯年间曾抬棺进京，疏劾大学士温体仁等，因而被杖责流放。入清后，杨又以《辟邪论》《辟谬论》反对利用西方传教士改革历法。由于顺治亲政时期正是汤若望和新历法的黄金时代，杨的上书均未奏效。到了康熙初年，鳌拜等顾命辅政权臣左右朝纲，政局趋向保守。杨光先于康熙三年（1664）七月，又以《请诛邪教疏》攻击明人徐光启借鉴西方科学是"贪其奇巧器物"，"假修历之名，阴行邪教"。说传教士汤若望"借历法以藏身金门，窥伺朝廷机密"。他还特别为已颁行的新历书罗列两大骇人听闻的罪状：一是新颁《时宪历》封面上有"依西洋新法"五字，是公然承认大清国是奉西洋正朔；二是大清皇帝的统治应该是千秋万代，而《时宪历》只编了 200 年，这是暗指清朝短祚，国运不长。显然，这两条罪状已不是学术问题。因此，杨光先要求将汤若望等人"依律正法"。是年底，礼部在讨论时，主张只要把《时宪历》封面上"依西洋新法"五字改成"奏准"二字就可以了，并没有涉及汤若望的罪状和废除新历的事。但次年，由于权臣鳌拜等人的干预，礼、刑二部的会议又将汤若望定为死刑，其余传教士俱杖充。由于汤若望曾是顺治帝的宠人，所以此案迁延未决。这期间，杨光先又以布衣入都，呈递所著《摘谬论》《选择议》，指责汤若望新历法有"十谬"，特别指责汤若望在选择荣亲王葬期上误用《洪范》五行，犯了大忌。这时议政王会议进一步做出打击新历法的决议，说："天佑皇上历祚无疆。汤若望只进二百年历。选荣亲王葬期不用正五行，反用《洪范》五行，山向年月俱犯忌杀，事犯重大。"要求将汤若望与参与新历法的杜如预、杨宏量、李祖白、宋可成、宋发、朱光显、刘有泰等人"凌迟处死"，把刘也远等杀头。可以看出，杨光先和清朝统治集团中的守旧势力，这一次攻击新历法，已经把学术斗争一下子变成了政治斗争。斗争的结果，除因受康熙祖母保护的汤若望侥幸免死（次年死于狱中）外，李祖白等人均被处死。从此，废除新历，恢复"大统书"，反对新历的发难人物杨光先被任命为钦天监监副，旋又命为监正。这是守旧派乘康熙年幼尚未亲政的机会，利用政治手段打倒了新历的参与者，取得这一次斗争的胜利。

杨光先执掌钦天监后，又以该监原"回回科"秋官正吴明炫之弟吴明煊为监副。两人以"大统书"治历，结果是节气不应，错误屡出。此时康熙虽然尚是一个十五六岁的少年，但他已在酝酿着铲除权臣势力和寻求解决新旧历法争议的途径。尽管他还没有能力从科学上分清这场争论的是非，但他知道只有摒弃偏见，以试验的方法来检验双方的理论，让双方在实测中较量优劣，才能得出正确的结论。

康熙七年十一月，传教士南怀仁等指责杨光先、吴明煊所颁历书不合天象。康熙钦派大学士李霨在东华门召集双方，传谕："授时乃国家要政，尔等勿挟宿仇，以己为是，以彼为非。是者当遵用，非者当更改，务期归于至善。"康熙命大学士图海、李霨等率两派人到观象台测验，以决胜负。康熙八年正月测验的结果，南怀仁"诸款皆符"，吴明煊"逐款不合"。因此，议政王等会议主张将康熙九年的历书交与南怀仁推算。经过多次测验，康熙逐渐认识了新历优于旧历的所以然，并从杨光先的自我辩护中看到了旧派理论上的荒谬。杨光先奏称："臣监之历法，乃尧舜相传之法也。皇上所正之位，乃尧舜相传之位也。……今南怀仁，天主教之人也。焉有法尧舜之圣君，而法天主教之（历）法也？南怀仁欲毁尧舜相传之仪器，以改西洋之仪器……使尧舜之仪器可毁，则尧舜以来之诗书礼乐、文章制度皆可毁也。"杨光先认为："以百刻推算，系中国之法；以九十六刻推算，系西洋之法。若将此九十六刻历颁行，国祚短了。如用南怀仁，不利子孙。"这种荒谬的观点，使康熙甚为反感。所以，他决定罢黜杨光先，改以新法治历。

康熙八年五月，权臣鳌拜集团倒台，七月，传教士南怀仁、利类思、安文思等呈请礼部向康熙控告杨光先、吴明煊等人"依附鳌拜"，"诡随狐假，罔上陷良"，骂杨光先是"恶棍"，要求将杨"即行处斩，妻子流徙宁古塔"，并要求为已死的汤若望、李祖白等平反昭雪。当时，议政王会议准备批准南怀仁等人的要求。康熙经过认真思考，批准为汤若望等人平反昭雪，但不同意把杨光先处死。他认为，杨光先虽然阻挠新历推行，攻击过传教士，但他并不是鳌拜的党羽，二者不能混为一谈。所以，康熙决定宽大处理此事："杨光先本当依议处死，但念其年已老，姑从宽免，妻子亦免流徙。"对吴明煊的处理更是"姑从宽免，仍留原任。以后着更改前非，实心实意，与南怀仁商议，务求合于正理，以造历日"。

从清初历法争议中可以看出，学术流派之间的争论，由于种种原因，往往交织着民族的、信仰的、宗派的乃至政治的偏见，因而演变成政治的甚至流血的斗争。康熙在处理历法争议中，始终把这场争论局限在学术领域，不因学术上的错误而轻易杀人，因而防止了事态的扩大化。他在这件事的处理上，既无民族国籍的偏见，也不受任何政治因素的干扰，而是就事论事，注重测验的结果。对于一个封建帝王来说，能做到这一点确实是难能可贵的！

康熙皇帝与西洋科学

刘　潞

在中国历代帝王中，清代康熙皇帝是仅有的一位认真学习过欧洲天文学、数学和地理学，并亲自主持了几项大规模科学活动的皇帝。这不仅记载于史册，而且在他生活过的紫禁城中，还留下了上百件带有他活动印记的西洋科技仪器、数学模型和相关书籍等。

康熙使用过的西洋科技仪器，许多都是当时欧洲科技新发现的仿制品，具有较强的时代特点。

比如，英国数学家纳白尔于 1617 年发明了用于计算的"纳白尔骨筹"，1628 年，意大利传教士罗雅谷曾在《筹算》一书中将它介绍到中国，清官最晚至康熙朝中期，就出现了这种筹式计算工具。又如，故宫收藏的刻有"康熙御制"字样的计算尺，在数学史上称为"甘特式计算尺"，它在清官中出现，距离英国数学家埃德蒙·甘特于 1630 年发明这种尺子，最多也不过 50 年左右。再如，在数学仪器中，多年来一直为外间所瞩目的，当属康熙年间清官自制的手摇计算机。世界上第一台可计算加减法的手摇计算机，由法国数学家巴斯柯于 1642 年在巴黎研制成功，仅半个世纪左右，手摇计算机就来到清官，并被加以改造：在阿拉伯数字旁附加汉文数字，将加减二法增至加减乘除四法，又独创横排筹式计算机等。

康熙使用过的，还有属于地理学方面的仪器。当时地理学大量汲取了天文学、气象学、地质学诸学科已取得的成果，随着哥伦布航海发现美洲新大陆，16、17世纪的地理学，呈现出一派色彩纷呈的景象，地球仪制作、地图测绘、各地风物勘察等，迅速得以发展。这些发端于欧洲的新的地理学成就，不久在清宫中即得到回响。故宫现存的一件最早最完好的地球仪，制作于康熙朝中期。这件地球仪在大洋洲上已标明了一些海湾和岛屿，反映了欧洲各国在地理大发现后对大洋洲探索的一些成果。故宫保存的一大批西洋测绘仪，更是当时清廷进行地理大测绘的遗存物。

清宫中出现上述品类丰富、数量众多的科技仪器，并非偶然。首先是由于明清之际西学东渐的大背景。自从早期到达中国的意大利传教士利玛窦用自鸣钟、望远镜等"西洋奇器"敲开了明代宫廷的大门后，西方科技仪器便与中国宫廷结下了不解之缘。由于利玛窦的作用，此后不断有西方传教士入宫任职，传授西洋科技。

从明万历至清康熙，其间经历了明清两代六位皇帝，但只有康熙一人对西方科学抱有极大热忱。当时在宫中为他传授科技知识的传教士，对他执著的追求和在学习中表现出的顽强精神，有过翔实生动的记录：

康熙这样学了四五年，他始终很勤奋，对于政务也丝毫不懈怠，没有一天误了上朝。他并不只认死理，总是把所学的知识付之于实践，他学习的很开心，对于给他上的课程理解得很好。例如，给他讲固体的成分时，他就会拿起一个球，精确地称出它的重量，测出它的直径。然后，他就会算出同样材料、直径不同的另一个球的重量，或者算出另一个比较大的或比较小的球的直径该是多少……有时候打算用几何方法测量距离、山的高度、河流和池塘（塘）的宽度。他自己定位，调整各种形式的仪器，精确地计算。然后他再让别人测量距离，当他看到他计算的结果和别人测量的数据相符合，他就十分高兴。①

传教士的这些描述并非阿谀之辞，这可以从故宫珍藏的一批相关文物得到印证。故宫收藏有满文本的《欧几里得几何学》，是康熙为学习此书，特命传教士用满文翻译的。它成为这部伟大著作在世间唯一的满文译本。故宫还收藏有各式立方体模型、旅行用数学仪器桌等等，这些都是康熙当年学习数学的遗存物。

康熙对西洋科学的兴趣，当然不是凭空产生的，而是他少年时成功地处理了一场历法之争所带来的效应。康熙朝初年，钦天监内爆发了一场因奉行不同天文理论而引发的"历法之争"。使用阿拉伯历的吴明煊、杨光先等人攻击使用西洋新法的汤若望等传教士图谋不轨，受到辅政大臣鳌拜的支持，使汤若望等身陷囹圄。当吴明煊等预测天象再次失误时，汤的助手、比利时传教士南怀仁依据其前辈利玛窦等在中国宫廷积累的经验，利用皇帝与辅臣间的矛盾，上疏参劾受鳌拜支持的吴明煊、杨光先。而当时尚未掌握实权的康熙帝亦想借此事与鳌拜较量。他命九卿大学士率钦天监一千人马，先于午门前验日影，又至观象台用象限仪、纪限仪、赤道经纬仪、黄道经纬仪等西洋仪器测当年立春日时，结果"南怀仁所言皆符，吴明煊所指不实"②。西洋科技仪器准确的预测功能，为康熙废黜鳌拜起到投石问路的作用。鳌拜被黜后，南怀仁重新被起用，封钦天监监正，成为当时清廷科技仪器制造的主要设计者和主持者。康熙朝前期许多仪器都是在南怀仁指导下制成的。多少年后，康熙曾感慨地说起过他学习历算的动力："尔等惟知朕算术之精，却不知我学算之故。朕幼时，钦天监汉官与西洋人不睦，互相参劾，几至大辟。杨光先、汤若望于午门外九卿前当面睹测日影，奈九卿中无一知其法者。朕思己不能知，焉能断人之是非，因自愤而学焉。"③

康熙皇帝对自然科学的浓厚兴趣，使他十分关注这一领域的发展状况，提出一些只有最高统治者出面才易成行的举措。他受当时欧洲主要国家建立科学社团风潮的影响，在宫内也设立了类似机构，称蒙养斋算学馆，旨在培养高级数理人才。传教士白晋说："中国皇帝仿此范例（指建立科学社团——笔者注），开始在他自己的宫殿里建立起绘画、雕塑以及为制作时钟和其他计算工具的铜、铁器工匠之类的'科学院'。皇帝还经常提出要以欧洲的，其中包括巴黎制造的各种作品为样品，鼓励工匠与之竞赛。"④当蒙养斋的学生们学成之后，康熙又组织他们分赴全国各地，费10年之力，勘测绘制了《皇舆全览图》——后来被李约瑟高度评价为"当时亚洲最好的一部地图"。这次测绘的意义还在于它在世界测绘史上第一次印证了牛顿关于地球为椭圆形的理论。与此同时，康熙又策划和组织编纂了中国第一部天文、数学和乐理大型科学丛书——《历象考成》《数理精蕴》和《律吕正义》，总称《律历渊源》。对此，与康熙同时代的德国启蒙思想家莱布尼茨评价说："我以为，康熙帝一个人比他所有的臣僚都更具远见卓识。我之所以视他为英明的伟人，因为他把欧洲的东西与中国的东西结合起来了……他以其广博的知识和先见之明，远远超过所有汉人和满人，仿佛在埃及金字塔上又添加了一层欧洲的塔楼。"⑤

康熙学习西洋科学并制作了很多科技仪器的这段历史，向我们展示了中国科技史与中西交流史上明丽的一页，但也给我们留下不少思索的空间。

西洋科技仪器无疑是西方文明的产物，属物质文明范畴。这些物化了的文明，居于表层的，是它们的工具价值，隐含在深层的则是其内在价值。如"南怀仁制浑天仪",其工具价值在于对太阳、地球、月亮等天体运行的演示,同时,因其制作依据是地心说,这架仪器就成为 17 世纪时西方宇宙观的生动体现。再如"康熙朝节气地球仪",在它向人们展示全球地理风貌这一工具价值背后,蕴含的是自古希腊时就形成的大地球形说观念。当中国人面对西方文明撞击时,自然会首先选择实用价值突出的科技仪器。正因如此,对于集务实心理、儒家三纲五常理义等中国文化多方面特征于一身的清朝皇帝来说,在对西方文化的选择上,则更要强调其工具价值,而排斥或摒弃其与中国传统相异的文化内涵。

注　释

① ④　法国传教士洪若翰致拉雪兹神父信,引自《洋教士看中国宫廷》,上海人民出版社 1996 年版,第 41 页。

② ③　《清圣祖实录》卷二十三。

⑤　《德国思想家论中国》,江苏人民出版社 1995 年版,第 6 页。

作者简介

刘潞,1947 年生,湖南华容人。故宫博物院研究馆员。主要著作有:《清代宫廷史》《清代皇权与中外文化》《故宫精品全集·西洋仪器卷》《帝国掠影》《古稀天子乾隆》《一代英主康熙》等。

雍正告诫百官："做实在好官"

李国荣

雍正是清朝入关后的第三位皇帝。他的父亲康熙，晚年滋长了政宽事省的思想，处理朝政的原则是多一事不如少一事。由此，在官僚队伍中，虚诈、迎合、粉饰、浮夸等腐败之风严重泛滥。雍正刚一继位，便针对腐败衰颓之风进行了坚决的整治与清肃。他直截了当地告诉文武百官："朕生平最憎虚诈二字"，"最恶虚名"。一"憎"一"恶"，鲜明地表达了他对虚伪、欺诈等腐败风气的批判态度。

一、"只可信一半"

在清代，官场上流行着一种陋习，各省文武官员刚刚到任时，几乎都是极力地述说当地的吏治如何地糟，等过了几个月，就一定奏报说，通过雷厉风行的整顿，情况已如何地好转，以此显示自己的才干和政绩。对这类奏报，雍正说见得太多，都看得厌烦了，他毫不客气地指出："只可信一半。"

对大臣奏折中的浮夸成分，雍正总是毫不客气地指出，并进行尖锐的批评。雍正四年（1726）七月，巡视台湾的监察御史索琳上折说：台湾地方官兵严加操练，精益求精，可保海疆万载升平。看了这一言过其实的奏报，雍正警告说：凡事最重要的是务实，不欺不隐才算良吏，"粉饰、迎合、颂赞、套文陋习，万不可法"。主管河南、山东一带黄河河道的总督朱藻曾奉到雍正这样一则谕训：地方上一点小事，"何用如此夸张"，你的奏报往往是虚浮不实，"朕甚不取"，"一处不实，则事事难以为信也"。雍正告诫百官，虚假奏报将会失去皇上日后的信任。

浮夸粉饰，在有关雨雪水旱农业收成的奏章中问题尤其突出。雍正二年，河南巡抚石文焯奏报说，全省各州县的蝗虫灾害已扑灭十之八九。雍正通过查问河南的其他官员，察觉到石文焯的奏报不是实情，于是尖锐地批评石文焯说：如果不是你在欺骗皇上，就是你本人被下属欺骗了！可是，这个石文焯老毛病难改，他调任甘肃巡抚之后，依旧故伎重演。雍正四年夏天，甘肃大旱，七月下了一场小雨，石文焯赶紧奏报说：已是丰收在望，这都是皇上敬天爱民的结果。雍正看了很不耐烦，挥笔批道："经此一旱，何得可望丰收？似此粉饰之言，朕实厌观。"

雍正对笼统含糊的奏章也不放过。雍正十年四月，直隶总督刘于义奏报说，所属地方三月份雨水充足。雍正览后批评他"所奏甚属含糊"，"不明不实"，指示他日后将各州县雨水情况细加分别上报，不可一笔糊涂账。同年闰五月，江西巡抚谢曼有两个折子，一个说冬雪颇足，春雨亦调；一个说麦收情况不如往年。雍正仔细看过批复道：既然雨水一直充足，麦收为何减产，二者必有一处不实，着明白回奏。

二、怒斥"附合"与"迎合"

康熙晚年，朝中大员官僚习气相当严重，身居高位却饱食终日无所用心，对皇帝指令商议的事件往往一味附和，并不拿出主见，皇帝很难看到直言详议、据理力争的场面。雍正即位不久就颁发谕旨，毫不客气地指出：现今朝中九卿大员坐班，每当商议事件，往往是"彼此推诿，不发一言"，有的假装打瞌睡，有的海阔天空地闲谈，等到需要拿出主意的时候，便鼓动一两个新来的科道官员发言表态，然后大家便"群相附合，以图塞责"。似此朝臣议事，何益之有？雍正指令朝中重臣，商议事件时务要各抒己见，不得观望附和。雍正四年六月的一天，雍正将在京的文武大员召至勤政殿，训谕说：现查朝臣所议定事件，大多并不合情理，究其原因，不外乎"议事理中各怀私心"，其身为王子者，以现有众臣，我等不必先说；那些刚提升的大臣，又以现有老臣，何需我等班门弄斧而闭口不言；而资历深厚的老臣，深知枪打出头鸟，自己不拿意见，最后还落得个"从公议论"尊重别人的美名。为彻底改变这种劣习，雍正宣布，即日起将议事王大臣分为三班，凡遇应议之事，分头酌议，每人都拿出自己的意见；如果所议意见相符一致，就照这一意见定稿启奏；若是意见不完全一样，由诸位大臣另行商议。"如此，不但不致互相推诿，而且亦各能出其主见"。雍正试图建立一种分班议事制度，让议事者不得不言，从而使投机者失去附和的机会。

对臣工奏折中肉麻的称颂和不着边际的套话，雍正十分反感。山东兖州知府吴关杰曾奉到一道谕旨，内容是令他实心任事，为政勤慎。吴关杰把皇上的谕旨奉为至宝，先是"悬挂堂中"，朝夕瞻仰，后来又找工匠把谕训刻在府衙大堂的屏门上。他把自己如何尊奉圣旨的举动详细奏报，说如此"时凛天颜于咫尺，勿忘圣训于须臾，触目惊心，甚为有益"。极力想以此博得皇上的欢心。吴关杰甚至还请皇上命令各省文武官员，一律在大小衙门的屏门上刊刻谕旨，使圣旨高悬，举目皆是。雍正当即给吴关杰泼了一瓢冷水，教训他：你本不是什么超群之才，料理好你分内的事就足可以了，"此等迎合之举皆不必"，"此等多事朕皆不喜"。雍正二年二月，广东巡抚年希尧奉到雍正一道口传谕令，教导他如何治理地方，年希尧写折子奏谢说，皇上所颁谕旨不仅周详备至，而且料事如神。雍正看后批道："写来套话，何常（尝）有一句你心里的话。"雍正十年四月，署陕西巡抚马尔泰奏报地方雨雪情形，说仰赖皇上洪福，今春风调雨顺。雍正用朱笔在"洪福"二字旁画了一道线，批道：仰赖洪福，这类套话实在没味，朕已再三告诫内外百官不要做迎合虚文，已是口干舌燥了，你竟仍务此道，难道没长耳目吗？

雍正朝有个敢讲真话的御史叫李元直，雍正对他很赏识。一次，李元直递上一道奏折，他说：现今一些大臣为保全官位一味迎合，皇上认为可以，没有一个敢说不可以；皇上若认为不可以，则没有一个敢说可以。李元直进而直言，这种陋习在中央六部随处可见。讲这样的话，固然要有胆量，而听的人却更需要胸怀。雍正认为李元直"真实任事"，说中了要害，把他召入内廷面谈，还赏赐荔枝，鼓励他以后仍要"尽言毋惧"。

三、"做实在好官"

实心任事，是雍正对内外百官的根本要求，他颁谕给各省封疆大臣说：朕望天下总督、巡抚大员，"屏弃虚文，敦尚实政"。雍正二年，福建巡抚黄国材在一件奏折内表示要"实力奉行"，雍正在这四字旁批道："全在此四字"。雍正三年，在给江苏巡抚张楷的一条朱谕中，雍正谈到：为官者要有所作为，"惟以实心行实政，重公忘私，将国事如身事办理"。在安徽按察使祖秉圭的一件谢恩折上，雍正更是直言训导，要他"做实在好官"。

雍正还为文武百官树立起"公忠诚勤，实心任事"的楷模。

他所赏识的几位重臣，如田文镜、鄂尔泰、李卫等，都是以直言不讳、据实办事而得到特殊信任和格外擢用的。田文镜本是一个官位不高的内阁侍读学士，他引起雍正重视，是在雍正元年祭告华山回京复命时，他在皇帝面前把山西全省闹灾荒财政亏欠的情形一一如实奏报，雍正认为，该员"直言无隐"，"若非忠国爱民之人，何能如此"？遂加重用，调任山西布政使。在以后的几年时间里，官职累迁。田文镜受宠而不迎合，凡事直言，更被雍正看中。主管滇黔桂三省军政要务的总督鄂尔泰，也是以"不计一身利害，大公忘我，致身于国"而得到雍正重用的。雍正告诫臣工，鄂尔泰之所以深受朝廷器重，是因为他忠公务实，这是根本，要学就学他这一点。深得雍正信任的浙江总督李卫，以严猛著称，他不苟同于官场积习，勇于任事，不徇私情，不避权贵，得罪了不少大官。这些人联名向雍正告状，雍正却说：李卫"粗率狂纵，人所共知"，但他却是"刚正之人"，朕赏识李卫，就是因为他操守廉洁，实心任事。

清代廉吏于成龙

王俊义

近年来影视荧屏与戏剧舞台上，不断以凝重生动的画面再现了清代两江总督于成龙的清正廉明形象，甚为感人。不少观众和读者于是提问历史上是否真有于成龙其人，其生平事迹怎样？康熙何以屡次称其为"天下廉吏第一"？

根据清代有关史料记载，历史上确有于成龙其人。他生于明万历四十五年（1617），卒于清康熙二十三年（1684），山西永宁（今离石）人。明崇祯年间，他曾考取过副榜贡生。明清易代后，转仕清廷，于顺治十八年（1661）被任命为广西罗城县知县。由于其为官清廉，忠于职守，政绩昭著，在仕途上屡被提升，曾先后出任四川合州知州，湖北武昌知府，福建按察使、布政使，及直隶巡抚、两江总督等职。康熙二十三年因积劳成疾，病逝于两江总督任上，死后被谥"清端"，有《于清端公政书》留世。

于成龙终其一生，在各地任职时，都能保持"志行清洁""固守清俭"的高尚情操。他关心黎民百姓，"为政宽惠"，造福于民，又疾恶如仇，铁面无私地"惩贪除霸"。其抱定"驱除贪吏，拯救生民为务"之志，秉公执法，清正廉洁，兴利除弊，政绩斐然。他所处的清初顺治、康熙时期，正值战乱频仍、百废待兴之际，尤须发展生产，与民休息，减轻百姓负担。于成龙以身作则、身体力行、勇于任事、廉洁奉公，深受各地百姓爱戴，与那些贪赃枉法、贿赂公行、朋比结纳的贪官污吏形成鲜明对照。

居官清廉的于成龙，不仅深受广大士民的爱戴，也一再受到康熙皇帝的肯定与表彰。康熙二十年，在其任直隶巡抚时，康熙就曾称赞他是"清官第一"。康熙二十三年，其病逝不久，康熙于同年南巡时，在"征访吏治，博采舆论"，对各级官吏进行考察的过程中，再次称赞说："原任江南、江西总督于成龙，操守端严，始终如一"，其"居官清正，实为天下廉吏第一"。

在清初官场上，请托和馈送是各级官吏之间朋比结纳、狼狈为奸的常见手段，且此种恶风邪气十分盛行。大小官员为求得庇护升迁，费尽心机，巧立名目，每每借名冬夏时令、端阳中秋佳节，或是上司的寿诞婚丧，争相攀附馈送，且形成逐级上送之惯例。各州、县官馈送督抚提镇司道，而督抚提镇司道又送中央各部院大臣。上下间辗转因袭，几成定规。一些督抚大臣竟明文规定，某州、县属上等，某州、县属中、下等，依次派定数目，按数收受，而且馈礼数额甚巨。如康熙时的大学士徐乾学，因发放其学生李国良为江苏按察使，李为叩谢"师恩提携"，竟一次馈银一万两，还另送"节礼四百两，生日礼一千两"。在这种风气下，"大吏盘剥卑官，卑官虐害军民"，最后受害的仍是下层百姓。因而，当时就有人指出："今百姓大害，莫甚于贪官蠹吏。"

有鉴于此，于成龙对于官吏之间结纳馈送的陈规陋习，深恶痛绝，坚决反对。他每到任所，均采取各种措施，明令杜绝。康熙十九年，他由福建布政使升任直隶巡抚，到任后即告诫各州县，切勿在征收百姓钱粮时私加火耗，馈送上官。但大名知县，却不听劝诫，仍因循陋规，向他"呈送中秋节礼"。于成龙不仅严词拒收，而且为此特发了《严禁馈送檄》，公开通报了大名县知县的所作所为。同时，于成龙还以此为例，转申所属官吏，

"嗣后，凡遇重阳、冬至、元宵等节，并过路送礼各衙门，概行禁止，如有私相馈献，查出并行题参，决不宽姑"。康熙二十年，于成龙升任两江总督，仍一如既往，在调查研究的基础上，制定了《兴利除弊条约》，严禁馈送风。《条约》中说："本部院访得两江官员，自上而下无不递相馈送，视地方大小区别等差，盈千累万，目为旧规。"他还指出，在此种恶劣风气下，上司对所属官员，不论"官评之贤否，吏治之勤拙"，但"凭馈送之多寡，决定升迁贬黜"。而馈送之钱财由何而来呢？于成龙一针见血地指出："此等馈送，不出于钱粮之加征火耗（按：指在正赋之外，私加之征派），则出于词讼之贪取赃私"，实际上完全是"以小民之膏血，供多官之结纳"。为此，他严正宣布：自己一定"清介自持，绝不受属员一毫馈送"。

于成龙对自己发布的各种告示檄文，都躬行实践，对于各种形式的馈送，一概严拒。顺治十八年，当他首任广西罗城知县时，由于罗城地处边陲，经济文化甚为落后，生活条件极其艰苦，他刚上任时，甚至"寄居关夫子庙，安床周仓背后"。县衙也只设在"茅屋三间，四周皆无墙壁"的环境中。在如此艰苦的条件下，他自得其乐，勤于政事，注意恢复地方秩序，劝导百姓发展生产，"宽徭役，疏磋引，建学宫，创设养济院"，逐渐使罗城地区经济复苏，群众的生活日趋好转。同时，他也与当地群众建立了密切关系。当地百姓看到于成龙的生活仍然十分清苦，便向他馈赠些油盐柴米，而于成龙则笑谢曰："我一人在此，何须如许物，可持归，奉汝父母。"

最难能可贵的是于成龙的清廉本色，始终如一。康熙十八年，于成龙由武昌知府升任福建按察使，旋改任布政使，相继管理全省的司法、财政与民政。这在某些人看来，都是捞取钱财的肥缺。然而于成龙却仍一尘不染。他在藩司大堂上，张贴了对联："累万盈千，尽是朝廷正赋，倘有侵欺，谁替你披枷带锁；一丝半粒，无非百姓脂膏，不加珍惜，怎晓得男盗女娼。"福建因地处沿海，自唐宋以来，便与国外通商贸易，于成龙所在的布政使衙门自然经常与外国使团与商船接触，而且每逢"外番贡船，或有所献"，于成龙照样"屏斥不受"。那些外国人都竖起大拇指对译使交口称赞说："天朝洪福，我侪实未见有此清官也。"

馈送和请托是互相联系的，一些官员之所以钻营馈送，目的在于钻空子，拉关系，请托营私，升官发财。于成龙对于来自上下左右的请托，都一概拒绝，"虽王公大人也不为少贬"。有时其"宾客故人"来访，他虽热情接待，但是"一语涉私"，即"正色斥诸"。当时，有些州县乡绅，想托于成龙办事，但私函不便直达，便私自假借官封文书，贿通门衙，请为投递。于成龙一旦察觉后，便晓谕吏属："此后，凡有官封文书，只许封口投递，如有请托私事，可当即开封原书退回。"

身为封疆大吏的于成龙，之所以能以身作则，严拒馈赠请托，做到廉洁清正，与他的人生观相关，他在生活上从无过高奢望，一向"自奉简陋，日惟以粗粝疏食自给"。因此，江南人给他起了外号叫"于青菜"，以示景仰。由于他恶衣疏食，从不改前操，跟随他的仆从常为此而发牢骚，于成龙却开导他们说："前在粤蜀，民物凋残，持廉甚易，今日正须试此。"也就是说，越是在优裕的物质环境中，越是要经得起考验。

于成龙在几十年的仕途生涯中，从荒凉凄苦的边疆知县，到物质丰盈的沿海任主管财政的大吏，或者是做大权在握的两江总督，他都能勤于职守，严于律己，秉公执法，关爱黎民，以致于政绩昭著，赢得任职当地百姓的好评。早年，当他由广西罗城知县升任四川合州知府时，罗城县的百姓便"遮道呼号，公今去，我侪无天矣"。并追送数百里，哭而返。康熙二十三年，当其病逝于两江总督任所时，当时江宁（今南京）的"士民男女无少长，皆哭罢市"。甚至在其出殡的当天，出现了"江宁守及门下诸生合士民数万人步行二十里外，伏地哭，江涛声殆不闻"的动人情景。这说明，无论是在任何时代，凡是对国家、对社会、对人民做出了有益事业的人，国家和人民是感念他们的，也是绝不会忘记他们的。

作者简介

王俊义，1937 年生，河南封丘人。中国人民大学清史研究所原所长、教授，中国社会科学出版社原总编辑，中华炎黄文化研究会副会长。长期从事清代学术思想文化的教学与研究。主要著作有《清代学术与文化》（合著）、《清代学术与文化史论》（合著）、《清代学术研讨录》，并主编有《传统文化与现代化》《炎黄文化与民族精神》等 10 余部。

浅议清初廉吏汤斌

史革新

汤斌（1627—1687），字孔伯，号潜庵，又号荆岘。河南睢州（今睢县）人。早年从名儒孙奇逢讲习理学。顺治九年（1652）进士。曾任陕西按察使司副使、江西布政使司参政等职。康熙十八年（1679）举博学鸿词科，历任翰林院侍讲、江苏巡抚、礼部尚书、工部尚书等职。汤斌是清初闻名一时的"廉吏"，而成就其廉吏业绩的因素主要有以下三点。

一、笃信理学，注重力行

汤斌成为清初"廉吏"，从思想信仰的角度看，在于他笃信理学，注重力行。因受乃师孙奇逢的影响，汤斌治理学兼综程朱陆王，不张门户，标榜"笃敬""力行"。他讲理学与那些言行不一、只会夸夸其谈、沽名钓誉的俗儒不同，认为圣人之道来自实实在在的日用伦常，也需要"返而求之人伦日用之间，实实省察克治，实实体验扩充"[①]。也就是说，读圣人之书重要，对圣人之道"身体力行"同样重要；惟其如此，才能达到"至圣"的境界。他说："学者先识孔孟之真，身体而力行之，久之徐有见焉。"[②]他所说的"身体力行"，既包括个人内在的道德修养，又包括对"圣人之道"的具体实践。

其时，学界风靡着谈虚说玄、标榜门户的浮华之习，不少学者热衷于高谈阔论，而不务实际。汤斌则强调治学不在辨门户是非，而在于"实心"体验"先儒之言"，他对门人沈佳、窦克勤等人说："学者读书，不务身体力行，专为先儒辨同异，亦是玩物丧志。先儒之言，都是自己用工夫体认过来，无一句不是实话。"③ 他告诫弟子门生不要贪图讲习虚荣，勿蹈"清谈"的陋习，而要一心一意地去"躬身实践"。他强调躬身实践必须要有"当下做"和"能吃苦"的精神，惟其如此才能把"身体力行"贯彻到底，他说："为学工夫只在当下做。如今日为宰相，便有宰相当下该做的，推之他事皆然。"④ 又说："诸生能吃苦否？吃得苦无事做不来。死于安乐，生于忧患，刻刻当存此念。"⑤

汤斌对理学的以上认识基本贯彻在他的行动中。他笃信儒学，既熟读诗书，心仪圣教，又反躬自省，克己内敛；为官一任，不放空言，实心任事，体现出言行一致的务实精神。康熙皇帝曾训斥那些自我标榜理学的官员为"伪道学""假理学"，但对汤斌却因其一贯实心任事而多有赞赏，称："今之有道学名者往往言行相违，惟汤斌有实行。"⑥

二、兴利除弊，廉政惠民

注重力行、躬行实践，不仅是汤斌的做人信条，也是他为官行政的重要理念。他认为，"躬行实践"体现在个人修养上就是要"体察本心"，"克己无欲"，去掉"自私自利之心"；而体现在"治国平天下"方面，则是要认真履行个人应尽的社会职责，尽心尽力地致君泽民，实心任事。他说："官无论尊卑，各有当尽之职。为一官即尽一职，便是天地位万物育的气象……一心扶持名教，便无不尽职之虑。"⑦汤斌如是说，如是做，取得显著政绩。

本着实心任事、廉政惠民的信念，汤斌在江苏巡抚任上采取了许多兴利除弊的措施。诸如免灾欠，减赋额，兴水利，促进经济；惩豪猾，禁淫祠，维持治安；广立义仓、社学，发展文教；奖廉洁，惩贪渎，澄清吏治等，都收到比较好的效果。汤斌赴任之前，江南一省弊端累累，民不聊生，经过他实心治理，吴俗大变，出现了一派治世景象："巷无游民，室无佚女。农商工贾，各敬其业。觟（wěi）法（枉法）及诬辞兴讼者洗手敛迹。民间所行或不善，父兄子弟相责曰：'奈何尚尔尔，将毋我汤公知也。'"⑧

汤斌尤其注重严肃吏治，经常告诫属下"君恩不可负，民命不可残"⑨，以激发官吏的良知，循公守法。他对贪官污吏剥削民众的劣迹尤其深恶痛绝，谴责说：

> 今日民穷财尽，正供尚难完纳，乃有司贪墨成风，额赋之外增加火耗，以充私囊。且任凭总书飞洒诡冒，干没渔猎。甚之里老骗收花户重纳，比限不分多寡，一体鞭扑。豪猾竟不到官，专责下户。或死丁荒地，逼见在摊包；或诡隐田粮，致甲中受累。嗟嗟，小民灰烬之余，肋力有几，何堪如此剥削乎！⑩

为澄清吏治，减少扰民，他曾制定《约法四条》约束不法官员的行为，警告属下："如有犯者，官员定行申参，蠹役按赃究遣。"⑪针对官场严重的贿官现象，汤斌斥责说："是以本求息，商贾之道也，岂可见之吏治乎？"⑫并采取措施，及时制止。其时，外省官员争相以金钱行贿于京师有关衙门，由于汤斌驭下严明，其属下大多能够循章守法。朝廷考核各省官员时，惟江苏省的藩司、臬司"徒手入都"，时人慨叹道："江苏庄乃大荒矣。"⑬

三、生活朴素，以俭养德

汤斌的清廉还表现在生活方面。生活节俭，不务奢华，正是他所保持的生活作风。汤斌认为治圣贤之学的根本即克制私欲，净化心灵，而要做到这一点就必须循守儒家"安贫乐道""以俭励志""以俭养德"的信条。为此，他把"俭"作为重要的道德要则，贯彻于自身修养和治家治事的实际活动中。他尝云："敝庐足以蔽风雨，薄田足以供馕粥。自今以后，不置一亩地，不买一间房，非敢矫一时之廉，庶几免后人之危。"[14] 体现出他的道德境界和对俭朴作风的看重。他以"俭"为家训告诫子弟："家中当永持此戒，事事以慈、俭、谦退为先，老子所谓三宝也。"[15]

关于汤斌厉行节俭的记载很多。他做京官时，"俭素益甚"，长年只穿一袭"羊裘"过冬，日久天长成为识别他的标志，以致宫中卫士说："此羊裘者，即汤尚书矣！"[16] 还有记载：汤斌担任江苏巡抚时，见到仆人买鸡回来，诧异地问："吾至吴未曾食鸡，谁市此者乎？"仆人说是公子买的。汤斌生气地把儿子叫来责备说："汝谓苏州鸡贱如河南邪？汝思啖鸡便归去，恶有士不嚼菜根而能作百事者哉！"[17] 遂责罚儿子跪庭诵读《朱子家训》，并笞责遣退了仆人。"清汤""豆腐汤"都是时人因其生活"简约"而给他起的绰号。汤斌虽然多年浮沉于宦海，却不蓄私产，两袖清风，以至身后无钱入殓，其后事不得不靠同僚解囊襄助。

汤斌为官清廉，勤政亲民，实心任事，为百姓做了许多好事，自然博得广大士民的拥戴。当他奉调回京、离任江苏时，受到当地父老的真诚挽留，送行的百姓多达数万，出现了万人空巷的少有景观。有书对当时的盛况作了如下记载：

行有日矣，巡抚署旧驻苏州，于是七府一州之民，凡衣冠之士，投入说以阻公行者，千里毕至。田野短褐之夫，号哭而来，跪于公之庭者，五百里内外至，至则无所于归，薪菜盐米至无所市贸。盖是时，苏城之人，耕者辍，市者废，户昼掩闭已五日矣。……至公去之日，有炷香于手，跪哭于庭者；由数什伯为曹，垂涕洟于辕门外者。至持酒浆肴核，聚于坊巷间，原脱公靴以为遗爱者，多至不可数。⑱

一位封建时代的官员，能够得到士民的如此拥戴，确属难能可贵。

注　释

① （清）汤斌：《理学宗传序》，《汤子遗书》卷三，《汤斌集》上册，中州古籍出版社 2003 年版，第 90 页。

② （清）汤斌：《蕺山刘先生文录序》，《汤子遗书》卷三，《汤斌集》上册，第 93 页。

③ （清）汤斌：《语录》，《汤子遗书》卷一，《汤斌集》上册，第 3 页。

④ 同③，第 5 页。

⑤ 同③，第 20 页。

⑥ （清）杨椿：《汤文正公传》，钱仪吉：《碑传集》卷十六，《汤斌集》下册，第 1720 页。

⑦ 同③，第 13 页。

⑧ 同⑥，第 1715 页。

⑨ （清）汤溥等述：《行略》，《汤斌集》下册，第 1732 页。

⑩ （清）汤斌：《首严吏治，以苏残黎，以奠封疆事》，《汤子遗书》卷七，《汤斌集》上册，第 412 页。

⑪ 同⑩，第 411—412 页。

⑫⑬ （清）黄宗羲：《皇清经筵讲官、工部尚书潜庵先生神道碑铭》，《汤斌集》下册，第 1786 页。

⑭ （清）汤斌：《汤子遗书续编·功过定约》卷二，《汤斌集》上册，第 760 页。

⑮ （清）汤斌：《寄示诸子家书》，《汤子遗书》卷四，《汤斌集》上册，第209页。

⑯ （清）王藻蒍：《文献征存录·汤斌》卷四，《汤斌集》下册，第1711页。

⑰ （清）冯景：《汤中丞杂记》，《碑传集》卷十六，《清代碑传全集》上册，上海古籍出版社1987年版，第99页。

⑱ （清）薛孝熙：《依归集》，《汤斌集》下册，第1888—1889页。

清代御史钱沣

冯佐哲

钱沣这个名字，过去知道的人并不多。可是近年来，由于有关清代历史的影视剧，如《大清御史》，特别是京剧《瘦马御史》《宰相刘罗锅》等相继播出和演出，作为大贪官和珅的对立面人物，其名字已渐为人们熟悉。知道他是个"清官"，是乾隆年间的一位不畏权贵、蔑视强暴、敢于抗争、智勇双全的铮铮御史。但是影视剧中的钱沣与历史上真实的钱沣还是有距离的。尽管钱沣一生任过许多官职，但他干得最出色、最有成就的还是做"监察御史"这段时间。

钱沣，字东注，又字约甫，号南园，人们尊他为"南园先生"；又由于他擅长画马，而且画的多是瘦马，故又被称为"瘦马先生"或"瘦马御史"。他生于乾隆五年四月初一日（1740 年4 月 29 日），云南昆明人。青少年时期由于其诗、书、画三方面出色，人们称誉他为"滇南翘楚"。乾隆三十六年他考取了进士，并被选为翰林院庶吉士。他在翰林院任职将近十年，直到乾隆四十六年才被任命为江南道监察御史。

钱沣出任监察御史前后，发生了以陕甘总督勒尔谨和浙江巡抚王亶望（曾任甘肃布政使）为首的"捐监冒赈案"。此案不仅作案时间长，从乾隆三十九年一直延续到乾隆四十六年，而且涉及官员遍布甘肃全省，结案时被判罪的官员就达 194 人，其中被处以斩刑的就有 57 人，被充军发配的有 56 人，被抄家革职的有 35 人。

按照清朝制度规定，陕西、甘肃两省设总督一人，兼任甘肃巡抚，驻兰州，同时亦统辖陕西。另外，在陕西省设巡抚一人，驻西安。每当陕甘总督进京谒见皇帝，或有其他公干不在任上时，则由陕西巡抚代任陕甘总督职务。在勒尔谨任陕甘总督期间，两次离职进京朝觐乾隆皇帝，陕甘总督一职均由当时的陕西巡抚毕沅署理。且他久居西安，以甘肃为邻，因此对于甘肃"捐监冒赈"案的内情，应该一清二楚，但是毕沅却假装糊涂，既不举报，也不揭发。此事经乾隆皇帝指出、点破，他表面上认罪，并愿意拿出三万两"自行议罪银"和二万两"养廉银"作为罚款，"以赎前愆"。乾隆皇帝得到银钱后，也想就此刹车，来个"大事化小，小事化了"。可是刚刚出任御史 27 天的钱沣，却认为即使毕沅没有直接贪弊之行，作为代陕甘总督，也是逃脱不了包庇之嫌的，于是立即向乾隆帝上了一本《劾陕抚疏》，弹劾毕沅"瞻徇养患"，"畏避怨嫌"，"甘心从同"，沆瀣一气，酿成大患，罪责难逃。钱沣的奏疏，有理有据，击中了毕沅的要害，使他有口难辩。乾隆帝在这种情况下，也十分尴尬，只好把此案交给刑部进一步查核，并令大学士、九卿、科道议奏；同时令毕沅进一步申诉、辩解，然后再进行裁决。最后乾隆帝下旨说："现在督抚一时乏员，毕沅著从宽照李侍尧、富勒浑之例，降为三品顶戴，仍留陕西巡抚之任，所有应得之俸及养廉永行停止，以示惩儆。倘因停其廉俸，或需索属员，以为自肥之计，一经查出，朕必重治其罪，不能再为宽贷也。"由此可见，钱沣初任御史，就敢捅马蜂窝，弹劾陕西巡抚毕沅。

事后不久，钱沣又在乾隆四十四年向乾隆皇帝上了一道奏疏，弹劾山东巡抚国泰、布政使于易简"贪纵营私""纵情索贿"，"吏治败坏"，"遇有提升调补，勒索属员贿赂，以至历城等县仓库亏空"等罪行。

钱沣这次上疏弹劾国泰，风险无疑更大。因为国泰与毕沅，尽管都是巡抚级官员，但国泰是和珅的亲信、党羽，一直得到和珅的庇护。而和珅当时是乾隆帝宠臣，权倾朝野，人称"二皇帝"。弹劾国泰，无疑是冒犯了和珅。早在钱沣上疏弹劾国泰一事之前，和珅就风闻国泰为官贪婪，官声不好，民怨很大，迟早要出事。为了保护国泰，和珅曾采取欺骗手法，拉上大学士阿桂、福隆安等与自己联名上疏，请求乾隆帝将国泰调回京师任职，企图保护国泰蒙混过关。从此可以看出，国泰在和珅心目中是一个有分量的奴才。所以，钱沣这次上疏弹劾国泰、于易简，无异于摸和珅这只大老虎的屁股，具有极大的政治风险。对此，钱沣事前也早就做好了思想准备，因为他明白，一旦弹劾不成，很有可能会被和珅一伙倒打一耙，栽上"诬告"罪名而遭受"反坐"处罚。他在上疏之前，就做好了弹劾失败而可能受到的"严谴戍边"的责罚，特地向友人邵晋涵借了"钱十千"，以备在发配途中购买食物时"资用"。

乾隆帝看到钱沣弹劾国泰、于易简的上疏后，感到案情重大，立即作出决定：派大学士兼吏部尚书和珅、左都御史刘墉与工部侍郎诺穆亲，偕监察御史钱沣等人，前往山东查办此案。

和珅奉旨后，当然不敢明抗，但却暗地里搞小动作：一面，他火速派爪牙去山东，给国泰等通风报信，要求他们预作准备；一面，又在前往山东济南的路途中，千方百计拉拢钱沣，企图将其软化、收买。他发现钱沣身体虚弱，衣着单薄，便派人送去食品、衣物，以示关怀。但钱沣忠于职守，不为所动，对和珅实施的小恩小惠，均一一婉言谢绝。到山东济南后，钱沣又不顾和珅的阻拦和牵制，坚持亲赴各地银库，逐一勘察，细心核实，在刘墉的支持、配合下，终于查清了案情。事情的经过大致如下：一日，和珅、刘墉、诺穆亲和钱沣等人来到历城县，因为该县知县事先已得到京师来人盘查仓库的消息，故东挪西借，早已将亏空的库银补齐了。和珅知道该县银库的帑银已补齐，便命令抽取库银数十封查验，结果并无短缺，就打算起身返回行馆。可是细心的钱沣当时就发现库存的帑银"杂色不一"，认为它们多是"市银"而不是"库银"，因为"库银"均为50两一锭，而市银则规格不一。于是就提出"按款对比，逐封弹兑"。结果查出历城县银库亏空银4万两；接着又盘查该县粮仓，查出缺少仓粮3000余石。不久又复查了章丘、东平和益都等州县的粮库，也都是库库亏空，最后查得全省共亏空200多万两白银。在事实面前，国泰、于易简不得不承认他们勒索属员的罪行。乾隆帝一怒之下，把国泰、于易简处以死刑。

钱沣出任监察御史后，挺身而出，弹劾封疆大吏，两战接连告捷，整个朝廷为之震动。因为在清代前期，言官弹劾违法官员的作用发挥得并不好，特别是顺治、康熙年间对言官控制、约束极严，并屡加申饬，谨防其挟私诬捏，以致造成了监察制度萎缩、言路不兴的局面。御史们个个谨小慎微，不敢对内外重臣弹劾，唯恐日后受到打击报复。因此钱沣的不畏权贵、不牟私利、敢言敢为的举动，在人们心中的政声、德声从此鹊起，同时在百官群僚当中也引起了巨大反响，使贪污腐败者一时震慑、收敛，使清廉、正派者振奋不已，特别是给言官（谏官）以莫大鼓舞，有的人甚至赞颂其为"鸣凤朝阳，柏府（即指监察机构'都察院'，又称'鸟台'）新声"。

钱沣不仅为官刚直不阿，一身正气，而且为人也清正廉洁，两袖清风。他因为出身寒门，从小便立志向上，刻苦研读，并养成了克勤克俭、艰苦朴素的品格。他在翰林院前后工作了十来年，一直未把家属从昆明迁至京师，更未在京城置建自己的住宅，而是经常居无定所，过着清苦、孤寂的生活。他始终不渝地固守着儒家"慎独"思想，时时严于律己，保持着淡泊名利、宁静致远的心态。平日他生活十分俭朴，常"携一仆徒行，蔬食大布，晏如也"。有人问他何必这样节俭，他答道："吾本寒士，少年辛苦如在目前，且为官而惟车马衣服是营，又焉能廉？"钱沣作湖南学政时，总是照章办事，从不受礼纳贿，"按试各郡，绝干谒，不受棚规"。许多当权者"为之致馆馈赆，悉不受"。当时湖南一直流传着"钱来不要钱"的谚语。就是在他父母去世时，由于一时经济拮据，他宁愿典当家产，或向亲朋借贷以办理丧事，也不借机接受别人的馈赠。

钱沣一生主要活动于乾隆朝的中晚期。乾隆朝在表面繁荣的"盛世"背后，充满着浮华、奢靡，许多人权势和金钱的欲望膨胀，利欲熏心，贪官污吏迭出，腐败大案丛生。钱沣能够坚持操守，不为权势、金钱所诱惑，无私无畏，敢于与一切恶势力作斗争，这在当时的社会背景下，确实是难能可贵的，对后人也很有启示作用。

作者简介

冯佐哲，1940年生，辽宁清源人。中国社会科学院历史研究所研究员。主要著作有：《和珅评传》《清代政治与中外关系》《清史与戏说影视剧》等，参与《清代全史》及《清代人物传稿》的编纂工作。

徐继畬和《瀛环志略》

潘振平

　　1840 年鸦片战争中清王朝屈辱地战败，促使一部分有识之士开始探寻有关西方的知识，从而揭开了晚清中国人向西方学习的序幕。徐继畬所著的《瀛环志略》，就是其中最重要的作品之一。

　　徐继畬，字健男，号松龛，山西五台人。乾隆六十年（1795）出生于一个官宦之家。嘉庆十八年（1813）乡试中举，但直到道光六年（1826）才得中进士。道光十六年，时任御史的徐继畬上了一个建议政体宜崇简要的奏疏，感动了道光皇帝，随即外放知府，一年后升任福建延建邵道，开始了在东南海疆任职的生涯。

　　道光二十一年英军进攻厦门时，徐继畬正奉命在漳州等地组织防御，亲眼目睹了英军坚船利炮的嚣张和清军无可奈何的窘境。在给家乡友人的私函中，他写道："二百年全盛之国威，乃为七万里外之逆夷所困，致使文武将帅，接踵死馁而曾不能挫逆夷之毫末，兴言及此，令人发指眦裂，泣下沾衣。"战后清廷因应五口通商的格局调整对外政策，徐继畬被选作执行者之一，出任福建布政使，主管当地的对外交涉。

　　道光二十三年年末，徐继畬在厦门会晤英国领事，见到了担任译员的美国传教士雅裨理（D. Abeel）。徐继畬从雅裨理那里看到印制精细的外国地图集，于是钩摹了十余幅，并询问了各国的名称。根据雅裨理当时发表在英文季刊《中国丛报》（Chinese Repository）的通信，可知徐继畬此后与雅裨理多次见面，了解外国的地理和历史、文化知识。雅裨理写道，"这是我迄今遇见的最喜欢提问的一位中国高级官员"。为了传教使命，雅裨理送给徐继畬《新约全书》等宗教书籍，但"他对了解尘世各国的状况，比聆听天国的真理急切得多"。半年以后，徐继畬写成了《瀛环考略》二卷，其手稿至今存世。

此后几年中，徐继畬公事之余，继续埋头域外史地知识的探索。他利用职务之便，在接触外国人士，比如外交官、传教士、商人时尽量打听世界各国的情况；他通过各种渠道搜集外国地图集，以及流传在东南沿海地区的西洋人编写的介绍世界地理和历史的出版物；他考查了一批中国的官私文献，包括历代的正史和私家撰述的游记或地理志；他还注意从民间了解资讯，为了写好有关南洋的章节，曾向厦门一个陈姓老舵师专门请教。徐氏的知识结构和学术兴趣，都从属于中国传统文化体系。尽管他早年对舆地考证下过工夫，但对外部世界的认识，并没有超过同时代人的一般水平。不过，展现在面前的这个新天地是如此诱人，为了深入其中，他几乎废寝忘食。到了道光二十八年，在同僚、好友的鼓动和帮助下，徐继畬把修改过数十次的书稿定名《瀛环志略》，付梓刊行。

司马迁在《史记·孟子荀子传》中记述了战国时邹衍的一个说法："赤县神州内自有九州……乃有大瀛海环其外，天地之际焉。"后人就以"瀛海"表示中国本土以外的地方，《瀛环志略》的书名亦取意于此。全书十卷，比较全面地叙述了当时世界上存在的各个国家的情况，纠正了国人对外部世界不少错误观念。全书以图为纲，共收图42幅，以四大洲（亚细亚、欧罗巴、阿非利加、亚美利加）和五大海（大洋海、大西洋海、印度海、北冰海、南冰海）来划分当时的世界，并运用了近代区域地理的概念，眉目清楚，层次分明，可以代表当时中国世界地理著作的最高水平。它用士大夫熟悉的语言和思维、论证方式，告诉人们外部世界并不是扑朔迷离的混沌一片，海外诸邦亦非神秘莫测，而是一些与我们一样有着自己历史沿革和治理疆域的国度。

在描述天下大势时，徐继畬注意到西方殖民扩张浪潮早已波及亚洲，中国实际上处于被包围的状态，书中称颂或同情那些敢于抗击强敌的弱小国家，主张治国需居安思危，谋划谨慎，防患于未然。书中用了大约一半篇幅介绍欧美国家，徐继畬已经模糊地认识到古代希腊文化以及基督教在西方文明形成过程中的重要作用，但他着力探讨和描述的，还是欧美近代社会，认为他们物产丰盈，制作精妙；重视商业利益，以商立国；有议事制度，"乡绅"在国家大政的决策中有重要的发言权。尤其值得注意的是，书中对近代资本主义民主政治作了富有积极意义的介绍，尽管这种评论完全是以中国传统的价值观念作为判断标准的。徐继畬是这样描写美国开国元勋华盛顿的：

> 华盛顿，异人也。起事勇于胜、广，割据雄于曹、刘。既已提三尺剑开疆万里，乃不僭位号，不传子孙，而创为推举之法，几于天下为公，骎骎乎三代之遗意。其治国崇让善俗，不尚武功，亦迥与诸国异。余尝见其画像，气貌雄毅绝伦。呜呼，可不为人杰矣哉！

> 米利坚合众国以为国，幅员万里，不设王侯之号，不循世及之规，公器付之公论，创古今未有之局，一何奇也。泰西古今人物，能不以华盛顿为称首哉！

以陈胜、吴广、曹操、刘备这些中国历史人物来比附华盛顿的事迹，以中国上古历史传说中的天下为公来比附美国的政治制度，的确有着鲜明的时代印记。当然，这番赞叹也明显受到了美国人的影响，所以咸丰三年（1853）在宁波的美国传教士把这两段文字镌刻在石碑上，送往美国，至今镶嵌在华盛顿纪念碑的内壁。

就在徐继畬写作《瀛环志略》的时候，道光二十六年，他的为宦生涯达到了顶峰。十月授广西巡抚，未及赴任，翌年即调补福建巡抚。他忠实执行朝廷的政策，在福建维持民夷两安的局面。道光三十年，两个外国传教士在福州城内乌石山下的神光寺租房居住，侯官县令不察这已违反条约安排，擅自用印批准。徐继畬得知后，一面参革县令，一面派人动员洋人搬迁。以在籍养病的林则徐为首的福州士绅认为官府的举措太过怯懦，遂联络闽籍京官一起行动，南呼北应，弹章纷腾，形成了以驱逐洋人出城为目标的"神光寺事件"。此时咸丰皇帝已经继位，清廷的对外政策趋于强硬。所以尽管神光寺内的洋人最终搬出，但徐继畬却在咸丰元年奉旨进京，从从二品的巡抚降职为正四品的太仆寺少卿。第二年，又因前在福建巡抚任内起解一个犯罪军官迟延，部议革职。

《瀛环志略》问世以后，反响不佳，士大夫阶层一般认为书中的描述张大外夷，有点长他人志气、灭自己威风的意思。就在革职回乡的徐继畬为谋生而设帐授徒时，《瀛环志略》漂洋过海传到了日本。日本文久元年（1861）刊刻了"对嵋阁本"《瀛环志略》，以后又几次翻印，对日本幕府末年的维新志士有过重要影响。

经过第二次鸦片战争的失败和太平天国农民起义的荡涤，清朝统治集团中一部分人发起了"自强"和"求富"的洋务运动。同治四年（1865），赋闲十几年的徐继畬被重新起用，出任新设立的洋务机构——总理衙门的官员，以后又出任管理同文馆大臣。总理衙门刊刻了《瀛环志略》，还将此书作为培养洋务人才的同文馆的教材之一。同治六年九月，即将离任的美国驻华公使蒲安臣（A. Burlingame）根据美国总统和国务卿的指示，将一幅华盛顿肖像画赠给徐继畬。1868 年 3 月 29 日《纽约时报》报道称，蒲安臣在赠画仪式的致辞中称赞《瀛环志略》"是你们国家了不起的学术成就"，而徐继畬在答辞中说华盛顿"必将永远活在人们心中"。

同治八年，徐继畬以老病请求致仕归里，家居数年后，于同治十二年去世。在他身后，《瀛环志略》声誉日隆，成为人们了解世界概况的必读书。那个年代出洋考察或担任使节的中国人，大多随身携带一部《瀛环志略》，以便查阅。书中对外国地名、人名的译法，后来成为总理衙门翻译外文书籍时的标准，许多译名至今仍在沿用。19 世纪后半期追求新知的人士中，几乎没有不读《瀛环志略》的，像康有为、梁启超这些著名的维新人士，都从《瀛环志略》中吸取过有益的养分。在 20 世纪新的世界地理教科书编印之前，《瀛环志略》在问世后的半个世纪中，一直作为权威的世界地理读本供人们使用，这个现象，的确值得我们深思。

作者简介

潘振平，1953 年生于上海。生活·读书·新知三联书店编审，国家清史编纂委员会传记组组长。参与《清代人物传稿》（下编）的编撰，著有《鸦片战争后的开眼看世界思想》《〈瀛环志略〉研究》等。

黄遵宪及其著作《日本国志》

王晓秋

黄遵宪（1848—1905），广东嘉应州（治今梅州）人，字公度，别号人境庐主人。

对黄遵宪的成就和历史地位，长期以来学术界认识不足，往往只把他当作一个诗人来研究。其实，他是中国近代一位杰出的外交家、思想家、政治家，又是文学家、史学家、民俗学家，当然也是一位著名的爱国诗人。本文不打算全面论述黄遵宪的生平和成就，仅就其撰写的《日本国志》一书的内容和意义作些介绍和评述。

《日本国志》共 40 卷 50 万字，是中国近代第一部深入系统地研究日本的巨著，也是近代中国人研究日本的代表作。它大大加强了中国人对日本的了解和认识，在近代中日关系史上占有重要的地位。《日本国志》又是中国近代维新思想的代表作之一，它主张学习西方，效法日本，以日本明治维新为榜样，在中国实行变法，成为戊戌维新的启蒙读物，在中国近代思想史上闪耀着异彩。

黄遵宪为什么要撰写《日本国志》呢？一个重要原因是他对当时国内对日本研究的状况很不满意，企求以提供日本真实详细的情况来改变中国人对日本的模糊和错误的认识。他多次指出：

"余观日本士夫，类能读中国之书，考中国之事。而中国士夫，好谈古义，足已自封，于外事不屑措意。无论泰西，即日本与我仅隔一衣带水，击柝相闻，朝发可以夕至，亦视之若海外三神山，可望而不可即。若邹衍之谈九州，一似六合之外，荒诞不足议论也者，可不谓狭隘欤！"更为重要的是，他出使日本担任参赞官时，已是日本明治维新九年之后，他亲眼看到日本通过一系列资产阶级改革所发生的巨大变化。日本变法后日益富强的现象和国内对日本明治维新的种种分歧看法，促使他下决心重点考察明治维新后日本的制度及其利弊得失。考察的结果使他"乃信其改从西法，革故取新，卓然能自树立"。日本明治维新的成功，坚定了他在中国变法维新的信念。他曾对驻日公使何如璋说："中国必变从西法。其变法也，或如日本之自强，或如埃及之被迫，或如印度之受辖，或如波兰之瓜分，则我不敢知。"因此，他编写以介绍制度为主的《日本国志》，大力宣传日本明治维新的目的，正是为了"质之当世士夫之留心时务者"，就是要供国内有志维新之士借鉴，推动中国的变法自强。

黄遵宪怀着忧国忧民的满腔热情，在书斋中埋头著述，以日本明治维新当镜子，为祖国改革提供借鉴。他把自己的《日本国志》比作明末清初进步思想家王夫之的政治著述《黄书》。《日本国志》从 1878 年开始收集资料，1879 年进入编写，经历重重困难，凭借其顽强毅力、辛勤的劳动，终于在 1887 年夏季完成了全书的写作，前后花了八九年时间，真可谓是呕心沥血的"忧天"之作。

《日本国志》的内容十分丰富，它包括卷首的年表和国统志、邻交志、天文志、地理志、职官志、食货志、兵志、刑法志、学术志、礼俗志、物产志、工艺志等 12 种志，从各个角度深入系统地研究了日本的历史和现状，特别是明治维新后所实行的各项制度，同时也从各方面阐述了学习西方，效法日本，在中国实行变法维新、发展资本主义的改革思想。《日本国志》作为体现19世纪80年代中国早期维新思想的一部著作，与同时代的思想家，如王韬的《弢园文录外编》、薛福成的《庸盦全集》、郑观应的《盛世危言》等，所表达的改革思想有很多共同点，但它是以写日本历史来阐发改革思想的，因而又具有自己的特点和风格，并有不少独到的见解。

书成后，黄遵宪便在国内奔走请托，希望能通过总理衙门这个官方渠道刊行出版。但是，当时主持总理衙门的庆亲王奕劻等一班大臣，思想平庸保守，对主张变法改革的《日本国志》不感兴趣，将其束之高阁，不予置理。而黄遵宪请托的李鸿章虽权势显赫，但他只热心于学习西方技艺，而对于学习西方政治制度、文化思想，在中国实行维新变法，其思想有很大保留，因而对《日本国志》的立意主旨，并未予肯定，其上呈总理衙门的"批文"，对该书的评价也是消极的。因此，《日本国志》迟迟未能出版，而一直拖延到中日甲午战后、《马关条约》签订后数月，即1895年秋冬之际，才艰难刊行问世。

还在1894年春，黄遵宪把书稿寄到法国巴黎中国公使馆，请出使英、法、意、比四国大臣薛福成作序。薛福成披览全书，连声赞叹"此奇作也，数百年来鲜有为之者"，并欣然为此书作序。狄葆贤在《平等阁诗话》中也称誉《日本国志》一书，"海内奉为瑰宝"，"由是诵说之士，抵掌而道域外之观，不致如坠五里雾中，厥功洵伟哉"。

《日本国志》之所以能够获得这样高的评价，是因为它大大加深了中国人对日本的认识。鸦片战争后，虽然有一些开明的知识分子开始睁眼看世界，但他们关注的重点是西方列强，而对东邻日本并未予以重视，如魏源的《海国图志》、徐继畬的《瀛环志略》这样的名著，竟然把日本说成是由对马、长崎、萨峒马（即萨摩）三岛组成。正如薛福成所批评的那样，"于绝远之国尚能志其崖略，独于日本考证阙如"。甚至连明治维新这样的大事，最初也没有马上引起中国朝野的注意，陈其元 1874 年写的《日本近事记》竟把明治维新说成是一次篡权夺位的政变。唯有黄遵宪的《日本国志》才第一次对日本做了全面深入的介绍和研究。更重要的是，日本明治维新以来实行资产阶级改革，实现富国强兵，同时也不断向亚洲邻国侵略扩张。中国人迫切要求了解明治维新后日本迅速富强的原因和对外政策，以便处理日益复杂紧张的中日外交，而《日本国志》则回答了这些问题并提供明治 21 年前日本的国情资料。因此，薛福成认为，每家都应该买一部《日本国志》，"验日本之兴衰，以卜公度之言之当否可也"。

果然在《日本国志》成书后不到十年，中日甲午战争爆发，中国战败求和，被迫割地赔款。中国知识分子在痛感奇耻大辱的同时，也更渴望知道日本是怎么强大起来的？为什么能打败中国？据说，1895 年《马关条约》签订后，袁昶曾对黄遵宪说：《日本国志》如果能早日发表，可以省去我们对日赔款 2 万万两银子呢！1896 年，梁启超为《日本国志》写的后序也指出："中国人寡知日本者也。黄子公度撰《日本国志》，梁启超读之欣怿咏叹：黄子乃今知日本，知日本之所以强，赖黄子也。又潸愤责黄子曰：乃今知中国，知中国之所以弱，在黄子成书十年之后，谦让不流通，令中国人寡知日本，不鉴，不备，不患，不悚，以至今日也。"他们把甲午战争中国失败归结于没能及早看到《日本国志》，这固然是夸大其词，但也反映《日本国志》对于中国人了解日本的意义和价值。

《日本国志》最重要的意义和影响还是它宣传了资产阶级变法改革思想，推动了戊戌维新运动。《日本国志》详细介绍了日本通过明治维新走上资本主义近代化的具体历程，成为中国实行维新变法的活生生的教材，也可以说是一部中国维新变法的启蒙读物。

康有为受到《日本国志》的启发影响，几乎每次给光绪皇帝上书，都要提到日本。百日维新期间，康有为向光绪皇帝进呈《日本变政考》，有的内容就是参考《日本国志》，甚至直接抄录其原文。

梁启超则亲自为《日本国志》写后序，对黄遵宪及其著作十分推崇。他指出《日本国志》"其言十年以前之言也，其于今日之事，若烛照而数计也"；"其志深，其旨远"，因此读这本书应该"论其遇，审其志，知所戒备，因以为治，无使后世咨嗟而累欷也"。

《日本国志》也引起光绪皇帝和朝廷大臣们的重视。1898年2月，在变法前夕，光绪为了吸取日本明治维新的经验，急切地要参考《日本国志》，亲自命大臣立刻进呈，并先后索取两部。后来，光绪皇帝任命黄遵宪为驻日公使，表明他对黄遵宪的器重和赏识。总之，黄遵宪的《日本国志》对于中国戊戌维新运动产生的作用是不应低估的。

"状元资本家" 张謇的商海生涯

朱 英

在中国历史上，经科举入仕是无数文人士子朝思暮想并为之奋斗一生的追求目标，而状元及第，更是科举士人最高的荣誉，由此可以获得令人炫目的功名利禄，光宗耀祖。但在晚清，却有一位在科举路途上屡遭挫折，年逾不惑才幸而考取状元者，毅然决然地走上了荆棘丛生的创办实业之路，成为近代中国著名的实业家。他就是为中国近代民族工商业的发展做出过卓越贡献的张謇。

一、人生转折

1894 年，蹉跌科举考场 26 年的张謇终于考中状元，被授以翰林院修撰，取得了清朝官员的身份。但令许多人不解的是，他却并未借此在官场中寻求步步高升，而是转而投身于创办实业。

在当时的历史条件下，状元办厂堪称令人惊异之举，但对张謇而言却决非偶然。数十年在科举试场中的多次受挫，使张謇耗费了不知多少心血，同时也使其对追求功名利禄趋于淡泊。最后一次应试纯粹是出于孝道，其父随后病逝，更使他感到"一第之名，何补百年之恨，慰亲之望，何如侍亲之终"。由是之故，张謇对做官看得愈益轻淡。与此同时，张謇的经世致用与爱国救亡思想日趋强烈。甲午一役中国惨败于蕞尔岛国日本，深深刺激了张謇的爱国之心，仁人志士纷纷呼吁"设厂自救"，发展中国民族资本主义，以抵御西方列强的扩张渗透。张謇的"实业救国"思想此时也逐渐形成，促使他毅然走上了创办实业的道路。

然而无论如何，当时的张謇以状元和翰林身份而走上兴办实业之路，可谓是一种情操上的牺牲。从一向居于"四民之首"而且以清高自命的封建士大夫群体中的一员，忽然转而与长期被视为"四民之末"的商人为伍，这在一般士人看来似乎不可思议，他本人也未尝没有经过一番思想交锋。张謇投身实业后，仍坚持"言商仍向儒"，始终以儒商的身份出现。他强调自己兴办实业是为了筹措经费发展近代教育，即由士林出发，经过商贾又回归士林，这在当时可以说是在道义上寻求的一种依据。

二、状元办厂

1895 年，张謇即联合数位商董开始招股办厂，其间虽经历了无数的艰难曲折，但他始终未曾动摇。招募商股的过程十分艰难，张謇多次奔走于上海、武昌，有时连旅费都是靠卖字筹措。机器安装之后，因资金短绌无法收购棉花，难以开工。张謇四处化缘，却处处碰壁。最后，还是依靠一部分地方公款支持，才使大生纱厂能于 1899 年开工。当时，正值土纱受到排挤、机纱供不应求且价格上涨之机，因而大生纱厂开工后利润较为丰厚，从而能够站稳脚跟并得到进一步发展。

1901 年，张謇又开始筹办通海垦牧公司，希望将濒于荒芜的海滩改造成为近代棉纺织业的原料基地。这一举措标志着张謇的实业活动跨入一个新的阶段，即从工业扩展到农业。在创办通海垦牧公司的过程中，同样是困难重重。仅勘测地界、起草章程、筹集股金、解决地权纠纷、应对狂风巨潮等事宜，就使张謇心力交瘁，难以为继。到 1905 年夏，好不容易建成七条长堤和一部分河渠，并开垦了 7000 余亩土地，却遭遇一场连续五个昼夜的大风暴，一丈多高的浪潮将已建成的各堤全部冲毁，牧场羊群也几乎完全失散，使筹建中的通海垦牧公司遭受毁灭性的打击。但张謇并未因此气馁，而是想方设法积极补救，在两年时间内陆续修复被毁的各条干堤。到 1910 年，经过整整 10 年的艰苦创业，通海垦牧公司也终于建成。

三、实业巅峰

1901 至 1907 年，是张謇商海生涯中的第一个高峰期。在此期间，他先后总共创立了 19 家企业单位，其中大多数是以大生纱厂为轴心，直接或是间接为大生纱厂服务。1907 年，大生纱厂召开第一届股东会，决定将这 19 个企业单位合并，组成通海实业公司，由张謇担任总理。到 1911 年辛亥革命前，张謇又陆续投资创办银行、船栈、堆栈等十余个企业，形成了一个以纱厂为中心、实力雄厚的大生资本集团。

辛亥革命后的 1912 至 1921 年，大生资本集团在原有基础上又得到进一步发展，张謇的商海生涯也随之达到巅峰。由于大生一、二厂的利润源源不断且极为丰厚，为张謇扩张大生资本集团提供了资金条件。1914 年在海门开始创建大生三厂，并且拟订了建立四厂、五厂、六厂、七厂、八厂、九厂的庞大计划。六厂于 1919 年开始筹建，但不久流产。八厂在 1920 年开始筹建。至 1924 年，大生一、二、三、八 4 个厂的资本总额已多达 770 余万两。

除此之外，张謇还扩充了其他一些实业，尤其是在金融业和交通运输业方面成效显著。1918 年开始筹办淮海银行，次年 11 月正式营业。所办大达轮船公司先后自置江轮 7 艘，航行沪扬、沪海两条航线。另外，张謇还创办或协助创建了大昌纸厂、通燧火柴厂以及许多服务性的企业单位。盐垦企业系统在这一时期也获得空前发展，到 1920 年，先后成立了 10 余个盐垦公司。实业巅峰时期的张謇，身兼多个大公司的董事长、总理等要职，俨然成为近代中国实业界的"泰斗"。

四、公益先锋

张謇在近代中国不仅以实业活动著称于世，同时也以热心文化公益和地方社会事业而闻名遐迩。他具有强烈的爱国之心，对地方自治以及文化教育和地方公益事业十分热心。张謇曾说："以国家之强，本于自治；自治之本，在实业、教育；而弥缝其不及者，惟赖兹善。"1903 年，张謇在自己的家乡通州创办了师范学校，接着又兴办了通州女子师范学校，这在当时可谓开风气之先。他意识到师范教育对于提高整个民族的文化素质，对加快国家近代化的进程具有重要意义，所以对创办师范学校倾注了诸多心血。1904 年，张謇又设立了"通州五属学务处"，作为统筹推广新式教育的具体办事机构。并相继兴办了一批中学和小学，1906 年创建吴淞商船学校，1914 年又创办河海工科学校。

在地方公益和慈善事业方面，张謇也曾经做出了突出的贡献。1904 年，陆续设立公共植物园、新育婴堂；1905 年，创建南通博物苑，此系中国最早建立的博物馆；1909 年，改良地方监狱，筹议设立导淮水利公司；1913 年，开始修筑军山气象台，三年后建成；1916 年，创办盲哑学校；1917 年，所建图书馆和公园相继落成；1919 年，筹建更俗剧场；1920 年，创设绣织局、女工传习所。经过张謇的努力经营，南通逐渐从一个封闭落后的封建小城镇，发展成为初具规模的近代新型城市，他本人也因此而获得了很高的声誉。

五、失败的英雄

好景不长，欧战结束后帝国主义卷土重来，加紧对中国的经济渗透与扩张，从而对民族资本企业的发展形成强大的压力；另一方面，张謇急于建立庞大的企业体系，投资领域过于宽泛，结果不仅影响了大生纱厂的正常生产，而且还导致整个大生资本集团的恶性信用膨胀。

由于一直找不到解除困境的良策，整个大生资本集团的亏损越来越严重。到 1925 年，仅大生一厂的债务就已高达银 900 余万两，大约是其资本总额的 260%。是年 7 月，上海方面的中国、交通、金城、上海四行和永丰、永聚钱庄组成债权人团，全部接办了大生各厂。大生企业系统实际上已宣告破产。1926 年，张謇即在南通与世长辞。尽管如此，他用毕生精力创建实业、教育和社会公益福利事业的精神，却广受后人的好评和敬佩。1929 年胡适曾为《南通张季直先生传记》作序，称赞张謇在近代中国历史上是一个很伟大的失败的英雄，他做了 30 年开路先锋，造福于一方，影响于全国。这种评价应该说是符合历史实际的。一代儒商张謇的商海生涯，将永远载入中国近代的史册，受到人们的敬重和纪念。

后　记

清史纂修工作启动以来，在党中央、国务院的亲切关怀和领导小组的正确领导下，在编委会和海内外专家的辛勤劳动和共同努力下，一批新的科研成果相继产生。为充分发挥清史纂修在资政、存史、育人中的重要作用，我们从 2006 年 7 月开始编发内部资料《清史参考》，择要刊登在清史纂修工作中形成的部分科研成果。内容包括典章源流、名人史事、档案文献、学术争鸣、资料考证等，力求如实反映清代的政治、经济、文化、科技、军事、外交等各方面情况，为有关部门和领导同志提供资政参考。

《清史参考》从创刊至 2007 年底，共编发 75 期，赢得了较好的反响。为进一步扩大清史纂修工程的影响，使本刊资政、存史、育人之价值泽及社会、服务学界、繁荣文化，特予以结集出版。取"以史为鉴"之意，名为《清史镜鉴》，以飨读者。为了方便阅读，我们按照学术类别对文章进行分类，各类文章按照时间顺序进行排列；并就其生僻字、词适当加以注释。

《清史镜鉴》的出版得到了清史专家的鼎力支持与帮助，国家清史编纂委员会主任、著名清史专家戴逸先生还欣然为本书撰序，在此一并表示衷心的感谢。

诚请各界读者批评指正。

国家清史编纂委员会

国家清史纂修领导小组办公室

2008 年 7 月 30 日